税法应试指导

陈 英 编著

苏州大学出版社

图书在版编目(CIP)数据

税法应试指导/陈英编著;财鑫教育研究院组织编写.—苏州:苏州大学出版社,2020.10
中国注册会计师(CPA)认证应试指导.得"鑫"应"首"系列
ISBN 978-7-5672-3350-8

Ⅰ.①税… Ⅱ.①陈… ②财… Ⅲ.①税法-中国-资格考试-自学参考资料 Ⅳ.①D922.22

中国版本图书馆 CIP 数据核字(2020)第 193339 号

税法应试指导

陈 英 编著

责任编辑 孙志涛

苏州大学出版社出版发行
(地址:苏州市十梓街1号 邮编:215006)
苏州工业园区美柯乐制版印务有限责任公司印装
(地址:苏州工业园区东兴路7-1号 邮编:215021)

开本 787mm×1 092mm 1/16 印张 18 字数 394 千
2020 年 10 月第 1 版 2020 年 10 月第 1 次印刷
ISBN 978-7-5672-3350-8 定价:60.00 元

苏州大学版图书若有印装错误,本社负责调换
苏州大学出版社营销部 电话:0512-67481020
苏州大学出版社网址 http://www.sudapress.com
苏州大学出版社邮箱 sdcbs@suda.edu.cn

序言
Preface

  我国经济体制改革的目标是建立社会主义市场经济体制，与这一体制相适应，要大力发展注册会计师事业。1993年10月，全国人民代表大会常务委员会审议通过了《中华人民共和国注册会计师法》，从法律的高度全面推动了我国注册会计师行业建设和管理的规范化。为了加快注册会计师人才的培养和严格把关我国注册会计师职业资格的取得，我国从1991年开始每年组织一次注册会计师考试。凡是符合报考条件并通过考试，获得中国注册会计师协会非执业会员资格，且在一家会计师事务所任职时间达到要求者，即可申请中国注册会计师执业会员资格，拥有独立从事审计和相关会计鉴证业务的权利。这种注册会计师考试制度不仅向广大考生，而且向全社会很好地宣传了注册会计师事业，扩大了会计服务行业的社会影响力，不仅为注册会计师队伍增添了新鲜血液，而且为我国经济建设培养了大批高质量的会计专业人才。因此，每年有越来越多的青年学子踊跃报名参加中国注册会计师考试。

  目前，中国注册会计师考试分为专业阶段和综合阶段。专业阶段主要测试考生对于注册会计师执业所需基本知识的掌握程度及其专业技能和职业道德水平；综合阶段则是测试考生是否具备在执业环境中综合运用专业科学知识，遵守职业价值观，正确处理实务问题的能力。只有全部通过专业阶段规定的会计、审计、财务成本管理、公司战略与风险管理、经济法、税法6门考试之后，考生才能参加综合阶段的试卷一、试卷二考试。所以，注册会计师考试是一种具有相当难度的职业资格考试，其通过率不是很高，被人们一致认为在各种职业资格考试中"门槛最高"。因此，凡是通过考试者也被认为是含金量最高的人才，受到企事业单位的热捧。

  尽管注册会计师考试不易通过，但报考者仍然热情不减。为了帮助广大考生准备和通过注册会计师专业阶段的考试，财鑫教育组织了一批有丰富授课经验、有热情的中青年教师，结合其自身复习备考和通过考试的心得体会，撰写出一套考试辅导丛书，分为会计、审计、财务成本管理、公司战略与风险管理、经济法、税法6个分册，旨在用生动活泼的语言、图文并茂的形式、案例习题的演练和线上线下的讲解互动,迅速提高考生的解题能力和理解记忆能力。这套丛书的特色在于紧跟考试大纲,较少纠缠于细枝末节,突出各门考试内容的重点、难点、得分点;语言通俗,条理清楚,逻辑紧凑,便于消化理解;淘汰过时的业务和规定,内容紧跟最新法规制度和准则要求。

相信该套丛书一定会成为每一位考生的良师益友,能够为大家顺利通过注册会计师考试提供必要的帮助。作为一名从教38年的会计专业教师和注册会计师协会会员,我将此书推荐给你们,预祝越来越多的考生早日实现自己的追求!

于长春

2020年5月25日

(于长春,北京国家会计学院教授)

目录 Contents

- 第一章　税法总论 ··· 1
- 第二章　增值税法 ··· 8
- 第三章　消费税法 ··· 54
- 第四章　企业所得税法 ··· 71
- 第五章　个人所得税法 ··· 107
- 第六章　城市维护建设税法和烟叶税法 ······························· 154
- 第七章　关税法和船舶吨税法 ······································· 159
- 第八章　资源税法和环境保护税法 ··································· 170
- 第九章　城镇土地使用税法和耕地占用税法 ··························· 186
- 第十章　房产税法、契税法和土地增值税法 ··························· 196
- 第十一章　车辆购置税法、车船税法和印花税法 ······················· 214
- 第十二章　国际税收税务管理实务 ··································· 231
- 第十三章　税收征收管理法 ··· 253
- 第十四章　税务行政法制 ··· 273

第一章

税法总论

考情分析

题型为单选题和多选题，分值一般为1~2分。

【鑫考点1】税法的概念

一、税收

税收是政府为了满足社会公共需要，凭借政治权力，强制、无偿地取得财政收入的一种形式。

二、税法及特征

1. 税法是国家制定的用以调整国家与纳税人之间在征纳税方面的权利及义务关系的法律规范的总称。
2. 特征：义务性法规；综合性法规。

三、税收法律关系的构成——三方面内容

1. 权利主体：征纳双方；
   征税方：税务机关、海关；
   纳税义务人：采用属地兼属人原则。
2. 权利客体：征税对象。
3. 关系的内容：征、纳双方各自享有的权利和承担的义务。

四、税收法律关系的产生、变更与消灭

税收法律关系的产生、变更与消灭必须有能够引起税收法律关系产生、变更或消灭的客观情况，也就是由税收法律事实来决定。

五、税收法律关系的保护

税收法律关系的保护对权利主体双方是平等的。

六、税法与其他法律的关系

税法与其他法律的关系见表1-1。

表1-1 税法与其他法律的关系

税法与《宪法》的关系	《宪法》第五十六条规定:"中华人民共和国公民有依照法律纳税的义务。"
税法与民法的关系	民法调整方法的主要特点是平等、等价和有偿;税法明显带有国家意志和强制的特点,调整方法主要采用命令和服从的方法。 当税法的某些规范同民法的规范基本相同时,税法一般援引民法条款。 当涉及税收征纳关系的问题时,一般应以税法的规范为准则。如房产税中有关房屋产权认定的政策,民法中予以规定,税法就不再另行规定。
税法与刑法的关系	刑法与税法调整的范围不同。两者也有一定的联系。 违反税法情节严重的,给予刑事处罚。

【鑫考题·单选题】下列权利中作为国家征税依据的是（   ）。
A．管理权力   B．政治权力   C．社会权力   D．财产权力
【答案】B

【鑫考点2】税法原则

税法原则包括税法基本原则和税法适用原则（表1-2）。

表1-2 税法原则

税收法定原则	(1) 税收法定原则是税法基本原则中的核心。 (2) 税收法定原则又称为税收法定主义,是指税法主体的权利和义务必须由法律加以规定,税法的各类构成要素皆必须且只能由法律予以明确。
税法公平原则	税收负担必须根据纳税人的负担能力分配,负担能力相等,税负相同;负担能力不等,税负不同。
税收效率原则	(1) 经济效率:要求税法的制定要有利于资源的有效配置和经济体制的有效运行。 (2) 行政效率:要求提高税收行政效率,节约税收征管成本。
实质课税原则	应根据客观事实确定是否符合课税要件,并根据纳税人的真实负担能力决定纳税人的税负,而不能仅考虑相关外观和形式。
法律优位原则	
法律不溯及既往原则	
新法优于旧法原则	
特别法优于普通法原则	
实体从旧、程序从新原则	
程序优于实体原则	

【鑫考题1·单选题】下列各项税法原则中,属于税法基本原则核心的是（   ）。
A．税收公平原则   B．税收效率原则
C．实质课税原则   D．税收法定原则
【答案】D

【鑫考题2·多选题】下列各项中,属于税法适用原则的有（   ）。
A．实体法从旧,程序法从新

B. 层次高的法律优于层次低的法律

C. 国内法优于国际法

D. 同一层次的法律中，特别法优于普通法

【答案】ABD

【解析】税法适用原则包括：(1) 法律优位原则（选项B）；(2) 法律不溯及既往原则；(3) 新法优于旧法原则；(4) 特别法优于普通法原则（选项D）；(5) 实体从旧，程序从新原则（选项A）；(6) 程序优于实体原则。选项C说法错误。

【鑫考点3】税法要素

一、纳税义务人

纳税义务人是税法规定的直接负有纳税义务的单位和个人。

二、征税对象（征税客体）

征税对象指税法规定的对什么征税，是征纳税双方权利与义务共同指向的客体或标的物，是区别一种税与另一种税的重要标志。

征税对象是税法最基本的要素，体现着征税的最基本界限，决定着某一种税的基本征税范围，同时，征税对象也决定了各个不同税种的名称。

税目：对课税对象质的界定，体现征税广度。

税基（计税依据）：对课税对象量的规定。

三、税率

税率是对征税对象的征收比例或征收额度。税率是计算税额的尺度，也是衡量税负轻重与否的重要标志。

我国现行的税率主要有：比例税率、累进税率、定额税率。

四、纳税期限

纳税期限即关于税款缴纳时间方面的限定。

1. 纳税义务发生时间：应税行为发生的时间。

2. 纳税期限：每隔固定时间汇总一次纳税义务税额的时间。纳税人的具体纳税期限，由主管税务机关根据纳税人应纳税额的大小分别核定；不能按照固定期限纳税的，可以按次纳税。

3. 缴库期限：税法规定的纳税期满后，纳税人将应纳税款缴入国库的期限。

【鑫考题·单选题】下列税法要素中，规定具体征税范围、体现征税广度的是（　　）。

A. 税率　　　　B. 税目　　　　C. 纳税环节　　　　D. 征税对象

【答案】B

【解析】税目是在税法中对征税对象分类规定的具体征税项目。反映征税的具体范

围，是对课税对象质的界定。税目体现征税的广度。

【鑫考点4】税收立法与我国现行税法体系

一、税收立法原则

1. 从实际出发的原则；
2. 公平原则；
3. 民主决策的原则；
4. 原则性与灵活性相结合的原则；
5. 法律的稳定性、连续性与废、改、立相结合的原则。

二、税收立法权划分现状

1. 全国性税种的立法权，即包括全部中央税、中央与地方共享税和在全国范围内征收的地方税税法的制定、公布和税种的开征、停征权，税收征收管理制度基本制度的设立属于全国人大及其常委会。
2. 经全国人大及其常委会授权，全国性税种可先由国务院以"条例"或"暂行条例"的形式发布施行。
3. 经全国人大及其常委会授权，国务院有制定税法实施细则、增减税目和调整税率的权力。
4. 经全国人大及其常委会的授权，国务院有税法的解释权；经国务院授权，国家税务主管部门（财政部、国家税务总局及海关总署）有税收条例的解释权和制定税收条例实施细则的权力。
5. 经国务院授权，省级人民政府有本地区地方税法的解释权和制定税法实施细则、调整税目、税率的权力，也可在上述规定的前提下，制定一些税收征收办法，还可以在全国性地方税条例规定的幅度内，确定本地区适用的税率或税额（表1-3）。

表1-3 税收立法权划分

分类	立法机关	形式	举例
税收法律	全国人大及其常委会	法律	《企业所得税法》《个人所得税法》《税收征收管理法》《车船税法》
法律法规	国务院——税收行政法规	条例、暂行条例、法实施细则	《税收征收管理法实施细则》《房产税暂行条例》等
	地方人大——税收地方性法规		—
税收规章	财政部、税务总局、海关总署——税收部门规章	办法、规则、规定、条例实施细则	《增值税暂行条例实施细则》《税收代理试行办法》等
	地方人民政府——税收地方规章		

三、税收立法程序

目前我国税收立法程序主要包括以下几个阶段：
1. 提议阶段；
2. 审议阶段；
3. 通过和公布阶段。

四、我国现行税法体系

我国现行税法体系由税收实体法和税收征收管理法律制度构成。

1. 税收实体法体系。

税种一共有18个，其中进口的增值税和消费税、关税和船舶吨税由海关负责征收管理，其他税种由税务机关负责征收管理。

2. 税收程序法体系。

（1）由税务机关负责征收的税种的征收管理，按照全国人大常委会发布实施的《税收征收管理法》及各实体税法中的征管规定执行。

（2）由海关机关负责征收的税种的征收管理，按照《海关法》及《进出口关税条例》等有关规定执行。

【鑫考点5】税收执法

一、税收执法权

税收执法权是指税务机关依法征收税款，依法进行税收管理活动的权力。具体包括税款征收管理权、税务检查权、税务稽查权、税务行政复议裁决权及其他税务管理权。

二、税收收入划分

1. 中央政府固定收入包括消费税（含进口环节海关代征的部分）、车辆购置税、关税、海关代征的进口环节增值税等。

2. 地方政府固定收入包括城镇土地使用税、耕地占用税、土地增值税、房产税、车船税、契税、环境保护税和烟叶税等。

3. 中央政府与地方政府共享收入主要包括：

（1）增值税（不含进口环节由海关代征的部分）：中央政府分享50%，地方政府分享50%。

（2）企业所得税：中国铁路总公司（原铁道部）、各银行总行及海洋石油企业缴纳的部分归中央政府，其余部分中央与地方政府按60%与40%的比例分享。

（3）个人所得税：除储蓄存款利息所得的个人所得税外，其余部分的分享比例与企业所得税相同。

（4）资源税：海洋石油企业缴纳的部分归中央政府，其余部分归地方政府。

（5）城市维护建设税：中国铁路总公司、各银行总行、各保险总公司集中缴纳的部分归中央政府，其余部分归地方政府。

（6）印花税：证券交易印花税收入归中央政府，其他印花税收入归地方政府。

【鑫考题1·单选题】 下列税种中属于中央政府与地方政府共享的是（   ）。

A．耕地占用税 B．个人所得税
C．车辆购置税 D．土地增值税

【答案】B

【解析】选项A、D属于地税征收，选项C属于国税征收。

【鑫考题2·单选题】 下列税种中，其收入全部作为中央政府固定收入的是（   ）。

A．耕地占用税 B．个人所得税
C．车辆购置税 D．企业所得税

【答案】C

【解析】中央政府固定收入包括消费税（含进口环节海关代征部分）、车辆购置税、关税、海关代征的进口环节增值税等。本题所考察的知识点是税收收入划分。

【鑫考点6】税务机关和纳税人的权利与义务

税务行政主体、纳税人、扣缴义务人的权利与义务见表1-4。

表1-4　税务行政主体、纳税人、扣缴义务人的权利与义务

征纳双方	义务	权利
税务机关和税务人员	税务机关应当广泛宣传税收法律、行政法规，普及纳税知识，无偿地为纳税人提供纳税咨询服务；税务机关负责征收、管理、稽查、行政复议人员的职责应当明确，并相互分离、相互制约；为检举人保密；回避制度等。	负责税收征收管理工作；税务机关依法执行职务，任何单位和个人不得阻挠。
纳税人、扣缴义务人	必须依照法律、行政法规的规定缴纳税款、代扣代缴、代收代缴税款；如实向税务机关提供与纳税和代扣代缴、代收代缴税款有关的信息。	向税务机关了解税收法律、行政法规、纳税程序；依法享有申请减税、免税、退税的权利；享有陈述权、申辩权；依法享有申请行政复议、提起行政诉讼、请求国家赔偿等权利。

【鑫考题·多选题】 下列各项中属于纳税人权利的有（   ）。

A．要求税务机关保护商业秘密
B．对税务机关作出的决定，享有陈述权、申辩权
C．有权控告和检举税务机关、税务人员违法违纪行为
D．依法申请减免税权

【答案】ABCD

【鑫考点7】国际税收关系

一、税收管辖权

税收管辖权属于国家主权在税收领域中的体现，是一个主权国家在征税方面的主权

范围。

划分税收管辖权的两大原则：属地原则和属人原则（表 1-5）。

表 1-5 税收管辖权划分原则

两大原则	类型	含义
属地原则	地域管辖权	一个国家对发生于其领土范围内的一切应税活动和来源于或被认为是来源于其境内的全部所得行使的征税权力。
属人原则	居民管辖权	一个国家对凡是属于本国的居民取得的来自世界范围的全部所得行使的征税权力。

二、国际税收

国际税收是指两个或两个以上的主权国家或地区，各自基于其课税主权，在对跨国纳税人进行分别课税而形成的征纳关系中，所发生的国家或地区之间的税收分配关系。

三、国际重复征税

1. 国际重复征税是指两个或两个以上国家对同一跨国纳税人的同一征税对象进行分别征税所形成的交叉重叠征税。国际重复征税有广义和狭义之分。

狭义：不同主体对同一跨国纳税人的同一征税对象重复征税，它强调纳税主体与课税客体都具有同一性。

广义：不同主体对同一或不同跨国纳税人的同一课税对象或税源所进行的交叉重叠征税，范围还要包括由于纳税主体与课税客体的非同一性所发生的国际重复征税，以及因对同一笔所得或收入的确定标准和计算方法的不同所引起的国际重复征税。

2. 国际重复征税的类型。

（1）法律性国际重复征税：不同的征税主体对同一纳税人的同一税源进行的重复征税。

（2）经济性国际重复征税：不同的征税主体对不同纳税人的同一税源进行的重复征税。

（3）税制性国际重复征税：各国在税收制度上普遍实行复合税制度。

四、国际税收协定

国际税收协定是指两个或两个以上的主权国家，为了协调相互间在处理跨国纳税人征税事务和其他有关方面的税收关系，本着对等原则，经由政府谈判所签订的一种书面协议或条约。

五、国际税收协定的目标

1. 妥善处理国家之间的双重征税问题；
2. 实行平等负担的原则，取消税收差别待遇；
3. 互相交换税收情报，防止或减少国际避税和国际偷逃税。

第二章

增值税法

考情分析

本章非常重要，包括各种题型，单项选择题、多项选择题、计算问答题、综合题均会涉及。分值一般为20分以上。

知识框架

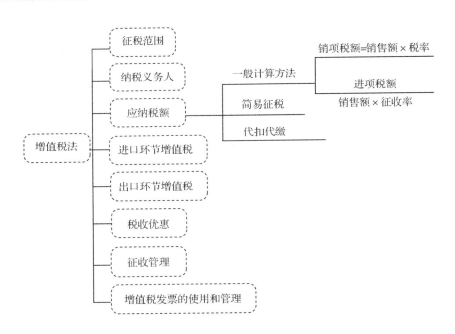

【鑫考点1】 征税范围与纳税义务人

一、增值税的本质及征税范围

按照我国增值税法的规定，增值税是对在我国境内销售货物或者加工、修理修配劳务（以下简称劳务），销售服务、无形资产、不动产以及进口货物的单位和个人，就其销售货物、劳务、服务、无形资产、不动产（以下统称应税销售行为）的增值额和货物进口金额为计税依据而课征的一种流转税（表2-1）。

第二章 增值税法

表 2-1　增值税征税范围

征税范围	销售或进口的货物（有形动产）
	销售加工、修理修配劳务
	销售服务
	销售无形资产
	销售不动产

1. 销售或进口的货物。

销售：指有偿转让货物所有权的行为，包含生产、批发、零售、进口每个环节——道道征收。

货物：指有形动产，包括电力、热力、气体在内。

2. 销售加工、修理修配劳务。

委托方：提供原料主料、受损和丧失功能的货物。

受托方：按委托方要求进行加工、修复，并收取加工费、修理费。

3. 销售服务，见表2-2。

表 2-2　销售服务明细及考点

服务类型	具体项目	考点
1. 交通运输服务（税率9%）	（1）陆路运输服务	包括铁路运输、公路运输、缆车运输、索道运输、地铁运输、城市轻轨运输等。出租车公司向使用本公司自有出租车的出租车司机收取的管理费用，按照陆路运输服务缴纳增值税。
	（2）水路运输服务	水路运输的程租、期租业务，属于水路运输服务。
	（3）航空运输服务	航空运输的湿租业务，属于航空运输服务。
	（4）管道运输服务	通过管道输送气体、液体、固体物质的运输业务活动。
	（5）纳税人已售票但客户逾期未消费取得的运输逾期票证收入	按照"交通运输服务"缴纳增值税。
	（6）运输工具舱位承包业务（新增）	承包方以其向托运人收取的全部价款和价外费用为销售额，按照"交通运输服务"缴纳增值税。发包方以其向承包方收取的全部价款和价外费用为销售额，按照"交通运输服务"缴纳增值税。
	（7）运输工具舱位互换业务（新增）	互换运输工具舱位的双方均以各自换出运输工具舱位确认的全部价款和价外费用为销售额。
	（8）无运输工具承运业务	按照"交通运输服务"缴纳增值税。
2. 邮政服务（税率9%）	（1）邮政普遍服务	无
	（2）邮政特殊服务	无
	（3）其他邮政服务	无
3. 电信服务（税率9%）	基础电信服务	无
	增值电信服务	无

续表

服务类型	具体项目	考点
4. 建筑服务（税率9%）	（1）工程服务	无
	（2）安装服务	无
	（3）修缮服务	无
	（4）装饰服务	无
	（5）其他建筑服务	无
5. 金融服务（税率6%）	（1）贷款服务	以货币资金投资收取的固定利润或者保底利润。
	（2）直接收费金融服务	无
	（3）保险服务	无
	（4）金融商品转让	纳税人转让因同时实施股权分置改革和重大资产重组而首次公开发行股票并上市形成的限售股，以及上市首日至解禁日期间由上述股份孳生的送、转股，以该上市公司股票上市首日开盘价为买入价，按照"金融商品转让"缴纳增值税。（新增）
6. 现代服务（9项）	（1）研发和技术服务（税率6%）	无
	（2）信息技术服务（税率6%）	无
	（3）文化创意（税率6%）	无
	（4）物流辅助服务（税率6%）	打捞救助服务、装卸搬运服务、仓储服务、收派服务。
	（5）租赁服务（税率9%、13%）	①远洋运输的光租业务、航空运输的干租业务（税率13%）。②将不动产或飞机、车辆等动产的广告位出租给其他单位或个人用于发布广告（税率9%）。③车辆停放服务、道路通行服务（包括过路费、过桥费、过闸费等）（税率9%）。
	（6）鉴证咨询服务（税率6%）	
	（7）广播影视服务（税率6%）	包括广播影视节目（作品）的制作服务、发行服务、播映（含放映）服务。
	（8）商务辅助服务（税率6%）	包括企业管理服务、经纪代理服务、人力资源服务、安全保护服务（例如武装守护押运服务），其中经纪代理服务包括：金融代理、知识产权代理、货物运输代理、代理报关、法律代理、房地产中介、婚姻中介、代理记账、翻译、拍卖等拍卖行受托拍卖取得的手续费或佣金收入，按照"经纪代理服务"缴纳增值税。
	（9）其他现代服务（税率6%）	纳税人对安装运行后的电梯提供的维护保养服务，按照"其他现代服务"缴纳增值税纳税人为客户办理退票而向客户收取的退票费、手续费等收入，按照"其他现代服务"缴纳增值税。

续表

服务类型	具体项目	考点
7. 生活服务（6项）（税率6%）	（1）文化体育服务	无
	（2）教育医疗服务	无
	（3）旅游娱乐服务	无
	（4）餐饮住宿服务	外卖食品按照"餐饮服务"缴纳增值税。
	（5）居民日常服务	包括家政、婚庆、养老等服务。
	（6）其他生活服务	纳税人提供植物养护服务，按照"其他生活服务"缴纳增值税。
8. 销售无形资产（税率6%）	转让无形资产所有权	包括技术、商标、著作权、商誉、自然资源使用权和其他权益性无形资产（如公共事业特许权、特许经营权、配额、代理权、会员权、肖像权等），其中土地使用权税率为9%。
	转让无形资产使用权	
9. 销售不动产（税率9%）	转让不动产所有权的业务活动	转让建筑物或构筑物时一并转让其所占土地的使用权的，按照销售不动产缴纳增值税。

二、增值税征税范围的条件 "征——不征"

表2-3 增值税征税范围

类别	内容
1. 应税行为同时具备的四个条件	（1）应税行为是发生在中华人民共和国境内； （2）应税行为是属于《销售服务、无形资产、不动注释》范围内的业务活动； （3）应税服务是为他人提供的； （4）应税行为是有偿的。
2. 满足征税条件但不需要缴纳增值税	（1）行政单位收取的同时满足条件的政府性基金或者行政事业性收费； （2）存款利息； （3）被保险人获得的保险赔付； （4）房地产主管部门或者其指定机构、公积金管理中心、开发企业以及物业管理单位代收的住宅专项维修资金； （5）在资产重组过程中，通过合并、分立、出售、置换等方式，将全部或者部分实物资产以及与其相关联的债权、负债和劳动力一并转让给其他单位和个人，其中涉及的不动产、土地使用权转让行为
3. 不同时满足征税条件但需要缴纳增值税	（1）单位或者个体工商户向其他单位或者个人无偿提供服务，但用于公益事业或者以社会公众为对象的除外； （2）单位或者个人向其他单位或者个人无偿转让无形资产或者不动产，但用于公益事业或者以社会公众为对象的除外； （3）财政部和国家税务总局规定的其他情形。
4. 非经营活动不缴纳增值税	（1）行政单位收取的同时满足条件的政府性基金或者行政事业性收费； （2）单位或者个体工商户聘用的员工为本单位或者雇主提供取得工资的服务； （3）单位或者个体工商户为聘用的员工提供服务； （4）财政部或国家税务总局规定的其他情形。

类别	内容
5. 应税行为发生在中华人民共和国境内	（1）服务（租赁不动产除外）或者无形资产（自然资源使用权除外）的销售方或者购买方在境内； （2）所销售或者租赁的不动产在境内； （3）所销售自然资源使用权的自然资源在境内。 下列情形不属于在境内销售服务或者无形资产： （1）境外单位或者个人向境内单位或者个人销售完全在境外发生的服务； （2）境外单位或者个人向境内单位或者个人出租完全在境外使用的有形动产； （3）境外单位或者个人向境内单位或者个人销售完全在境外使用的无形资产。 境内的单位和个人作为工程分包方，为施工地点在境外的工程项目提供建筑服务，从境内工程总承包方取得的分包款收入，属于"视同从境外取得收入"。（新增）

三、征税范围的特殊项目

1. 不征收增值税项目：

（1）纳税人取得的中央财政补贴。

（2）融资性售后回租业务中，承租方出售资产的行为。

（3）药品生产企业销售自产创新药的销售额，为向购买方收取的全部价款和价外费用，其提供给患者后续免费使用的相同创新药不属于增值税视同销售范围。

（4）根据国家指令无偿提供的铁路运输服务、航空运输服务，属于以公益活动为目的的服务。

2. 单用途商业预付卡：

（1）发卡企业或者售卡企业（以下统称售卡方）销售单用途卡，或者接受持卡人充值取得的预收资金，不缴纳增值税。售卡方可向购卡人、充值人开具增值税普通发票，不得开具增值税专用发票。

（2）售卡方因发行或者销售单用途卡并办理相关资金收付结算业务取得的手续费、结算费、服务费、管理费等收入，应按照现行规定缴纳增值税。

（3）持卡人使用单用途卡购买货物或服务时，销售方应按照现行规定缴纳增值税，且不得向持卡人开具增值税发票。

（4）销售方与售卡方不是同一个纳税人的，销售方在收到售卡方结算的销售款时，应向售卡方开具增值税普通发票，并在备注栏注明"收到预付卡结算款"，不得开具增值税专用发票。售卡方从销售方取得的增值税普通发票，作为其销售单用途卡或接受单用途卡充值取得预收资金不缴纳增值税的凭证，留存备查。

3. 支付机构预付卡（多用途卡）：

（1）支付机构销售多用途卡取得的等值人民币资金，或者接受持卡人充值取得的充值资金，不缴纳增值税，可向购卡人、充值人开具增值税普通发票，不得开具增值税专用发票。

（2）支付机构因发行或者受理多用途卡并办理相关资金收付结算业务取得的手续费、结算费、服务费、管理费等收入，应按照现行规定缴纳增值税。

（3）持卡人使用多用途卡，向与支付机构签署合作协议的特约商户购买货物或服务，特约商户应按照现行规定缴纳增值税，且不得向持卡人开具增值税发票。

（4）特约商户收到支付机构结算的销售款时，应向支付机构开具增值税普通发票，并在备注栏注明"收到预付卡结算款"，不得开具增值税专用发票。支付机构从特约商户取得的增值税普通发票，作为其销售多用途卡或接受多用途卡充值取得预收资金不缴纳增值税的凭证，留存备查。

四、视同销售行为

具体见表2-4。

表2-4 视同销售行为分类及考点

分类	考点
货物	1. 将货物交付他人代销——代销中的委托方。 2. 销售代销货物——代销中的受托方。 委托方于受托方之间视同销售，受托方于第三方之间视同销售，受托方销售额与买价相等，货物的销项与进项相等，受托方收取手续费按"现代服务"税目6%的税率计算销售增值税。 3. 总分机构（不在同一县市）之间移送货物用于销售——移送当天发生增值税纳税义务。 4. 将自产或委托加工的货物用于非应税项目。 5. 将自产、委托加工的货物用于集体福利或个人消费。 6. 将自产、委托加工或购买的货物作为投资，提供给其他单位或个体经营者。 7. 将自产、委托加工或购买的货物分配给股东或投资者。 8. 将自产、委托加工或购买的货物无偿赠送其他单位或者个人。
服务、无形资产、不动产	9. 单位或者个体工商户向其他单位或者个人无偿销售应税服务、无偿转让无形资产或者不动产，但用于公益事业或者以社会公众为对象的除外。

五、混合销售

具体见表2-5。

表2-5 混合销售行为及内容

类别	内容
混合销售行为	1. 一项销售行为如果既涉及货物又涉及服务，为混合销售。 2. 从事货物的生产、批发或者零售的单位和个体工商户的混合销售，按照销售货物缴纳增值税；其他单位和个体工商户的混合销售，按照销售服务缴纳增值税。

续表

类别	内容
兼营行为	1. 纳税人同时兼有销售货物、提供应税劳务、发生应税行为，适用不同税率或征收率。 2. 分别核算适用不同税率或者征收率的销售额，未分别核算销售额的，从高适用税率。 （1）兼有不同税率的应税销售行为，从高适用税率。 （2）兼有不同征收率的应税销售行为，从高适用征收率。 （3）兼有不同税率和征收率的应税销售行为，从高适用税率。 （4）纳税人销售活动板房、机器设备、钢结构件等自产货物的同时提供建筑、安装服务，不属于混合销售，应分别核算货物和建筑服务的销售额，分别适用不同的税率或者征收率。

六、纳税义务人与扣缴义务人

1. 增值税纳税义务人，指在中华人民共和国境内销售货物、劳务、服务、无形资产、不动产的单位和个人。

2. 扣缴义务人，指中华人民共和国境外的单位或者个人在中华人民共和国境内销售劳务，在境内未设有经营机构的，以其境内代理人为扣缴义务人；在境内没有代理人的，以购买方为扣缴义务人。

3. 增值税纳税人特殊情况：

（1）单位以承包、承租、挂靠方式经营的，一般以承包人为纳税人；承包人以发包人名义对外经营并由发包人承担相关法律责任的，以该发包人为纳税人。

（2）资管产品运营过程中发生的增值税应税行为，以资管产品管理人为增值税纳税人。

（3）两个或者两个以上的纳税人，经财政部和国家税务总局批准可以视为一个纳税人合并纳税。

【鑫考题1·单选题】下列行为中，视同销售货物缴纳增值税的是（   ）。

A. 将购进的货物用于集体福利

B. 将购进的货物用于个人消费

C. 将购进的货物用于非应税项目（自用）

D. 将购进的货物用于对外投资

【答案】D

【解析】将购进的货物用于对外投资、分配、赠送视同销售缴纳增值税。

【鑫考题2·单选题】下列承包经营的情形中，应以发包人为增值税纳税人的是（   ）。

A. 以承包人名义对外经营，由承包人承担法律责任的

B. 以发包人名义对外经营，由发包人承担法律责任的

C. 以发包人名义对外经营，由承包人承担法律责任的

D. 以承包人名义对外经营,由发包人承担法律责任的

【答案】B

【解析】以承包、承租、挂靠方式经营的,承包人、承租人、挂靠人(以下统称承包人),以发包人、出租人、被挂靠人(以下统称发包人)名义对外经营并由发包人承担相关法律责任的,以该发包人为纳税人;否则以承包人为纳税人。本题所考察的知识点是增值税纳税义务人和扣缴义务人。

【鑫考题3·单选题】出租车公司向使用本公司自有出租车的司机收取管理费用,应缴纳增值税,该业务属于增值税征税范围中的( )。(2019年)

A. 物流辅助服务
B. 交通运输服务
C. 居民日常服务
D. 商务辅助服务

【答案】B

【解析】出租车公司向使用本公司自有出租车的出租车司机收取的管理费用,按照陆路运输服务缴纳增值税。

【鑫考题4·单选题】下列经营行为中,属于增值税混合销售行为的是( )。(2019年)

A. 商场销售相机及储存卡
B. 商场销售办公设备并提供送货服务
C. 疗养中心提供住宿并举办健康讲座
D. 健身房提供健身场所并销售减肥药

【答案】B

【解析】一项销售行为如果既涉及货物又涉及服务,为混合销售。选项B,销售货物的同时,提供运输服务,因此属于混合销售行为。

【鑫考题5·计算题】某商业企业(一般纳税人)为甲公司代销货物,按零售价以5%收取手续费5 000元,尚未收到甲公司开来的增值税专用发票,计算该商业企业代销业务应纳增值税。

【答案】零售价=5 000÷5%=100 000(元)

代销货物销项税额=100 000÷(1+13%)×13%=11 504.42(元)

手续费销项税额=5 000÷(1+6%)×6%=283.02(元)

【鑫考题6·计算题】某市一家电生产企业为增值税一般纳税人,12月份将自产家电10台奖励给劳动模范,成本价20万元,市场销售价23万元(不含税)。企业核算时按成本价格直接冲减了库存商品。计算该业务增值税销项税额。

【答案】应确认销项税额=23×13%=2.99(万元)

【鑫考点2】一般纳税人和小规模纳税人的登记

一、划分标准

一般纳税人和小规模纳税人的划分标准见表2-6。

表2-6 一般纳税人和小规模纳税人划分标准

	划分标准	考点
经营规模	年应税销售额500万元及以下。年应税销售额，指纳税人在连续不超过12个月或四个季度的经营期内累计应征增值税销售额。 年应税销售额=纳税申报销售额+稽查查补销售额+纳税评估调整销售额。	销售服务、无形资产或不动产有扣除项目的纳税人，按未扣除之前的销售额计算。纳税人偶然发生的销售无形资产、转让不动产的销售额，不计入应税行为年应税销售额。
核算水平	年应税销售额未超过规定标准的纳税人，会计核算健全，能够提供准确税务资料的，可以向主管税务机关办理一般纳税人资格登记，成为一般纳税人。	年应税销售额未超过规定标准的纳税人，会计核算不健全，即为小规模纳税人。

纳税人登记为一般纳税人后，不得转为小规模纳税人，国家税务总局另有规定的除外。

二、不得办理一般纳税人登记的情况

1. 按照政策规定，选择按照小规模纳税人纳税的（应当向主管税务机关提交书面说明）。
2. 年应税销售额超过规定标准的其他个人。

三、风险管理

主管税务机关应当加强对税收风险的管理。对税收遵从度低的一般纳税人，主管税务机关可以实行纳税辅导期管理，具体办法由国家税务总局另行制定。

四、综合保税区增值税一般纳税人资格管理

1. 备案管理。

综合保税区增值税一般纳税人资格试点（以下简称一般纳税人资格试点）实行备案管理。符合下列条件的综合保税区，由所在地省级税务、财政部门和直属海关将一般纳税人资格试点实施方案（包括综合保税区名称、企业申请需求、政策实施准备条件等情况）向国家税务总局、财政部和海关总署备案后，可以开展一般纳税人资格试点：

（1）综合保税区内企业确有开展一般纳税人资格试点的需求；

（2）所在地市（地）级人民政府牵头建立了综合保税区行政管理机构、税务、海关等部门协同推进试点的工作机制；

（3）综合保税区主管税务机关和海关建立了一般纳税人资格试点工作相关的联合监管和信息共享机制；

（4）综合保税区主管税务机关具备在综合保税区开展工作的条件，明确专门机构或

人员负责纳税服务、税收征管等相关工作。

2. 综合保税区内企业的税收政策。

企业自增值税一般纳税人资格生效之日起，适用下列税收政策（表2-7）：

表2-7　综合保税区内企业税收政策

	项目	内容
进项	1. 试点企业进口自用设备（包括机器设备、基建物资和办公用品）时，暂免征收进口关税和进口环节增值税、消费税	暂免进口税收按照该进口自用设备海关监管年限平均分摊到各个年度，每年年终对本年暂免的进口税收按照当年内外销比例进行划分，对外销比例部分执行试点企业所在海关特殊监管区域的税收政策，对内销比例部分比照执行海关特殊监管区域外税收政策补征税款。
	2. 除进口自用设备外，购买的下列货物适用保税政策	（1）从境外购买并进入试点区域的货物； （2）从海关特殊监管区域（试点区域除外）或海关保税监管场所购买并进入试点区域的保税货物； （3）从试点区域内非试点企业购买的保税货物； （4）从试点区域内其他试点企业购买的未经加工的保税货物。
销项	1. 销售的下列货物，向主管税务机关申报缴纳增值税、消费税	（1）向境内区外销售的货物； （2）向保税区、不具备退税功能的保税监管场所销售的货物（未经加工的保税货物除外）； （3）向试点区域内其他试点企业销售的货物（未经加工的保税货物除外）。 试点企业销售上述货物中含有保税货物的，按照保税货物进入海关特殊监管区域时的状态向海关申报缴纳进口税收，并按照规定补缴缓税利息。
	2. 继续适用保税政策	向海关特殊监管区域或者海关保税监管场所销售的未经加工的保税货物。
	3. 销售的下列货物（未经加工的保税货物除外），适用出口退（免）税政策	（1）离境出口的货物； （2）向海关特殊监管区域（试点区域、保税区除外）或海关保税监管场所（不具备退税功能的保税监管场所除外）销售的货物； （3）向试点区域内非试点企业销售的货物。 主管税务机关凭海关提供的与之对应的出口货物报关单电子数据审核办理试点企业申报的出口退（免）税。
	4. 实行增值税、消费税免税政策	未经加工的保税货物离境出口。

【鑫考点3】 税率与征收率

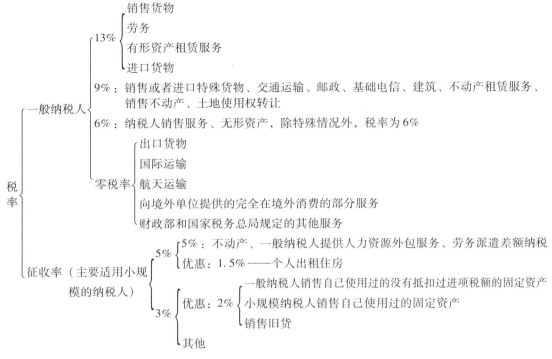

一、增值税的税率——限于一般纳税人使用

1. 零税率的适用范围见表2-8。

表2-8 零税率适用范围

零税率 (零税率不等同于免税。零税率是指销项免,进项退;免税是指销项免,进项不退)	1. 出口货物。 2. 境内单位和个人提供的国际运输服务。(国际运输服务是指:在境内载运旅客或者货物出境;在境外载运旅客或者货物入境;在境外载运旅客或者货物。) 3. 航天运输服务。 4. 向境外单位提供的完全在境外消费的列举服务,如设计服务、广播影视节目(作品)的制作和发行服务等。 5. 境内单位和个人发生的与香港、澳门、台湾有关的应税行为,除另有规定外,参照上述规定执行。

2. 销售或者进口下列货物,税率为9%:

(1) 粮食等农产品、实用植物油、食用盐;

(2) 自来水、暖气、冷气、热水、煤气、石油液化气、天然气、二甲醚、沼气、居民用煤炭制品;

(3) 图书、报纸、杂志、音像制品、电子出版物;

(4) 饲料、化肥、农药、农机、农膜;

(5) 其他。

二、增值税的征收率——主要适用小规模纳税人

1. 现行增值税的征收率：3%、5%（未特殊指明的均适用3%征收率），特殊情形见表2-9。

表2-9 特殊情形增值税征收率

项目	内容
特殊情形	1. 一般纳税人采用简易办法缴纳增值税（列举货物、应税行为，见考点4） 自2019年3月1日起，增值税一般纳税人生产销售和批发、零售罕见药品，可选择按简易计税办法依照3%的征收率缴纳增值税。 选择简易计税办法计税增值税后，36个月内不得变更。 2. 3%征收率的特殊情形——差额计税 提供物业管理服务的纳税人，向服务接受方收取的自来水水费，以扣除其对外支付的自来水水费后的余额为销售额，按3%的征收率计算缴纳增值税。 3. 3%征收率减按2%征收增值税 增值税 = 售价÷(1+3%)×2% （1）一般纳税人销售自己使用过的属于不得抵扣且未抵扣进项税额的固定资产，纳税人可以放弃减税，按照简易办法依照3%征收率缴纳增值税，并可以开具增值税专用发票。 （2）小规模纳税人（除其他个人外）销售自己使用过的固定资产。 （3）纳税人销售旧货。 4. 5%的征收率减按1.5%计算税额——个人出租住房 增值税 = 租金÷(1+5%)×1.5% 例如：丁先生2019年10月份取得出租住房的租金收入8 000元，则丁先生应纳增值税 = 8 000÷(1+5%)×1.5% = 114.29(元)。

2. 下列情况适用5%征收率：
（1）小规模纳税人销售自建或者取得的不动产。
（2）一般纳税人选择简易计税方法计税的不动产销售。
（3）房地产开发企业中的小规模纳税人，销售自行开发的房地产项目。
（4）其他个人销售其取得（不含自建）的不动产（不含其购买的住房）。
（5）一般纳税人选择简易计税方法计税的不动产经营租赁。
（6）小规模纳税人出租（经营租赁）其取得的不动产（不含个人出租住房）。
（7）其他个人出租（经营租赁）其取得的不动产（不含住房）。
（8）一般纳税人2016年4月30日前签订的不动产融资租赁合同，或以2016年4月30日前取得的不动产提供的融资租赁服务，选择适用简易计税方法的。
（9）一般纳税人收取试点前开工的一级公路、二级公路、桥、闸通行费，选择适用简易计税方法的。
（10）一般纳税人提供人力资源外包服务，选择适用简易计税方法的。
（11）纳税人转让2016年4月30日前取得的土地使用权，选择适用简易计税方法的。
（12）纳税人提供劳务派遣服务选择差额纳税的，见表2-10。

表 2-10　劳务派遣计税方法

提供方	计税方法	
一般纳税人	一般计税方法（全额6%）	也可选择差额纳税，以取得的全部价款和价外费用，扣除代用工单位支付给劳务派遣员工的工资、福利、社保、住房公积金后的余额为销售额，按5%征收率计算缴纳增值税。
小规模纳税人	简易计税方法（全额3%）	

【鑫考题1·计算题】某市一民营客运公司组织优秀员工50人赴深港五日游，公司用自有客车将他们送至深圳某口岸，然后委托可从事跨境业务的深圳甲旅游公司承接后面的行程，按每人8 000元共支付给甲旅游公司旅游费40万元。向深圳乙车行租赁了两辆拥有深港两地运营牌照的大巴用于在香港的运输，均由乙车行配备司机，共支付10万元。分别计算该民营客运公司和乙车行的增值税。

【答案】（1）客运公司不交增值税。因为公司用自有客车将他们送至深圳某口岸属于为本单位员工提供劳务，为非营业活动，不征增值税。

（2）乙车行提供跨境运输，适用增值税零税率，不缴纳增值税。

【鑫考题2·计算题】某生产企业为增值税一般纳税人，2018年10月销售购于2008年10月份的设备一台，取得收入59 000元；2019年10月销售购于2009年10月份的设备一台，取得收入59 000元。请分别计算其2018年和2019年应缴纳的增值税。

【答案】2018年应纳增值税 = 59 000 ÷ (1 + 3%) × 2% = 1 145.63（元）

2019年应纳增值税 = 59 000 ÷ (1 + 13%) × 13% = 6 787.61（元）

【鑫考点4】增值税的计税方法

一、增值税的计税方法

1. 一般计税方法——一般纳税人使用，计算方法如下：

当期应纳增值税税额 = 当期销项税额 − 当期进项税额

2. 简易计税方法——主要为小规模纳税人使用，计算方法如下：

当期应纳增值税额 = 当期销售额（不含增值税）× 征收率

一般纳税人发生财政部和国家税务总局规定的特定应税销售行为，也可以选择适用简易计税方法计税，但是不得抵扣进项税额。一经选择适用简易计税方法计税，36个月内不得变更。

3. 扣缴计税方法。境外单位或者个人在境内发生应税行为，在境内未设有经营机构的，扣缴义务人按照下列公式计算应扣缴税额：

应扣缴税额 = 接受方支付的价款 ÷ (1 + 税率) × 税率

二、一般纳税人可以选择适用简易计税方法的情形

1. 县级及县级以下小型水力发电单位（装机容量为5万千瓦及以下）生产的自产电力。

2. 自产建筑用和生产建筑材料所用的砂、土、石料。

3. 以自己采掘的砂、土、石料或其他矿物连续生产的砖、瓦、石灰（不含黏土实心砖、瓦）。

4. 自己用微生物、微生物代谢产物、动物毒素、人或动物的血液或组织制成的生物制品。

5. 自产的自来水。

6. 自来水公司销售自来水。

7. 自产的商品混凝土（仅限于以水泥为原料生产的水泥混凝土）。

8. 单采血浆站销售非临床用人体血液。

9. 寄售商店代销寄售物品（包括居民个人寄售的物品在内）。

10. 典当业销售死当物品。

11. 药品经营企业销售生物制品。

12. 公共交通运输服务。公共交通运输服务，包括轮客渡、公交客运、地铁、城市轻轨、出租车、长途客运、班车。

13. 经认定的动漫企业为开发动漫产品提供的相关服务。

14. 电影放映服务、仓储服务、装卸搬运服务、收派服务和文化体育服务。

15. 营改增之前取得的有形动产为标的物提供的经营租赁服务。

16. 营改增之前签订的尚未执行完毕的有形动产租赁合同。

17. 以清包工方式提供的建筑服务。

18. 为甲供工程提供的建筑服务。

19. 销售2016年4月30日前取得的不动产。

20. 房地产开发企业销售自行开发的房地产老项目。

21. 出租2016年4月30日前取得的不动产。

22. 提供非学历教育服务。

23. 一般纳税人收取试点前开工的一级公路、二级公路、桥、闸通行费。

24. 一般纳税人提供人力资源外包服务。

25. 一般纳税人2016年4月30日前签订的不动产融资租赁合同，或以2016年4月30日前取得的不动产提供的融资租赁服务。

26. 纳税人转让2016年4月30日前取得的土地使用权。

【鑫考题·多选题】增值税一般纳税人销售自产的下列货物中，可选择按照简易办法计算缴纳增值税的有（   ）。

A. 生产建筑材料所用的沙土

B. 以水泥为原材料生产的水泥混凝土

C. 用微生物制成的生物制品

D. 县级以下小型火力发电单位生产的电力

【答案】ABC

【解析】选项D，县级及县级以下小型水力发电单位生产的电力，可选择按照简易办法依照3%征收率计算缴纳增值税。

【鑫考点5】一般计税方法应纳税额的计算

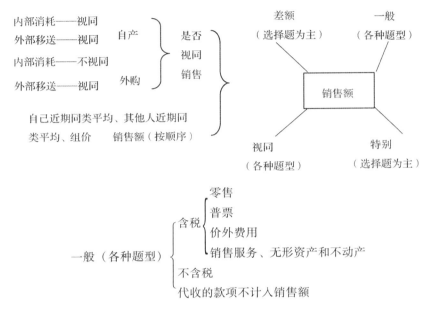

一、一般销售和视同销售的销售额确认

1. 销售额是指纳税人销售货物或提供应税劳务和应税行为时向购买方收取的全部价款和价外费用（即价外收入，如违约金、滞纳金、赔偿金、延期付款利息、包装费、包装物租金等）。价外收入一般视为含增值税的收入，必须换算为不含税收入再并入销售额。见表2-11。

表2-11 不计入销售额的情况

项目	内容
代收的款项不计入销售额	1. 受托加工应征消费税的消费品所代收代缴的消费税；
	2. 同时符合条件的代政府性基金或者行政事业性收费；
	3. 以委托方名义开具发票代委托方收取的款项；
	4. 销售货物的同时代办保险等而向购买方收取的保险费，以及向购买方收取的代购买方缴纳的车辆购置税、车辆牌照费。

2. 视同销售货物和发生应税行为销售额的确认：
（1）按纳税人最近时期同类货物或者应税行为的平均售价；
（2）按其他纳税人最近时期同类货物或者应税行为的平均售价；
（3）无同类价格，按组成计税价格 = 成本 + 利润。
组价的特殊使用——有售价，但售价明显偏低且无正当理由也要核定价格或组价。

二、特殊销售方式下销售额的确认

具体见表2-12、表2-13。

表 2-12　特殊销售方式下销售额的确认

内容	类型
折扣折让方式销售	折扣销售（商业折扣） 销售折扣（现金折扣） 销售折让
以旧换新销售	一般货物：按新货同期销售价格确定销售额，不得扣减旧货收购价格； 金银首饰：按实际收到的不含税销售价格确定销售额（扣减旧货收购价格）。
还本销售	销售额就是货物销售价格，不得扣减还本支出。
以物易物销售	双方均作购销处理，以各自发出的货物核算销售额并计算销项税额，以各自收到的货物核算购货额并计算进项税额。
直销企业增值税销售额确定	1. 直销企业—直销员—消费者：销售额为向直销员收取的全部价款和价外费用。 2. 直销企业（直销员）—消费者：销售额为向消费者收取的全部价款和价外费用。

表 2-13　包装物押金的税务处理

包装物押金种类	税法是否认可押金	收取时，未逾期	逾期时/1年以上的押金
一般应税消费品的包装物押金	是	不缴增值税	缴纳增值税
啤酒、黄酒包装物押金	是	不缴增值税	缴纳增值税
酒类产品包装物押金（除啤酒、黄酒外）	否	缴纳增值税	不缴增值税

三、销售额的差额确认

1. 金融商品转让的销售额 = 卖出价 – 买入价。

（1）不得扣除买卖交易中的其他税费。

（2）转让金融商品出现的正负差，按盈亏相抵后的余额为销售额。若相抵后出现负差，可结转下一纳税期与下期转让金融商品销售额相抵，但年末时仍出现负差的，不得转入下一个会计年度。

（3）金融商品的买入价，可以选择按照加权平均法或者移动加权平均法进行核算，选择后36个月内不得变更。

（4）金融商品转让，不得开具增值税专用发票。

2. 经纪代理服务。

销售额 = 取得的全部价款和价外费用 – 向委托方收取并代为支付的政府性基金或者行政事业性收费

向委托方收取的政府性基金或者行政事业性收费，不得开具增值税专用发票。

3. 融资租赁（三方关系）属于"现代服务——租赁服务"。

销售额=取得的全部价款和价外费用——支付的借款利息（包括外汇借款和人民币借款利息）-发行债券利息-车辆购置税

4. 融资性售后回租（两方关系）属于"金融服务——贷款服务"。

销售额=取得的全部价款和价外费用（不含本金）-扣除对外支付的借款利息（包括外汇借款和人民币借款利息）-发行债券利息

5. 航空运输企业的销售额，不包括代收的机场建设费和代售其他航空运输企业客票而代收转付的价款。

自2018年1月1日起，航空运输销售代理企业提供境外航段机票代理服务：

销售额=取得的全部价款和价外费用-向客户收取并支付给其他单位或个人的境外航段机票结算款和相关费用

6. 客运场站服务。

销售额=取得的全部价款和价外费用-支付给承运方运费

7. 旅游服务。

销售额=取得的全部价款和价外费用-向旅游服务购买方收取并支付给其他单位或者个人的住宿费、餐饮费、交通费、签证费、门票费-支付给其他接团旅游企业的旅游费用

选择上述办法计算销售额的试点纳税人，向旅游服务购买方收取并支付的上述费用，不得开具增值税专用发票，可以开具普通发票。

8. 建筑业适用简易计税方法的销售额=取得的全部价款和价外费用-支付的分包款。

9. 房地产开发企业中的一般纳税人销售其开发的房地产项目。

销售额=取得的全部价款和价外费用-受让土地时向政府部门支付的土地价款

"向政府部门支付的土地价款"，包括土地受让人向政府部门支付的征地和拆迁补偿费用、土地前期开发费用和土地出让收益等。在取得土地时向其他单位或个人支付的拆迁补偿费用也允许在计算销售额时扣除。以下为进项税额的计算：

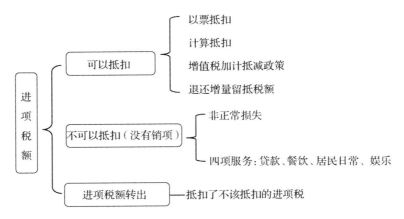

四、以票抵扣的进项税额

1. 从销售方取得的增值税专用发票。
（1）增值税专用发票是增值税一般纳税人发生应税销售行为开具的发票。
（2）机动车销售统一发票是增值税一般纳税人从事机动车零售业务开具的发票。增值税普通发票不是抵扣凭证。
2. 从海关取得的海关进口增值税专用缴款书上注明的增值税额。
3. 自境外单位或者个人购进劳务、服务、无形资产或者境内的不动产，从税务机关或者扣缴义务人取得的代扣代缴税款的完税凭证上注明的增值税额。
4. 收费公路通行费增值税电子普通发票上注明的增值税额抵扣进项税额。
5. 纳税人允许抵扣的国内旅客运输服务进项税额，是指纳税人2019年4月1日及以后实际发生，并取得合法有效增值税扣税凭证注明的或依据其计算的增值税额。以增值税专用发票或增值税电子普通发票为增值税扣税凭证的，为2019年4月1日及以后开具的增值税专用发票或增值税电子普通发票。（新增）

五、计算抵扣的进项税额

1. 购进农产品增值税进项税额。

购进农产品增值税进项税额		
	取得一般纳税人开具的专用发票或海关进口增值税专用缴款书	按照增值税专用发票或海关进口专用缴款书上注明的进项税额
	从小规模纳税人取得3%专用发票	以专用发票注明的金额和9%或10%扣除率计算进项税额
	取得农产品销售发票或收购发票的	以发票上注明的农产品买价和9%或10%扣除率计算进项税额
	购进农产品用于生产销售或委托加工13%税率的货物	买价×10%计算进项税额 未分别核算的，按照增值税专用发票或海关进口专用缴款书上注明的进项税额，或以农产品销售发票或收购发票上的买价×9%计算进项税额
	从批发零售环节购进免征增值税的蔬菜、部分鲜活肉蛋取得的普通发票	不得计算抵扣进项税额

2. 国内旅客运输服务进项税额的计算抵扣。

纳税人未取得增值税专用发票的，暂按照以下规定确定进项税额：

航空旅客运输进项税额 = （票价 + 燃油附加费）÷（1 + 9%）× 9%

铁路旅客运输进项税额 = 票面金额 ÷（1 + 9%）× 9%

公路、水路等其他旅客运输进项税额＝票面金额÷(1＋3%)×3%

3. 收费公路通行费增值税计算抵扣。

2018年1月1日—6月30日，纳税人支付的高速公路通行费，如暂未能取得收费公路通行费增值税电子普通发票，可凭取得的通行费发票（不含财政收据，下同）上注明的收费金额确定可抵扣进项税额：

高速公路通行费可抵扣进项税额＝高速公路通行费发票上注明的金额÷(1＋3%)×3%

2018年1月1日—12月31日，纳税人支付的一级公路、二级公路通行费，如暂未能取得收费公路通行费增值税电子普通发票，可凭取得的通行费发票上注明的收费金额确定可抵扣进项税额：

一级公路、二级公路通行费可抵扣进项税额＝一级公路、二级公路通行费发票上注明的金额÷(1＋5%)×5%

纳税人支付的桥、闸通行费的可抵扣进项税额：

桥、闸通行费可抵扣进项税额＝桥、闸通行费发票上注明的金额÷(1＋5%)×5%

六、增值税加计抵减政策

自2019年4月1日至2021年12月31日，允许生产、生活性服务业纳税人按照当期可抵扣进项税额加计抵减应纳税额（以下称加计抵减政策）。生产性服务业的加计抵扣比例为10%，生活性服务业的加计抵扣的比例为15%。

"生产、生活性服务业纳税人"是指提供邮政服务、电信服务、现代服务、生活服务（以下简称四项服务）取得的销售额占全部销售额的比重超过50%的纳税人。

上述所称"销售额"包括纳税申报销售额、稽查查补销售额、纳税评估调整销售额，其中，纳税申报销售额包括一般计税方法销售额，简易计税方法销售额，免税销售额，税务机关代开发票销售额，免、抵、退办法出口销售额，即征即退项目销售额。

2019年3月31日前设立的纳税人，自2018年4月至2019年3月期间的销售额（经营期不满12个月的，按照实际经营期的销售额）符合上述规定条件的，自2019年4月1日起适用加计抵减政策。

2019年4月1日后设立的纳税人，自设立之日起3个月的销售额符合上述规定条件的，自登记为一般纳税人之日起适用加计抵减政策。

纳税人可计提但未计提的加计抵减额，可在确定适用加计抵减政策当期一并计提。

纳税人应按照当期可抵扣进项税额的10%或15%计提当期加计抵减额。

纳税人确定适用加计抵减政策后，当年内不再调整，以后年度是否适用，根据上年度销售额计算确定。

按照现行规定不得从销项税额中抵扣的进项税额，不得计提加计抵减额；已计提加计抵减额的进项税额，按规定作进项税额转出的，应在进项税额转出当期，相应调减加计抵减额。计算公式如下：

当期计提加计抵减额＝当期可抵扣进项税额×10%或15%

当期可抵减加计抵减额＝上期末加计抵减额余额＋当期计提加计抵减额－当期调减

加计抵减额

纳税人应按照现行规定计算一般计税方法下的应纳税额（以下称抵减前的应纳税额）后，区分以下情形加计抵减：

（1）抵减前的应纳税额等于零的，当期可抵减加计抵减额全部结转下期抵减；

（2）抵减前的应纳税额大于零，且大于当期可抵减加计抵减额的，当期可抵减加计抵减额全额从抵减前的应纳税额中抵减；

（3）抵减前的应纳税额大于零，且小于或等于当期可抵减加计抵减额的，以当期可抵减加计抵减额抵减应纳税额至零。未抵减完的当期可抵减加计抵减额，结转下期继续抵减。

纳税人出口货物劳务、发生跨境应税行为不适用加计抵减政策，其对应的进项税额不得计提加计抵减额。如果纳税人兼营出口货物劳务、发生跨境应税行为且无法划分不得计提加计抵减额的进项税额，按照以下公式计算：

不得计提加计抵减额的进项税额＝当期无法划分的全部进项税额×当期出口货物劳务和发生跨境应税行为的销售额÷当期全部销售额

加计抵减政策执行到期后，纳税人不再计提加计抵减额，结余的加计抵减额停止抵减。

七、不得抵扣的进项税额

1. 用于简易计税方法计税项目、免征增值税项目、集体福利或者个人消费的购进货物、加工修理修配劳务、服务、无形资产和不动产。

2. 非正常损失的购进货物，以及相关的加工修理修配劳务和交通运输服务。

非正常损失，指因管理不善造成货物被盗、丢失、霉烂变质，以及因违反法律法规造成货物被依法没收、销毁的情形。

3. 非正常损失的在产品、产成品所耗用的购进货物、加工修理修配劳务和交通运输服务。

4. 非正常损失的不动产，以及该不动产所耗用的购进货物、设计服务和建筑服务。

5. 非正常损失的不动产在建工程所耗用的购进货物、设计服务和建筑服务。纳税人新建、改建、扩建、修缮、装饰不动产，均属于不动产在建工程。

6. 购进的贷款服务、餐饮服务、居民日常服务、娱乐服务。主要接受对象是个人，属于最终消费。贷款服务中向贷款方支付的与该笔贷款直接相关的投融资顾问费、手续费、咨询费等费用，其进项税额不得从销项税额中抵扣。住宿服务和旅游服务未列入，可以抵扣。

八、进项税额转出

购进货物或服务改变生产经营用途的，不得抵扣进项税额。如果在购进时已抵扣了进项税额，需要在改变用途当期作进项税额转出处理。见表2-14。

表 2-14 进项税额转出的方法

三种进项税额转出的方法	公式
按原抵扣的进项税额转出	
无法准确确定该项进项税额的，按当期实际成本计算应扣减的进项税额	实际成本 = 买价 + 运费 + 保险费 + 其他有关费用 进项税额转出数额 = 当期实际成本 × 税率
利用公式	不得抵扣的进项税额 = 无法划分的全部进项税额 ×（免税 + 简易征收销售额）/ 全部销售额

九、退还增量留抵税额（新增）

进项税额不足抵扣的处理：结转下期继续抵扣或者退还增量留抵税额。

增量留抵税额是指与 2019 年 3 月底相比新增加的期末留抵税额。

1. 对于同时符合以下条件（以下称符合留抵退税条件）的纳税人，可以向主管税务机关申请退还增量留抵税额。

（1）自 2019 年 4 月税款所属期起，连续六个月（按季纳税的，连续两个季度）增量留抵税额均大于零，且第六个月增量留抵税额不低于 50 万元；

（2）纳税信用等级为 A 级或者 B 级；

（3）申请退税前 36 个月未发生骗取留抵退税、出口退税或虚开增值税专用发票情形的；

（4）申请退税前 36 个月未因偷税被税务机关处罚两次及以上的；

（5）自 2019 年 4 月 1 日起未享受即征即退、先征后返（退）政策的。

2. 增量留抵税额的计算。纳税人当期允许退还的增量留抵税额，按照以下公式计算：

允许退还的增量留抵税额 = 增量留抵税额 × 进项构成比例

进项构成比例，为 2019 年 4 月至申请退税前一税款所属期内已抵扣的增值税专用发票（含税控机动车销售统一发票）、海关进口增值税专用缴款书、解缴税款完税凭证注明的增值税额占同期全部已抵扣进项税额的比重。

3. 适用免抵退税办法纳税人留抵退税的处理。

（1）对于纳税人出口货物劳务、发生跨境应税行为，适用免抵退税办法的，可以在同一申报期内，既申报免抵退税又申请办理留抵退税。

（2）申请办理留抵退税的纳税人，出口货物劳务、跨境应税行为适用免抵退税办法的，应当按期申报免抵退税。当期可申报免抵退税的出口销售额为零的，应办理免抵退税零申报。

（3）纳税人既申报免抵退税又申请办理留抵退税的，税务机关应先办理免抵退税。办理免抵退税后，纳税人仍符合留抵退税条件的，再办理留抵退税。

4. 自 2019 年 6 月 1 日起，同时符合以下条件的部分先进制造业纳税人，可以自 2019 年 7 月及以后纳税申报期向主管税务机关申请退还增量留抵税额。

（1）增量留抵税额大于零；

（2）纳税信用等级为 A 级或者 B 级；

（3）申请退税前 36 个月未发生骗取留抵退税、出口退税或虚开增值税专用发票情形；

（4）申请退税前 36 个月未因偷税被税务机关处罚两次及以上；

（5）自 2019 年 4 月 1 日起未享受即征即退、先征后返（退）政策。

允许退还的增量留抵税额 = 增量留抵税额 × 进项构成比例

部分先进制造业纳税人，是指按照《国民经济行业分类》，生产并销售非金属矿物制品、通用设备、专用设备及计算机、通信和其他电子设备销售额占全部销售额的比重超过 50% 的纳税人。

上述销售额比重根据纳税人申请退税前连续 12 个月的销售额计算确定；申请退税前经营期不满 12 个月但满 3 个月的，按照实际经营期的销售额计算确定。

十、进项税额的其他问题

1. 自 2018 年 1 月 1 日起，纳税人租入固定资产、不动产，既用于一般计税方法计税项目，又用于简易计税方法计税项目、免征增值税项目、集体福利或个人消费的，其进项税额准予从销项税额中全额抵扣。

2. 增值税一般纳税人在资产重组过程中，将全部资产、负债和劳动力一并转让给其他增值税一般纳税人，并按程序办理注销税务登记的，其在办理注销登记前尚未抵扣的进行税额可结转至新纳税人继续抵扣。

3. 提供保险服务的纳税人以实物赔付方式承担机动车辆保险责任的，自行向车辆修理劳务提供方购进的车辆修理劳务，其进项税额可以按规定从保险公司销项税额中抵扣。（新增）

4. 销货退回或折让、中止的税务处理：销售方冲减销项税额，购货方冲减进项税额。

5. 向供货方取得返还收入的税务处理。对商业企业向供货方收取的与商品销售量、销售额挂钩（如以一定比例、金额、数量计算）的各种返还收入，均应按照平销返利行为的有关规定冲减当期增值税进项税金。

应冲减进项税金的计算公式调整为：

当期应冲减进项税金 = 当期取得的返还资金 ÷（1 + 所购货物适用税率）× 所购货物适用增值税税率

十一、转让不动产增值税征收管理

1. 不动产转让的类型：

（1）一般纳税人转让其取得的不动产。

（2）小规模纳税人转让其取得的不动产。

（3）个人转让其购买的住房（个人销售自建自用住房免税）。具体如下：

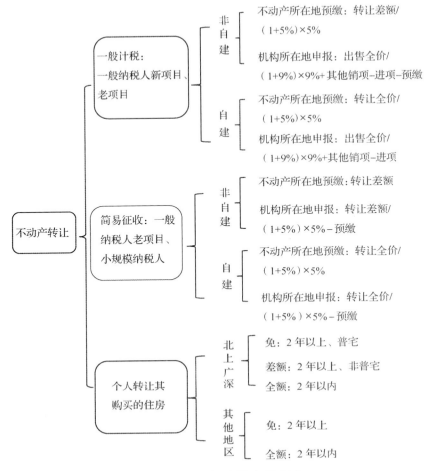

2. 纳税人转让不动产缴纳增值税差额扣除的有关规定。

纳税人转让不动产，按照有关规定差额缴纳增值税的，如因丢失等原因无法提供取得不动产时的发票，可向税务机关提供其他能证明契税计税金额的完税凭证等资料，进行差额扣除。同时保留取得不动产时的发票和其他能证明契税计税金额的完税凭证等资料的，应当凭发票进行差额扣税。

纳税人以契税计税金额进行差额扣除的，按照表2-15所列公式计算增值税应纳税额：

表2-15 转让不动产的增值税处理

契税缴纳时间	税额计算
2016年4月30日及以前缴纳契税	应纳增值税 = [全部交易价格（含增值税） − 契税计税金额（含营业税）] ÷ (1+5%) × 5%
2016年5月1日及以后缴纳契税	应纳增值税 = [全部交易价格（含增值税） ÷ (1+5%) − 契税计税金额（不含增值税）] × 5%

3. 发票的开具。

（1）小规模纳税人转让其取得的不动产，不能自行开具增值税发票的，可向不动产所在地主管税务机关申请代开。

（2）纳税人向其他个人转让其取得的不动产，不得开具或申请代开增值税专用发票。

4. 纳税人转让其取得的不动产的增值税抵减。

纳税人转让其取得的不动产，向不动产所在地主管税务机关预缴的增值税税款，可以在当期增值税应纳税额中抵减，抵减不完的结转下期继续抵减。

5. 纳税人以预缴税款抵减应纳税额应以完税凭证作为合法有效凭证。具体如下：

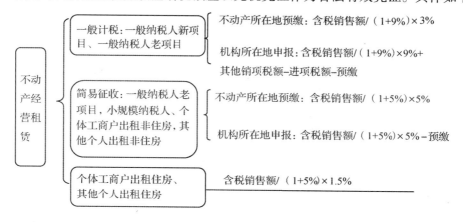

十二、提供不动产经营租赁服务增值税处理

1. 纳税人不动产的所在地与机构所在地在同一县（市、区），纳税人应向机构所在地主管税务机关申报纳税。

2. 单位和个体工商户出租不动产，向不动产所在地主管税务机关预缴的增值税款，可以在当期增值税应纳税额中抵减，抵减不完的，结转下期继续抵减。纳税人以预缴税款抵减应纳税额，应以完税凭证作为合法有效凭证。

3. 可以申请代开增值税发票的情况。

（1）小规模纳税人中的单位和个体工商户出租不动产，不能自行开具增值税发票的，可向不动产所在地主管税务机关申请代开增值税发票。

（2）其他个人出租不动产，可向不动产所在地主管税务机关申请代开增值税发票。

4. 纳税人向其他个人出租不动产，不得开具或申请代开增值税专用发票。

十三、跨县（市、区）建筑服务增值税处理

具体如下：

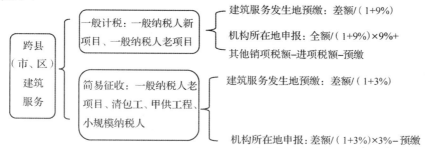

（1）从分包方取得的 2016 年 4 月 30 日前开具的建筑业营业税发票，可在 2016 年 6 月 30 日前作为预缴税款的扣除凭证。

（2）从分包方取得的 2016 年 5 月 1 日后开具的，备注栏注明建筑服务发生地所在县（市、区）、项目名称的增值税发票。

（3）小规模纳税人跨县（市、区）提供建筑服务，不能自行开具增值税发票的，可向建筑服务发生地主管税务机关按照其取得的全部价款和价外费用申请代开增值税发票。

十四、房地产开发企业销售自行开发的房地产项目增值税处理

具体如下：

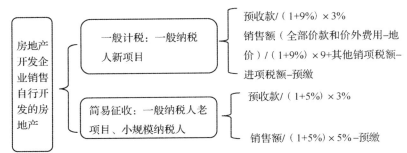

1. 地价是指向政府、土地管理部门或受政府委托收取土地价款的单位直接支付的土地价款。

2. 一般纳税人自行开具增值税专用发票；向其他个人销售自行开发的房地产项目，不得开具增值税专用发票。

3. 小规模纳税人销售自行开发的房地产项目的增值税发票开具。

（1）自行开具增值税普通发票。

（2）向主管税务机关申请代开增值税专用发票。

（3）向其他个人销售自行开发的房地产项目，不得申请代开增值税专用发票。

表 2-16　房地产企业增值税征收率

项目	税率	征收率	预征率
建筑服务	9%	3%	一般：2% 简易：3%
房企销售	9%	5%	3%
不动产经营租赁	9%	5%	一般：3% 简易：5%
不动产转让	9%	5%	5%

【鑫考题 1·单选题】 对下列增值税应税行为计算销项税额时，按照全额确定销售额的是（　　）。

A. 贷款服务　　　　　　　　　　B. 金融商品转让

C. 一般纳税人提供客运场站服务　　D. 经纪代理服务

【答案】A

【解析】贷款服务，以提供贷款服务取得的全部利息及利息性质的收入为销售额。

【考题2·单选题】 下列行为在计算增值税销项税额时，应按照差额确定销售额的是（   ）。

A. 商业银行提供贷款服务

B. 企业逾期未收回包装物不再退还押金

C. 转让金融商品

D. 直销员将从直销企业购买的货物销售给消费者

【答案】C

【解析】转让金融商品，按照卖出价扣除买入价后的余额为销售额。

【考题3·单选题】 某船运公司为增值税一般纳税人，2020年1月购进船舶配件取得的增值税专用发票上注明价款360万元、税额46.8万元；开具普通发票取得的含税收入包括国内运输收入1 287.6万元、期租业务收入255.3万元、打捞收入116.6万元。该公司6月应缴纳的增值税为（   ）。

A. 87.45万元   B. 92.4万元   C. 87.2万元   D. 103.25万元

【答案】C

【解析】应纳增值税 =（1 287.6 + 255.3）÷（1 + 9%）× 9% + 116.6 ÷（1 + 6%）× 6% - 46.8 = 127.40 + 6.6 - 46.8 = 87.2（万元）。

【考题4·多选题】 下列项目所包含的进项税额，不得从销项税额中抵扣的有（   ）。

A. 会计师事务所支付的员工出差餐费

B. 生产企业生产过程中出现的报废产品

C. 电信企业用于经营管理的办公用品

D. 商业企业用于进货贷款支付的利息

【答案】AD

【解析】购进的贷款服务、餐饮服务、居民日常服务、娱乐服务，进项税额不得抵扣。

【考题5·多选题】 某商场（增值税一般纳税人）与其供货企业达成协议，按销售量挂钩进行平销返利。5月向供货方购进商品取得增值税专用发票，注明价款120万元、进项税额15.6万元，当月按平价全部销售，月末供货方向该商场支付返利4.8万元。下列该项业务的处理符合有关规定的有（   ）。

A. 商场应按120万元计算确定销项税额

B. 商场应按124.8万元计算销项税额

C. 商场当月应抵扣的进项税额为15.6万元

D. 商场当月应抵扣的进项税额为15.05万元

【答案】 AD

【解析】 当期应冲减进项税金 = 4.8 ÷ (1 + 13%) × 13% = 0.55（万元），当期可抵扣进项税额 = 15.6 - 0.55 = 15.05（万元）。

【鑫考题6·计算题】 某商场为增值税一般纳税人，2019年12月将本月采购入库的一批食品60%赠送受灾地区，购入时取得的增值税专用发票上注明价款30万元，增值税3.9万元。计算商场的销项税额和进项税额。

【答案】 购入时进项税额 = 3.9（万元）

赠送时销项税额 = 30 × 60% × 13% = 2.34（万元）

【鑫考题7·计算题】 位于某市区的一家百货商场为增值税一般纳税人。2019年12月份零售金银首饰取得含税销售额10.53万元，其中包括以旧换新首饰的含税销售额5.85万元。在以旧换新业务中，旧首饰作价的含税金额为3.51万元，百货商场实际收取的含税金额为2.34万元。计算百货商场应确认的销项税额。

【答案】 百货商场12月份零售金银首饰的增值税销项税额 = (10.53 - 5.85 + 2.34) ÷ (1 + 13%) × 13% = 0.81（万元）

【鑫考题8·计算题】 位于某市区的一家百货商场为增值税一般纳税人。2019年12月份零售金银首饰取得含税销售额10.53万元，其中包括以旧换新首饰的含税销售额5.85万元。在以旧换新业务中，旧首饰作价的含税金额为3.51万元，百货商场实际收取的含税金额为2.34万元。计算百货商场应确认的销项税额。

【答案】 百货商场12月份零售金银首饰的增值税销项税额 = (10.53 - 5.85 + 2.34) ÷ (1 + 13%) × 13% = 0.81（万元）

【鑫考题9·计算题】 某汽车生产企业为增值税一般纳税人，9月份业务如下：

(1) 将生产的800辆汽车分两批出售，其中300辆增值税专用发票注明金额4 500万元，税额为585万元，500辆增值税专用发票注明金额6 500万元，税额845万元。

(2) 将生产的100辆小汽车用于换取生产资料，以成本12万元每辆互相开具，增值税专用发票注明金额1 200万元，税额156万元。计算本月应缴纳的增值税。

【答案】 平均售价 = (4 500 + 6 500)/800 = 13.75（万元）

销项税额 = 585 + 845 + 100 × 13.75 × 13% = 1 608.75（万元）

进项税额 = 156（万元）

应纳增值税 = 1 608.75 - 156 = 1 452.75（万元）

【鑫考题10·计算题】 某酒厂为一般纳税人，本月向一小规模纳税人销售白酒，并开具普通发票上注明金额93 600元；同时收取单独核算的包装物押金2 000元（尚未逾期），计算此业务酒厂应确认的销项税额。

【答案】 销项税额 = (93 600 + 2 000) ÷ (1 + 13%) × 13% = 10 998.23（元）

【鑫考题11·计算题】 某金融公司为一般纳税人，2019年第四季度转让债券卖出价为100 000元（含增值税价格，下同），该债券是2018年9月购入的，买入价为60 000

元。该公司2019年第四季度之前转让金融商品亏损15 000元。计算该公司的销项税额。

【答案】转让债券的销售额 = (100 000 - 60 000) - 15 000 = 25 000 (元)

销项税额 = 25 000 ÷ (1 + 6%) × 6% = 1 415.09 (元)

【鑫考题12·计算题】2019年9月1日,甲食品厂(一般纳税人)购进某农场自产小麦一批,用于生产饼干,收购凭证注明价款为78 680元,从某供销社(一般纳税人)购进小麦一批(用于生产面粉),增值税专用发票上注明销售额400 000元。计算甲食品厂进项税额及采购成本。

【答案】进项税额 = 78 680 × 10% + 400 000 × 9% = 43 868 (元)

采购成本 = 78 680 × (1 - 10%) + 400 000 = 470 812 (元)

【鑫考题13·计算题】实木地板生产企业为增值税一般纳税人,本月末盘库时发现因管理不善,上月已经抵扣进项税额的国内原木被盗400立方米。该原木购自林场,损失成本29.7万元(其中运输费2.7万元)。进行本月的税务处理。

【答案】进项税额转出 = (29.7 - 2.7) ÷ (1 - 10%) × 10% + 2.7 × 9% = 3 + 0.243 = 3.243 (万元)

【鑫考题14·计算题】某制药厂(增值税一般纳税人)3月份销售抗生素药品取得含税收入113万元,销售免税药品50万元,当月购入生产用原材料一批,取得增值税专用发票上注明税款6.8万元,抗生素药品与免税药品无法划分耗料情况。计算该制药厂当月应纳增值税。

【答案】不得抵扣税额 = 6.8 × 50/(100 + 50) = 2.27 (万元)

应纳增值税 = 100 × 13% - (6.8 - 2.27) = 8.47 (万元)

【鑫考题15·计算题】某公司2019年12月30日转让其2015年9月1日购买的写字楼一层,取得转让收入2 500万元(含税)。购买时的价格为1 200万元,保留有合法有效发票。计算该公司当月应纳增值税。(选择简易计税方法)

【答案】应纳增值税 = (2 500 - 1 200) ÷ (1 + 5%) × 5% = 61.9 (万元)

【鑫考题16·计算题】北京某公司为增值税一般纳税人,2019年12月购入天津一座写字楼用于出租。月租金含税22 000元。进行本月的税务处理。

【答案】在天津不动产所在地,预缴税款 = 22 000 ÷ (1 + 9%) × 3% = 605.50 (元)

在北京机构所在地,本月应纳增值税 = 22 000 ÷ (1 + 9%) × 9% + 其他销项税额 - 进项税 - 预缴税款。

【鑫考题17·综合题节选】某生产企业为增值税一般纳税人,本月外购原材料100吨,每吨不含税价8 000元,取得的增值税专用发票上注明金额800 000元、税额104 000元;取得的运输业增值税专用发票上注明运费金额50 000元、税额4 500元;取得的增值税专用发票上注明装卸费30 000元、税额1 800元。

月末盘存时发现,由于管理不善购进的原材料被盗2.5吨,经主管税务机关确认作为损失处理。

计算被盗原材料转出进项税额。

【答案】被盗原材料转出进项税额 = 2.5 × 8 000 × 13% + 4 500 ÷ 100 × 2.5 + 1 800 ÷ 100 × 2.5 = 2 600 + 112.5 + 45 = 2 757.5（元）

【鑫考点6】 简易征税方法应纳税额的计算

一、简易征税方法应纳税额的计算

公式如下：

应纳税额 = 含税销售额 ÷（1 + 征收率）× 征收率

公式中的征收率有2档：3%、5%。

公式中的销售额：价款和价外收入，但不含增值税额。

按简易计税办法不得抵扣进项税额，但特殊业务销售额可差额计税。

二、资管产品的增值税处理办法

1. 计税方法：简易计税3%。
2. 纳税人：资管产品管理人，包括银行、信托公司、公募基金管理公司及其子公司、证券公司及其子公司、期货公司及其子公司、私募基金管理人、保险资产管理公司、专业保险资产管理机构、养老保险公司。
3. 征税范围：包括银行理财产品、资金信托、财产权信托、公开募集证券投资基金、特定客户资产管理计划、集合资产管理计划、定向资产管理计划、私募投资基金、债权投资计划、股权投资计划、股债结合型投资计划、资产支持计划、组合类保险资产管理产品、养老保障管理产品。

【鑫考点7】 进口环节增值税的征收

一、进口增值税征税范围、纳税人、税率

进口增值税征税范围、纳税人、税率见表2-17。

表2-17 进口增值税征税范围、纳税人和税率

项目	内容
进口增值税的征税范围	1. 凡是申报进入我国海关境内的货物。 2. 跨境电子商务零售进口商品按照货物征收。
进口增值税的纳税人	1. 一般规定：进口货物的收货人（承受人）或办理报关手续的单位和个人。 2. 对代理进口货物，以海关开具的完税凭证上的纳税人为增值税纳税人。 3. 购买跨境电子商务零售进口商品。 （1）纳税义务人：购买的个人。 （2）代收代缴义务人：电子商务企业、电子商务交易平台企业或物流企业。

续表

项目	内容
进口货物适用税率	1. 同国内货物税率：13%、9%。 进口货物的小规模纳税人、非企业单位、个人均适用。 2. 对跨境电子商务零售进口商品：13%、9%。 3. 自2018年5月1日起，进口抗癌药品，减按3%征收进口环节增值税。 4. 自2019年3月1日起，进口罕见药品，减按3%征收进口环节增值税。

二、进口增值税计算及征管

1. 进口增值税计税依据——组成计税价格：

组成计税价格 = 关税完税价格 + 关税（+ 消费税）

跨境电子商务零售进口商品，以实际交易价格（包括货物零售价格、运费和保险费）作为完税价格。

2. 进口货物应纳增值税的计算：

应纳进口增值税 = 组成计税价格 × 税率

在计算进口环节的应纳增值税税额时，不得抵扣任何税额，即发生在我国境外的各种税金。

跨境电子商务零售进口商品对跨境电子商务零售进口商品单次交易限值为人民币5 000元，个人年度交易限值为人民币26 000元以内进口的跨境电子商务零售进口商品，关税税率暂设为0%。

增值税、消费税按法定应纳税额的70%征收。

3. 进口环节增值税的管理。

（1）纳税义务发生时间为报关进口当天；纳税地点为进口货物报关地海关；纳税期限为海关填发海关进口增值税专用缴款书之日起15日内。

（2）自海关放行之日起30日内退货的，可申请退税，并相应调整个人年度交易总额。

（3）跨境电子商务零售进口商品购买人（订购人）的身份信息应进行认证；未进行认证的，购买人（订购人）身份信息应与付款人一致。

【鑫考题·计算题】某进出口公司2019年9月进口办公设备500台，每台进口完税价格1万元，委托运输公司将进口办公设备从海关运回本单位，支付运输公司不含税运输费用9万元，取得了运输公司开具的增值税专用发票。当月以每台1.8万元的含税价格售出400台，向甲公司捐赠2台，对外投资20台，留下4台自用。

另支付销货运输费1.3万元，取得了运输公司开具的增值税专用发票。

计算该企业当月应纳增值税（假设进口关税税率为15%）。

【答案】（1）进口货物进口环节应纳增值税 = (1 × 500 + 1 × 500 × 15%) × 13% = 74.75（万元）

（2）销项税额 = (400 + 2 + 20) × 1.8 ÷ (1 + 13%) × 13% = 87.39（万元）

(3) 可以抵扣的进项税额 = 74.75 + 9 × 9% + 1.3 × 9% = 75.68（万元）

(4) 应纳增值税 = 87.39 - 75.68 = 11.71（万元）

【鑫考点8】出口和跨境业务增值税的退（免）税和征税

一、增值税出口退（免）税的基本政策

增值税出口退（免）税的基本政策见表2-18。

表2-18 出口退（免）税政策

项目	内容
退（免）税政策	出口免税并退税（零税率）
免税政策	出口免税但不退税
征税政策	出口不免税也不退税

1. 退（免）税政策——出口免税并退税（零税率）。

(1) 免退税办法：免征增值税，相应的进项税额予以退还。

(2) "免、抵、退"税办法：免征增值税，相应的进项税额抵减应纳增值税额，未抵减完的部分予以退还。

出口：

应纳增值税 = 销项税额 - 进项税额（负数）

内销：

应纳增值税 = 销项税额 - 进项税额（正数）

2. 增值税出口退税率，一般规定，除单独规定外，出口货物的退税率为其适用征税率。

适用不同退税率的货物、劳务及应税服务，应分开报关、核算并申报退（免）税；否则从低适用退税率。

二、增值税退（免）税计算

1. 当期应纳税额的计算。

当期应纳税额 = 当期销项税额 -（当期进项税额 - 当期不得免征和抵扣税额）

当期不得免征和抵扣税额 = 当期出口货物离岸价 × 外汇人民币折合率 ×（出口货物适用税率 - 出口货物退税率）- 当期不得免征和抵扣税额抵减额

当期不得免征和抵扣税额抵减额 = 当期免税购进原材料价格 ×（出口货物适用税率 - 出口货物退税率）

2. 当期"免、抵、退"税额的计算。

当期"免、抵、退"税额 = 当期出口货物离岸价 × 外汇人民币折合率 × 出口货物退税率 - 当期"免、抵、退"税额抵减额

当期"免、抵、退"税额抵减额 = 当期免税购进原材料价格 × 出口货物退税率

3. 当期应退税额和免抵税额的计算。

当期应退税额为"当期期末留抵税额"与"当期免抵退税额"中的较小者。

当期免抵税额为计算的差额。

三、出口货物和劳务及跨境应税行为增值税免税政策

1. 适用出口免税的货物：

（1）增值税小规模纳税人出口货物。

（2）避孕药品和用具，古旧图书。

（2）软件产品。

（4）含黄金、铂金成分的货物，钻石及其饰品。

（5）国家计划内出口的卷烟。

（6）非出口企业委托出口的货物。

（7）非列名生产企业出口的非视同自产货物。

（8）农业生产者自产农产品。

（9）规定的出口免税的货物，如油、花生果仁、黑大豆等。

（10）外贸企业取得普通发票、农产品收购发票、政府非税收入票据的货物。

（11）来料加工复出口货物。

（12）特殊区域内的企业出口的特殊区域内的货物。

（13）以人民币现金作为结算方式的边境地区出口企业从所在省（自治区）的边境口岸出口到接壤国家的一般贸易和边境小额贸易出口货物。

（14）以旅游购物贸易方式报关出口的货物。

2. 出口企业或其他单位视同出口的货物和劳务：

（1）国家批准设立的免税店销售的免税货物［包括进口免税货物和已实现退（免）税的货物］。

（2）特殊区域内的企业为境外的单位或个人提供加工修理修配劳务。

（3）同一特殊区域、不同特殊区域内的企业之间销售特殊区域内的货物。

3. 境内的单位和个人提供的下列应税行为免征增值税，但零税率的除外：

（1）工程项目在境外的建筑服务。工程总承包方和工程分包方为施工地点在境外的工程项目提供的建筑服务，均属于工程项目在境外的建筑服务。

（2）工程项目在境外的工程监理服务。

（3）工程、矿产资源在境外的工程勘察勘探服务。

（4）会议展览地点在境外的会议展览服务。

（5）存储地点在境外的仓储服务。

（6）标的物在境外使用的有形动产租赁服务。

（7）在境外提供的广播影视节目（作品）的播映服务。

（8）在境外提供的文化体育服务、教育医疗服务、旅游服务。

（9）为出口货物提供的邮政服务、收派服务、保险服务（包括出口货物保险和出口

信用保险）。

（10）向境外单位提供的完全在境外消费的下列服务和无形资产：电信服务；知识产权服务；物流辅助服务（仓储服务、收派服务除外）；鉴证咨询服务；专业技术服务；商务辅助服务；广告投放地在境外的广告服务；无形资产。

（11）为境外单位之间的货币资金融通及其他金融业务提供的直接收费金融服务，且该服务与境内的货物、无形资产和不动产无关。

（12）按照国家有关规定应取得相关资质的国际运输服务项目，纳税人未取得相关资质的，适用增值税免税政策。

（13）境内单位和个人以无运输工具承运方式提供的国际运输服务，无运输工具承运业务的经营者适用增值税免税政策。

（14）境内的单位和个人提供适用增值税零税率的服务或者无形资产，如果属于适用简易计税方法的，实行免征增值税办法。

4. 纳税人发生跨境应税行为免征增值税的，应单独核算跨境应税行为的销售额，准确计算不得抵扣的进项税额，其免税收入不得开具增值税专用发票。

5. 市场经营户自营或委托市场采购贸易经营者以市场采购贸易方式出口的货物免征增值税。

四、驻华使（领）馆及其馆员境内购买货物和服务退税、境外旅客购物离境退税

1. 外国驻华使（领）馆及其馆员境内购买货物和服务退税。

（1）适用退税的人员范围为外国驻华使（领）馆及其馆员（中国公民或者在中国永久居留的人员除外）。

（2）适用退税的货物与服务范围：规定征收增值税、属于合理自用范围内的生活办公类货物和服务。

工业用机器设备、金融服务以及财政部和国家税务总局规定的其他货物和服务，不属于生活办公类货物和服务。

下列情形不适用增值税退税政策：

购买非合理自用范围内的生活办公类货物和服务；

购买货物单张发票销售金额（含税价格）不足 800 元人民币（自来水、电、燃气、暖气、汽油、柴油除外），购买服务单张发票销售金额（含税价格）不足 300 元人民币；

个人购买除车辆外的货物和服务，每人每年申报退税的销售金额（含税价格）超过 18 万元人民币的部分；

增值税免税货物和服务。

（3）退税的计算。

① 申报退税的应退税额，为增值税发票上注明的税额。

② 增值税发票上未注明税额的，按下列公式计算应退税额：

应退税额 = 发票或客运凭证上列明的金额（含增值税）÷（1 + 增值税适用税率）× 增值税适用税率

（4）申报退税期限。

按季度向外交部礼宾司报送退税凭证和资料申报退税，报送时间为每年的1月、4月、7月、10月；本年度的最迟申报不得迟于次年1月。逾期报送的，外交部礼宾司不予受理。

2. 境外旅客购物离境退税政策。

（1）退税物品，指由境外旅客本人在退税商店购买且符合退税条件的个人物品，但不包括下列物品：

① 禁止、限制出境物品；

② 退税商店销售的适用增值税免税政策的物品。

（2）境外旅客，指在我国境内连续居住不超过183天的外国人和港澳台同胞。

境外旅客申请退税，应同时符合以下条件：

① 同一境外旅客同一日在同一退税商店购买的退税物品金额达到500元人民币；

② 退税物品尚未启用或消费；

③ 离境日距退税物品购买日不超过90天；

④ 所购退税物品由境外旅客本人随身携带或随行托运出境。

（3）退税物品的退税率：

适用13%税率的境外旅客购物离境退税物品，退税率为11%；适用9%税率的境外旅客购物离境退税物品，退税率为8%。

（4）应退增值税额的计算公式：

应退增值税额 = 退税物品销售发票金额（含增值税）× 退税率

（5）退税币种为人民币。退税方式包括现金退税和银行转账退税两种方式。

退税额未超过10 000元的，可自行选择退税方式；退税额超过10 000元的，以银行转账方式退税。

【鑫考题1·单选题】某自营出口的生产企业为增值税一般纳税人，出口货物的征税率为13%，退税率为10%，2019年9月购进原材料一批，取得的增值税专用发票注明金额500万元，税额80万元。9月内销货物取得不含税销售额150万元，出口货物取得销售额折合人民币200万元，上月增值税抵税额10万元，该企业当期"免、抵、退"税不得免征和抵扣税额为（　　）万元。

A. 8　　　　　　B. 20　　　　　　C. 26　　　　　　D. 6

【答案】D

【解析】当期"免、抵、退"税不得免征和抵扣税额 = 200 × (13% − 10%) = 6（万元）。

【鑫考题2·单选题】境内单位和个人发生的下列跨境应税行为中，适用增值税零税率的是（　　）。

A. 向境外单位转让的完全在境外使用的技术

B. 向境外单位提供的完全在境外消费的电信服务

C. 在境外提供的广播影视节目播映服务

D. 无运输工具承运业务的经营者提供的国际运输服务

【答案】A

【解析】选项B、C、D，适用增值税免税政策。

【鑫考题3·计算题】某自营出口的生产企业为增值税一般纳税人，出口货物的征税税率为13%，退税税率为10%。2019年12月的有关经营业务为：购进原材料一批，取得的增值税专用发票注明的价款200万元，准予抵扣的进项税额26万元通过认证。上月末留抵税款3万元，本月内销货物不含税销售额100万元，收款113万元存入银行，本月出口货物的销售额折合人民币200万元。试计算该企业当期的"免、抵、退"税额。

【答案】（1）当期"免、抵、退"税不得免征和抵扣税额 = 200 × (13% − 10%) = 6（万元）

（2）当期应纳税额 = 100 × 13% − (26 − 6) − 3 = 13 − 20 − 3 = −10（万元）

（3）出口货物"免、抵、退"税额 = 200 × 10% = 20（万元）

（4）当期应退税额 = 10（万元）

（5）当期免抵税额 = 当期免抵退税额 − 当期应退税额 = 20 − 10 = 10（万元）

【鑫考题4·计算题】某自营出口的生产企业为增值税一般纳税人，出口货物的征税税率为13%，退税税率为10%。2019年12月有关经营业务为：购原材料一批，取得的增值税专用发票注明的价款400万元，外购货物准予抵扣的进项税额52万元通过认证。上期末留抵税款5万元。本月内销货物不含税销售额100万元，收款113万元存入银行。本月出口货物的销售额折合人民币200万元。

试计算该企业当期的"免、抵、退"税额。

【答案】（1）当期"免、抵、退"税不得免征和抵扣税额 = 200 × (13% − 10%) = 6（万元）

（2）当期应纳税额 = 100 × 13% − (52 − 6) − 5 = 13 − 46 − 5 = −38（万元）

（3）出口货物"免、抵、退"税额 = 200 × 10% = 20（万元）

（4）当期应退税额 = 20（万元）

（5）当期免抵税额 = 20 − 20 = 0（万元）

（6）8月期末留抵结转下期继续抵扣税额为18（38 − 20）万元。

【鑫考题5·计算题】某自营出口生产企业是增值税一般纳税人，出口货物的征税税率为13%，退税税率为10%。2019年8月有关经营业务为：购原材料一批，取得的增值税专用发票注明的价款200万元，外购货物准予抵扣进项税额26万元通过认证。当月进料加工免税进口料件的组成计税价格100万元。上期末留抵税款6万元。本月内销货物不含税销售额100万元，收款113万元存入银行。本月出口货物销售额折合人民币200万元。

试计算该企业当期的"免、抵、退"税额。

【答案】(1) 当期"免、抵、退"税不得免征和抵扣税额 = (200 - 100) × (13% - 10%) = 3 (万元)

(2) 当期应纳税额 = 100 × 13% - (26 - 3) - 6 = 13 - 23 - 6 = -16 (万元)

(3) 出口货物"免、抵、退"税额 = 200 × 10% - 100 × 10% = 100 × 10% = 10 (万元)

(4) 应退税额 = 10 (万元)

(5) 当期免抵税额 = 0 (万元)

(6) 8月期末留抵结转下期继续抵扣税额为 6 (16 - 10) 万元。

【鑫考点9】税收优惠

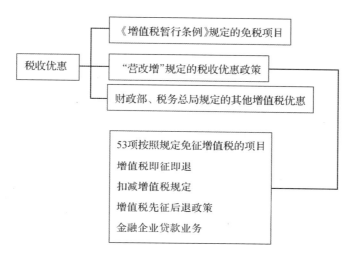

一、《增值税暂行条例》规定的免税项目（7项）

1. 农业生产者销售的自产农产品。包括"公司+农户"模式的畜禽饲养。

对单位和个人销售的外购农产品，以及单位和个人外购农产品生产、加工后销售的仍属于规定范围的农业产品，不属于免税的范围，正常征税。

2. 避孕药品和用具。
3. 古旧图书，是指向社会收购的古书和旧书。
4. 直接用于科学研究、科学试验和教学的进口仪器、设备。
5. 外国政府、国际组织无偿援助的进口物资和设备。
6. 由残疾人的组织直接进口供残疾人专用的物品。
7. 销售自己使用过的物品。自己使用过的物品，是指其他个人自己使用过的物品。

二、"营改增通知"及有关部门规定的税收优惠政策

1. 下列项目免征增值税：

(1) 托儿所、幼儿园提供的保育和教育服务。

(2) 养老机构提供的养老服务。

(3) 残疾人福利机构提供的育养服务。

（4）婚姻介绍服务。

（5）殡葬服务。

（6）残疾人员本人为社会提供的服务。

（7）医疗机构提供的医疗服务。

（8）从事学历教育的学校提供的教育服务。

（9）学生勤工俭学提供的服务。

（10）农业机耕、排灌、病虫害防治、植物保护、农牧保险以及相关技术培训业务，家禽、牲畜、水生动物的配种和疾病防治。

（11）纪念馆、博物馆、文化馆、文物保护单位管理机构、美术馆、展览馆、书画院、图书馆在自己的场所提供文化体育服务取得的第一道门票收入。

（12）寺院、宫观、清真寺和教堂举办文化、宗教活动的门票收入。

（13）行政单位之外的其他单位收取的符合规定条件的政府性基金和行政事业性收费。

（14）个人转让著作权。

（15）个人销售自建自用住房。

（16）台湾航运公司、航空公司从事海峡两岸海上直航、空中直航业务在大陆取得的运输收入。

（17）纳税人提供的直接或者间接国际货物运输代理服务。

（18）以下利息收入暂免征收：

① 国家助学贷款。

② 国债、地方政府债。

③ 人民银行对金融机构的贷款。

④ 住房公积金管理中心用住房公积金在指定的委托银行发放的个人住房贷款。

⑤ 外汇管理部门在从事国家外汇储备经营过程中，委托金融机构发放的外汇贷款。

⑥ 统借统还业务中，企业集团或企业集团中的核心企业以及集团所属财务公司按不高于支付给金融机构的借款利率水平或者支付的债券票面利率水平，向企业集团或者集团内下属单位收取的利息。自2019年2月1日至2020年12月31日，对企业集团内单位（含企业集团）之间的资金无偿借贷行为，免征增值税。

⑦ 自2018年11月7日至2021年11月6日，对境外机构投资境内债券市场取得的债券利息收入暂免征收增值税。

（19）被撤销金融机构以货物、不动产、无形资产、有价证券、票据等财产清偿债务。

（20）保险公司开办的一年期以上人身保险产品取得的保费收入。

（21）再保险服务。

（22）下列金融商品转让收入：

① 合格境外投资者（QFII）委托境内公司在我国从事证券买卖业务。

② 香港投资者（包括单位和个人）通过沪港通和深港通买卖上海证券交易所和深圳证券交易所上市 A 股；内地投资者（包括单位和个人）通过沪港通买卖香港联交所上市股票。

③ 香港投资者（包括单位和个人）通过基金互认买卖内地基金份额。

④ 证券投资基金管理人运用基金买卖股票、债券。

⑤ 个人从事金融商品转让业务。

（23）金融同业往来利息收入。

（24）符合规定条件的担保机构从事中小企业信用担保或者再担保业务取得的收入（不含信用评级、咨询、培训等收入）3 年内免征增值税。

（25）国家商品储备管理单位及其直属企业承担商品储备任务，从中央或者地方财政取得的利息补贴收入和价差补贴收入。

（26）纳税人提供技术转让、技术开发和与之相关的技术咨询、技术服务。

（27）符合规定的合同能源管理服务。

（28）政府举办的从事学历教育的高等、中等和初等学校（不含下属单位），举办进修班、培训班取得的全部归该学校所有的收入。

（29）政府举办的职业学校设立的主要为在校学生提供实习场所，并由学校出资自办、由学校负责经营管理、经营收入归学校所有的企业，从事"现代服务"（不含融资租赁服务、广告服务和其他现代服务）、"生活服务"（不含文化体育服务、其他生活服务和桑拿、氧吧）业务活动取得的收入。

（30）家政服务企业由员工制家政服务员提供家政服务取得的收入。

（31）福利彩票、体育彩票的发行收入。

（32）军队空余房产租赁收入。

（33）为了配合国家住房制度改革，企业、行政事业单位按房改成本价、标准价出售住房取得的收入。

（34）将土地使用权转让给农业生产者用于农业生产。

（35）涉及家庭财产分割的个人无偿转让不动产、土地使用权。

（36）土地所有者出让土地使用权和土地使用者将土地使用权归还给土地所有者。

（37）县级以上地方人民政府或自然资源行政主管部门出让、转让或收回自然资源使用权（不含土地使用权）。

（38）随军家属就业。

（39）军队转业干部就业。

（40）各党派、共青团、工会、妇联、中科协、青联、台联、侨联收取党费、团费、会费，以及政府间国际组织收取会费，属于非经营活动，不征收增值税。

（41）青藏铁路公司提供的铁路运输服务免征增值税。

（42）中国邮政集团公司及其所属邮政企业提供的邮政普遍服务、邮政特殊服务。

（43）中国邮政集团公司及其所属邮政企业为金融机构代办金融保险业务取得的代理

收入。

（44）中国信达资产管理股份有限公司、中国华融资产管理股份有限公司、中国长城资产管理公司和中国东方资产管理公司及各自经批准分设于各地的分支机构，在收购、承接和处置剩余政策性剥离不良资产和改制银行剥离不良资产过程中开展的规定业务，免征增值税。

（45）全国社会保障基金理事会、全国社会保障基金投资管理人运用全国社会保障基金买卖证券基金、股票、债券了得的金融商品转让收入，免征增值税。

（46）部分国际航运保险业务免征增值税。

（47）对社保基金会、社保基金投资管理人在运用社保基金投资过程中，提供贷款服务取得的全部利息及利息性质的收入和金融商品转让收入，免征增值税。

（48）自2018年9月1日至2020年12月31日，对金融机构向小型企业、微型企业和个体工商户发放小额贷款取得的利息收入，免征增值税。

（49）境外教育机构与境内从事学历教育的学校开展中外合作办学，提供学历教育服务取得的收入，免征增值税。

（50）自2018年1月1日起至2020年12月31日，免征图书批发、零售环节增值税。

（51）自2018年1月1日起至2020年12月31日，对科普单位的门票收入，以及县级及以上党政部门和科协开展科普活动的门票收入，免征增值税。

（52）自2019年1月1日至2021年12月31日，对国家级、省级科技企业孵化器、大学科技园国家备案众创空间向在孵对象提供孵化服务取得的收入，免征增值税。

（53）纳税人取得的财政补贴收入，与其销售货物、劳务、服务、无形资产、不动产的收入或者数量直接挂钩的，应按规定计算缴纳增值税。纳税人取得的其他情形的财政补贴收入，不属于增值税应税收入，不征收增值税。

在2020年1月1日实施前，纳税人取得的中央财政补贴已经申报缴纳增值税的，可以按现行红字发票管理规定，开具红字增值税发票将取得的中央财政补贴从销售额中扣减。

2．增值税即征即退。

（1）一般纳税人销售其自行开发生产的软件产品，按13%税率征收增值税后，对其增值税实际税负超过3%的部分实行增值税即征即退政策。

（2）一般纳税人提供管道运输服务。

（3）经批准从事融资租赁业务的一般纳税人，提供有形动产融资租赁服务和有形动产融资性售后回租服务。

（4）自2018年5月1日至2020年12月31日，对动漫企业增值税一般纳税人销售其自主开发生产的动漫软件，按照13%的税率征收增值税后，对其增值税实际税负超过3%的部分，实行即征即退政策。

上述所称增值税实际税负，是指纳税人当期提供应税服务实际缴纳的增值税额占纳税人当期提供应税服务取得的全部价款和价外费用的比例。

(5) 纳税人安置残疾人。

3. 扣减增值税规定。

退役士兵创业就业、重点群体创业就业，3 年内按每户每年 12 000 元为限额依次扣减其当年实际应缴纳的增值税、城市维护建设税、教育费附加、地方教育附加和个人所得税，限额标准最高可上浮 20%。

企业招用按照实际招用人数，以每人每年 6 000 元的定额标准为限额依次扣减其当年实际应缴纳的增值税、城市维护建设税、教育费附加、地方教育附加和企业所得税，限额标准最高可上浮 50%。

4. 增值税先征后退政策。

自 2018 年 1 月 1 日起至 2020 年 12 月 31 日，对宣传文化执行下列增值税先征后退政策。

(1) 对下列出版物在出版环节执行增值税 100% 先征后退的政策：

① 中国共产党和各民主党派的各级组织的机关报纸和机关期刊，各级人大、政协、政府、工会、共青团、妇联、残联、科协的机关报纸和机关期刊，新华社的机关报纸和机关期刊，军事部门的机关报纸和机关期刊。

上述各级组织不含其所属部门。机关报纸和机关期刊增值税先征后退范围掌握在一个单位一份报纸和一份期刊以内。

② 专为少年儿童出版发行的报纸和期刊，中小学的学生课本。

③ 专为老年人出版发行的报纸和期刊。

④ 少数民族文字出版物。

⑤ 盲文图书和盲文期刊。

⑥ 经批准在内蒙古、广西、西藏、宁夏、新疆五个自治区内注册的出版单位出版的出版物。

⑦ 列入通知规定的图书、报纸和期刊。

(2) 对下列出版物在出版环节执行增值税先征后退 50% 的政策：

① 各类图书、期刊、音像制品、电子出版物，但按上述规定执行增值税 100% 先征后退的出版物除外。

② 列入通知规定的报纸。

(3) 对下列印刷、制作业务执行增值税 100% 先征后退的政策：

① 对少数民族文字出版物的印刷或制作业务。

② 列入通知规定的新疆维吾尔自治区印刷企业的印刷业务。

5. 金融企业发放贷款后应收未收利息的增值税处理。

金融企业发放贷款后，自结息日起 90 天内发生的应收未收利息按现行规定缴纳增值税，自结息日起 90 天后发生的应收未收利息暂不缴纳增值税，待实际收到利息时按规定缴纳增值税。

三、财政部、国家税务总局规定的其他部分免税项目

1. 资源综合利用产品和劳务增值税优惠政策。纳税人销售自产的资源综合利用产品和提供资源综合利用劳务,可享受增值税即征即退政策。退税比例分为30%、50%、70%、100%四个档次。

2. 免征蔬菜流通环节(包括批发、零售)增值税。

上述蔬菜包括经过切分、晾晒、冷藏、冷冻程序加工的蔬菜,但不包括蔬菜罐头。

3. 粕类产品免征增值税。

4. 制种行业免征增值税。

5. 纳税人生产销售和批发、零售有机肥产品免征增值税。

6. 债转股免征增值税。按债转股企业与金融资产管理公司签订的债转股协议,债转股原企业将货物资产作为投资提供给债转股新公司的免征增值税。

7. 边销茶免征增值税。自2019年1月1日起至2020年12月31日,对边销茶生产企业(见企业名单)销售自产的边销茶及经销企业销售的边销茶继续执行免征增值税政策。(新增)

边销茶是指以黑毛茶、老青茶、红茶末、绿茶为主要原料,经过发酵、蒸制、加压或者压碎、炒制,专门销往边疆少数民族地区的紧压茶、方包茶(马茶)。

8. 小规模纳税人的免征增值税处理。增值税小规模纳税人发生增值税应税销售行为,合计月销售额未超过10万元的,按照规定免征增值税。其中以1个季度为纳税期限的增值税小规模纳税人,季度销售额不超过30万元的,免征增值税。

增值税小规模纳税人发生增值税应税销售行为,合计月销售额超过10万元的,但扣除本期发生的销售不动产的销售额后未超过10万元的,其销售货物、劳务、服务、无形资产取得的销售额免征增值税。

适用增值税差额征税政策的小规模纳税人,以差额后的销售额确定是否可以享受上述规定的免征增值税政策。

自2019年1月1日起,以1个季度为纳税期限的增值税小规模纳税人,因在季度中间成立或注销而导致当期实际经营期不足1个季度,当期销售额未超过30万元的,免征增值税。(新增)

9. 小规模纳税人退还增值税处理。

小规模纳税人月销售额未超过10万元的,当期因开具增值税专用发票已经缴纳的税款,在增值税专用发票全部联次追回或者按规定开具红字专用发票后,可以向主管税务机关申请退还。

小规模纳税人2019年1月份销售额未超过10万元(以1个季度为1个纳税期的,2019年第一季度销售额未超过30万元),但当期因代开普通发票已经缴纳的税款,可以在办理纳税申报时向主管税务机关申请退还。

10. 纳税人取得采暖费的免征增值税处理。自2019年1月1日至2020年供暖期结束,对供热企业向居民个人供热而取得的采暖费收入免征增值税。

11. 对内资研发机构和外资研发中心采购国产设备全额退还增值税。

12. 原城镇公共供水用水的水费收入的增值税处理。原城镇公共供水用水户在基本水价（自来水价格）外征收水资源费的试点省份，在水资源改革试点期间，按照不增加城镇公共供水企业负担的原则，城镇公共供水企业缴纳的水资源税对应的水费收入，不计征增值税，按"不征税自来水"项目开具增值税普通发票。

13. 社团收取会费免征增值税。自 2016 年 5 月 1 日起，社会团体收取的会费，免征增值税。2017 年 12 月 25 日前已征的增值税，可抵减以后月份应缴纳的增值税，或办理退税。

14. 其他个人出租不动产的免征增值税处理。其他个人，采取一次性收取租金形式出租不动产取得的租金收入，可在对应的租赁期内平均分摊，分摊后的月租金收入未超过 10 万元的，免征增值税。

15. 北京 2022 年冬残奥会的免征增值税处理。对赞助企业及参与赞助的下属机构根据赞助协议及补充赞助协议向北京冬奥组委免费提供的，与北京 2022 年冬奥会、冬残奥会、测试赛有关的服务，免征增值税。

16. 创新企业境内发行存托凭证的免征增值税处理。

对个人投资者转让创新企业 CDR 取得的差价收入，对合格境外机构投资者（QFII）、人民币合格境外机构投资者（RQFII）委托境内公司转让创新企业 CDR 取得的差价收入，暂免征收增值税。

对单位投资者转让创新企业 CDR 取得的差价收入，按金融商品转让政策规定免征增值税。

自试点开始之日起，对公募证券投资基金（封闭式证券投资基金、开放式证券投资基金）管理人运营基金过程中转让创新企业 CDR 取得的差价收入，三年内暂免征收增值税。

17. 国产抗艾滋病病毒药品的免征增值税处理。自 2019 年 1 月 1 日至 2020 年 12 月 31 日，继续对国产抗艾滋病病毒药品免征生产环节和流通环节增值税。

18. 符合条件的扶贫捐赠免征增值税处理。

自 2019 年 1 月 1 日至 2022 年 12 月 31 日，对单位或者个体工商户将自产、委托加工或购买的货物通过公益性社会组织、县级及以上人民政府及其组成部门和直属机构直接无偿捐赠给目标脱贫地区的单位和个人，免征增值税。在政策执行期限内，目标脱贫地区实现脱贫的，可继续适用上述政策。

19. 社区养老托育家政服务收入免征增值税。自 2019 年 6 月 1 日至 2025 年 12 月 31 日为社区提供养老、托育、家政等服务的机构，提供社区养老、托育、家政服务取得的收入免征增值税。

20. 广播影视的免征增值税处理。

自 2019 年 1 月 1 日至 2023 年 12 月 31 日，对电影主管部门（包括中央、省、地市及县级）按照各自职能权限批准从事电影制片、发行、放映的电影集团公司（含成员企业)、电影制片厂及其他电影企业取得的电影拷贝（含数字拷贝）收入、转让电影版权（包括转让和许可使用）收入、电影发行收入以及在农村取得的电影放映收入，免征增值税。

对广播电视运营服务企业收取的有线数字电视基本收视维护费和农村有线电视基本收视费，免征增值税。

21. 其他有关减免税规定：

（1）纳税人兼营免税、减税项目的，应当分别核算免税、减税项目的销售额；未分别核算不得免税、减税。

（2）纳税人销售货物、劳务和应税行为适用免税规定的，可以放弃免税，依照《增值税暂行条例》的规定缴纳增值税。放弃免税后，36个月内不得再申请免税。

（3）纳税人销售货物、提供应税劳务和发生应税行为同时适用免税和零税率规定的，优先适用零税率。

【鑫考题1·单选题】企业发生的下列行为中，需要计算缴纳增值税的是（　　）。

A. 农牧保险

B. 纳税人提供技术转让、技术开发

C. 个人转让著作权

D. 收取包装物租金

【答案】D

【解析】收取包装物租金要计算缴纳增值税，选项A、B、C均免征增值税。

【鑫考题2·多选题】下列各项中，免征增值税的有（　　）。

A. 林场销售树苗

B. 张某销售自家轿车

C. 电力公司向发电企业收取过网费

D. 残疾人组织直接进口供残疾人专用的物品

【答案】ABD

【解析】选项A，林场属于生产者，生产者销售的农产品免税；选项B，其他个人销售自己使用过的动产免税；选项D，残疾人组织直接进口供残疾人专用的物品免税。

【鑫考题3·多选题】下列金融业务中，免征增值税的有（　　）。（2019年）

A. 金融机构间的转贴现业务

B. 人民银行对金融机构提供贷款业务

C. 融资租赁公司从事融资性售后回租业务

D. 商业银行提供国家助学贷款业务

【答案】ABD

【解析】选项A，金融机构之间开展的转贴现业务免征增值税；选项B，人民银行对金融机构的贷款利息收入免征增值税；选项D，国家助学贷款利息收入免征增值税；选项 C，融资性售后回租按贷款服务计算增值税。

经批准从事融资租赁业务的一般纳税人，提供有形动产融资租赁服务和有形动产融资性售后回租服务，对其增值税实际税负超过3%的部分实行增值税即征即退政策。

【鑫考点10】征收管理

一、纳税义务发生时间

根据纳税人销售货物或应税劳务的货款结算方式不同，规定如下：

1. 直接收款方式销售货物，不论货物是否发出，均为收到销售款或取得索取销售款凭据的当天。

2. 托收承付和委托银行收款方式销售货物，为发出货物并办妥托收手续的当天。

3. 赊销和分期收款方式销售货物，为书面合同约定的收款日期的当天；无书面合同的或者书面合同没有约定收款日期的，为货物发出的当天。

4. 预收货款方式销售货物，为货物发出的当天，但生产销售生产工期超过12个月的大型机械设备、船舶、飞机等货物，为收到预收款或者书面合同约定的收款日期的当天。

5. 委托其他纳税人代销货物，为收到代销单位的代销清单或者收到全部或者部分货款的当天，未收到代销清单及货款的，为发出代销商品满180天的当天。

6. 销售劳务，为提供劳务同时收讫销售款或者取得索取销售款的凭据的当天。

7. 纳税人发生除将货物交付其他单位或者个人代销和销售代销货物以外的视同销售货物行为，为货物移送的当天。

8. 纳税人提供租赁服务采取预收款方式的，其纳税义务发生时间为收到预收款的当天。

9. 纳税人从事金融商品转让的，为金融商品所有权转移的当天。

10. 纳税人发生视同销售服务、无形资产或者不动产情形的，其纳税义务发生时间为服务、无形资产转让完成的当天或者不动产权属变更的当天。

二、纳税期限

1. 增值税的纳税期限。

（1）固定期限：分别为1日、3日、5日、10日、15日、1个月或者1个季度。

（2）不能按照固定期限纳税的，可以按次纳税。

（3）以1个季度为纳税期限的规定适用于小规模纳税人、银行、财务公司、信托投资公司、信用社，以及财政部和国家税务总局规定的其他纳税人。

2. 税款缴库时间：纳税人以1个月或者1个季度为1个纳税期的，自期满之日起15日内申报纳税。

纳税人进口货物，应当自海关填发进口增值税专用缴款书之日起15日内缴纳税款。

3. 增值税扣缴义务发生时间为增值税纳税义务发生的当天；解缴税款的期限，为期满之日起15日内。

三、纳税地点

1. 固定业户为机构所在地。总机构和分支机构不在同一县（市），分别向各自所在地主管税务机关申报纳税。但是经财政部和国家税务总局批准，可以由总机构汇总向总机构所在地的主管税务机关申报纳税。

2. 固定业户到外县（市）销售货物或者劳务，应当向其机构所在地的主管税务机关报告并向其机构所在地的主管税务机关申报纳税——未报告的，应当向销售地或者劳务发生地的主管税务机关申报纳税——未向销售地或者劳务发生地的主管税务机关申报纳税的，由其机构所在地的主管税务机关补征税款。

3. 非固定业户应当向销售地或者劳务发生地主管税务机关申报纳税；未向销售地或者劳务发生地主管税务机关申报纳税的，由其机构所在地或居住地主管税务机关补征税款。

4. 进口货物，应当向报关地海关申报纳税。

5. 扣缴义务人应当向其机构所在地或者居住地主管税务机关申报缴纳扣缴的税款。

【鑫考题1·单选题】根据《增值税暂行条例》及其实施细则的规定，采取预收货款方式销售货物，增值税纳税义务的发生时间是（　　）。

A. 销售方收到第一笔货款的当天

B. 销售方收到剩余货款的当天

C. 销售方发出货物的当天

D. 购买方收到货物的当天

【答案】C

【解析】采取预收货款方式销售货物，增值税纳税义务的发生时间是货物发出的当天。

【鑫考题2·单选题】下列增值税纳税人中，以1个月为纳税期限的是（　　）。

A. 商业银行　　　　　　　　B. 财务公司

C. 信托投资公司　　　　　　D. 保险公司

【答案】D

【解析】银行、财务公司、信托投资公司、信用社以1个季度为纳税期。保险公司可以1个月为纳税期。

【鑫考题3·计算题】甲企业为增值税一般纳税人，本月份销售给乙商场一批电视机，不含税销售额为70万元，采用委托收款方式结算，货物已经发出，托收手续已经办妥，但尚未给乙商场开具增值税专用发票。另支付销货运费4万元并取得专用发票。计算甲企业应纳增值税。

【答案】销项税额=70×13%=9.1（万元）

进项税额=4×9%=0.36（万元）

应纳增值税 = 9.1 - 0.36 = 8.74（万元）

【鑫考点11】增值税发票的使用及管理

一、专用发票的开具范围

1. 一般纳税人不得开具专用发票的情形：
（1）商业企业一般纳税人零售的烟、酒、食品、服装、鞋帽（不包括劳保专用部分）、化妆品等消费品。
（2）销售免税货物。
（3）向消费者个人提供应税服务。
（4）适用免征增值税的应税服务。

2. 增值税小规模纳税人（以下简称小规模纳税人）需要开具专用发票的，可向主管税务机关申请代开。部分行业小规模纳税人（其他个人除外）需要开具增值税专用发票的，可以自愿使用增值税发票管理系统自行开具，但是销售其取得的不动产，仍需向税务机关申请代开。

将小规模纳税人自行开具增值税专用发票试点范围由住宿业，鉴证咨询业，建筑业，工业，信息传输、软件和信息技术服务业，扩大至租赁和商务服务业，科学研究和技术服务业，居民服务、修理和其他服务业。

3. 小规模纳税人月销售额超过10万元的，使用增值税发票管理系统开具增值税普通发票、机动车销售统一发票、增值税电子普通发票。

已经使用增值税发票管理系统的小规模纳税人，月销售额未超过10万元的，可以继续使用现有税控设备开具发票；已经自行开具增值税专用发票的，可以继续自行开具增值税专用发票，并就开具增值税专用发票的销售额计算缴纳增值税。

4. 自2018年1月1日起，金融机构开展贴现、转贴现业务需要就贴现利息开具发票的，由贴现机构按照票据贴现利息全额向贴现人开具增值税普通发票，转贴现机构按照转贴现利息全额向贴现机构开具增值税普通发票。

二、机动车销售统一发票

1. 发票为电脑六联式发票。其中第二联为抵扣联（购货单位扣税凭证）；购货单位不是增值税一般纳税人时，第二联抵扣联由销货单位留存。

2. 增值税税额的计算公式：

增值税税额 = 价税合计 - 不含税价

不含税价 = 价税合计 ÷ (1 + 增值税税率或征收率)

三、增值税普通发票和电子普通发票

增值税电子普通发票的开票方和受票方需要纸质发票的，可以自行打印增值税电子普通发票的版式文件，其法律效力、基本用途、基本使用规定等与税务机关监制的增值税普通发票相同。

第三章

消费税法

考情分析

考试中单选题、多选题、计算题、综合题均会涉及，分值一般为 8~10 分。

知识框架

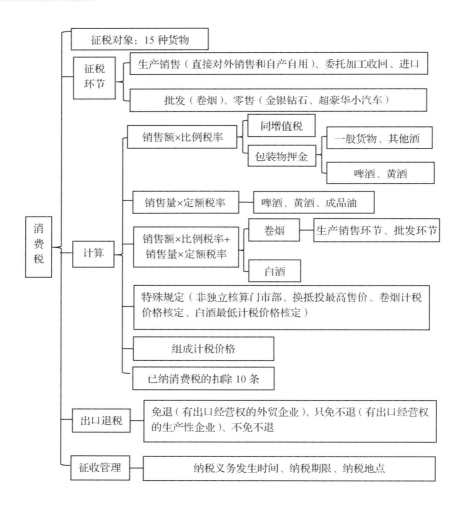

【鑫考点1】消费税税目

分为15类货物，即消费税有15个税目（表3-1）。

表3-1 消费税税目

序号	税目	考点
1	烟	卷烟、雪茄烟、烟丝。
2	酒	包括粮食白酒、薯类白酒、黄酒、啤酒（含果啤）、其他酒。 酒精不征收消费税。 (1) 啤酒的分类：甲类啤酒、乙类啤酒 单位税额差别；划分标准3 000元/吨，含包装物及押金，不含重复使用的塑料周转箱押金。 (2) 饮食业、商业、娱乐业举办的啤酒屋（啤酒坊）利用啤酒生产设备生产的啤酒应当征收消费税。 (3) 其他酒（10%）与白酒（20%）。
3	高档化妆品	生产（进口）环节销售（完税）价格（不含增值税）在10元/毫升（克）或15元/片（张）及以上的美容、修饰类化妆品和护肤类化妆品。 不包括舞台、戏剧、影视演员化妆用的上妆油、卸装油、油彩。
4	贵重首饰、珠宝玉石	出国人员免税商店销售的金银首饰征收消费税。
5	鞭炮、焰火	不包括体育上用的发令纸、鞭炮药引线。
6	成品油	包括汽油、柴油、石脑油、溶剂油、航空煤油、润滑油、燃料油7个子目。 同时符合下列条件的纯生物柴油免征消费税： (1) 生产原料中废弃的动物油和植物油用量所占比重不低于70%。 (2) 生产的纯生物柴油符合国家相关标准。 航空煤油暂缓征收；变压器油、导热类油等绝缘油类产品不征收消费税；纳税人利用废矿物油为原料生产符合条件的润滑油基础油、汽油、柴油等工业油料，免征消费税政策延长至2023年10月31日的规定。
7	小汽车	乘用车、中轻型商用客车、超豪华小汽车 不包括：电动汽车；车身长度大于7米（含）并且座位为10~23座（含）的商用客车；沙滩车、雪地车、卡丁车、高尔夫车。
8	摩托车	不包括最大设计车速不超过50千米/小时，发动机气缸总工作容量不超过50毫升的三轮摩托车；气缸容量250毫升（不含）以下的小排量摩托车。
9	高尔夫球及球具	包括高尔夫球、高尔夫球杆、高尔夫球包（袋）。 高尔夫球杆的杆头、杆身和握把属于本税目的征收范围。
10	高档手表	指销售价格（不含增值税）每只在10 000元（含）以上的各类手表。
11	游艇	长度大于8米（含）小于90米（含）的用于非营利活动的各类机动艇。
12	木制一次性筷	
13	实木地板	各种规格的实木地板、实木指接地板、实木复合地板以及用于装饰墙壁、天棚的侧端面为榫、槽的实木装饰板、未经涂饰的素板

续表

序号	税目	考点
14	电池	包括原电池、蓄电池、燃料电池、太阳能电池和其他电池。免征消费税的包括无汞原电池、氢镍蓄电池、锂原电池、锂离子蓄电池、太阳能电池、燃料电池、全钒液流电池。
15	涂料	

【考点2】纳税义务人与纳税环节

表3-2 消费税纳税义务人的确定

一般规定	在我国境内生产、委托加工和进口规定的消费品的单位和个人,为消费税纳税人。
特殊规定	1. 零售金银首饰、钻石及钻石饰品的单位和个人; 2. 零售超豪华小轿车(不含增值税零售价130万以上)的单位和个人; 3. 批发卷烟的单位。

【考题1·单选题】下列应税消费品中,除了在生产销售环节征收消费税外,还应在批发环节征收消费税的是( )。

A. 高档手表　　　　　　　　B. 高档化妆品
C. 卷烟　　　　　　　　　　D. 超豪华小汽车

【答案】C

【考题2·单选题】下列消费品中,应在零售环节征收消费税的是( )。

A. 钻石　　B. 卷烟　　C. 镀金首饰　　D. 高档手表

【答案】A

【解析】零售环节征收消费税的金银首饰仅限于金基、银基合金首饰以及金、银和金基、银基合金的镶嵌首饰,在纳税人销售金银首饰、钻石及钻石饰品时征收。

【考题3·单选题】企业生产销售的下列产品中,属于消费税征税范围的是( )。

A. 电动汽车　　　　　　　　B. 体育用鞭炮药引线
C. 销售价格为9 000元的手表　D. 铅蓄电池

【答案】D

【解析】电动汽车、体育用鞭炮药引线和价格低于10 000元的手表不属于消费税征税范围。

【考题4·单选题】下列成品油中,暂缓征收消费税的是( )。

A. 石脑油　　B. 溶剂油　　C. 航空煤油　　D. 润滑油

【答案】C

【解析】航空煤油暂缓征收消费税。

【考题5·多选题】下列商品中,目前属于消费税征税范围的有( )。

A. 变压器油　　　B. 高尔夫车　　　C. 铅蓄电池　　　D. 翡翠电池

【答案】CD

【解析】选项A，变压器油、导热类油等绝缘油类产品不属于润滑油，不征收消费税；选项B，电动汽车以及沙滩车、雪地车、卡丁车、高尔夫车等均不属于小汽车税目征税范围，不征消费税。

【鑫考题6·单选题】下列商品属于消费税征收范围的是（　　）。（2019年）

A. 高尔夫车　　　　　　　　　C. 溶剂油原料

B. 酒精　　　　　　　　　　　D. 鞭炮药引线

【答案】C

【解析】溶剂油属于成品油，是消费税的征税范围。

【鑫考题7·多选题】某商场2019年5月零售的下列首饰中，应缴纳消费税的有（　　）。（2019年）

A. 翡翠项链　　　　　　　　　B. 金银首饰

C. 玉石手镯　　　　　　　　　D. 钻石戒指

【答案】BD

【解析】金银首饰、钻石及钻石饰品在零售环节征消费税。

【鑫考点3】税率

1. 比例税率，适用于大多数应税消费品，税率从1%至56%。
2. 定额税率，只适用于三种液体应税消费品，它们是啤酒、黄酒、成品油。
3. 复合计税，白酒、卷烟2种应税消费品实行定额税率与比例税率相结合的复合计税。见表3-3、表3-4。

表3-3　消费税计税方法

三种计税方法	计税公式
从价定率计税	应纳税额＝销售额×比例税率
从量定额计税（啤酒、黄酒、成品油）	应纳税额＝销售数量×单位税额
复合计税（白酒、卷烟）	应纳税额＝销售额×比例税率＋销售数量×单位税额

表3-4　卷烟、白酒消费税计税方法

应税消费品	纳税环节	定额税率	比例税率
卷烟	生产、委托加工、进口	150元/箱	56%（每条价格≥70元）
			36%（每条价格<70元）
	批发	250元/箱	11%
白酒	生产、委托加工、进口	每斤0.5元	20%

【鑫考题1·单选题】卷烟批发企业甲2019年11月批发销售卷烟500箱,其中批发给另一卷烟批发企业300箱、零售专卖店150箱、个体烟摊50箱。每箱不含税批发价格为13 000元。比例税率11%,定额税250元/箱。甲企业应缴纳消费税（　　）元。

　　A. 130 000　　　　B. 286 000　　　　C. 336 000　　　　D. 840 000

【答案】C

【解析】甲企业应缴纳的消费税 = 13 000 × (150 + 50) × 11% + (150 + 50) × 250 = 336 000（元）。

【鑫考题2·单选题】某酒厂12月销售粮食白酒12 000斤,不含税单价为5元/斤,随同销售的包装物价格6 780元;本月销售礼品盒6 000套,不含税单价为300元/套,每套包括粮食白酒2斤、单价80元,干红酒2斤、单价70元。比例税率20%,定额税0.5元/斤。该企业12月应纳消费税（　　）元。

　　A. 25 200　　　　B. 37 200　　　　C. 391 200　　　　D. 484 550

【答案】C

【解析】应纳消费税 = [12 000 × 5 + 6 780 ÷ (1 + 13%)] × 20% + 12 000 × 0.5 + 6 000 × 300 × 20% + 6 000 × 4 × 0.5 = 13 200 + 6 000 + 360 000 + 12 000 = 391 200（元）。

【鑫考点4】计税依据

一、从价计征

销售额为纳税人销售应税消费品向购买方收取的全部价款和价外费用。

应税消费品的销售额 = 含增值税的销售额 ÷ (1 + 增值税税率或征收率)

包装物连同产品销售,包装物交消费税。见表3-5。

表3-5　包装物押金的税务处理

包装物押金种类	税法是否认可押金	收取时,未逾期	逾期时/1年以上的押金
一般应税消费品的包装物押金	是	不缴增值税 不缴消费税	缴纳增值税 缴纳消费税
啤酒、黄酒包装物押金	是	不缴增值税 不缴消费税	缴纳增值税 不缴纳消费税 （因为从量征收）
酒类产品包装物押金（除啤酒、黄酒外）	否	缴纳增值税 缴纳消费税	不缴增值税 不缴消费税

二、从量计征

1. 销售应税消费品的,为应税消费品的销售数量。
2. 自产自用应税消费品的,为应税消费品的移送使用数量。
3. 委托加工应税消费品的,为纳税人收回的应税消费品数量。
4. 进口的应税消费品,为海关核定的应税消费品的进口数量。

【鑫考题 1·计算题】 某实木地板生产企业为增值税一般纳税人,2019 年 12 月生产经营业务如下:

(1) 生产实木地板 50 万平方米,销售给消费者个人 40 万平方米,开具普通发票,取得含税销售额 6 400 万元,收取包装费 320 万元。

(2) 生产实木复合地板 70 万平方米,销售给单位 22 万平方米,开具普通发票。取得含税销售额 1 540 万元、送货收入 76 万元 (运输业务不单独核算)。

分别计算应缴纳的消费税。(消费税税率 5%)

【答案】 (1) 销售实木地板应缴纳的消费税税额 = (6 400 + 320) ÷ (1 + 13%) × 5% = 297.35 (万元)

销售实木复合地板应缴纳的消费税税额 = (1 540 + 76) ÷ (1 + 13%) × 5% = 71.50 (万元)

(2) 销售实木地板应缴纳的消费税税额 = (6 400 + 320) ÷ (1 + 13%) × 5% = 297.35 (万元)

销售实木复合地板应缴纳的消费税税额 = (1 540 + 76) ÷ (1 + 13%) × 5% = 71.50 (万元)

【鑫考题 2·计算题】 某酒厂为增值税一般纳税人,主要生产粮食白酒和啤酒。2019 年 11 月发生如下业务:

(1) 销售粮食白酒 60 000 斤,取得不含税销售额 105 000 元;另外,收取粮食白酒品牌使用费 4 520 元;本月销售粮食白酒收取包装物押金 9 040 元。

(2) 销售啤酒 150 吨,每吨不含税售价 2 400 元。销售啤酒收取包装物押金 1 160 元。

计算该酒厂应纳消费税税额。(白酒适用比例税率 20%,定额税率每 500 克 0.5 元;啤酒定额税 220 元/吨)

【答案】 (1) 粮食白酒应纳消费税 = 60 000 × 0.5 + 105 000 × 20% + 4 520 ÷ (1 + 13%) × 20% + 9 040 ÷ (1 + 13%) × 20% = 53 400 (元)

(2) 啤酒应纳消费税 = 150 × 220 = 33 000 (元)

(3) 该酒厂应纳消费税税额 = 53 400 + 33 000 = 86 400 (元)

【鑫考题 3·多选题】 下列关于从量计征消费税计税依据确定方法的表述中,正确的有( )。

A. 销售应税消费品的,为应税消费品的销售数量
B. 进口应消费品的为海关核定的应税消费品数量
C. 以应税消费品投资入股的,为应税消费品移送使用数量
D. 委托加工应税消费品的,为加工完成的应税消费品数量

【答案】 ABC

【解析】 选项 D,委托加工应税消费品的,为纳税人收回的应税消费品数量。

【鑫考点5】计税依据的特殊规定

1. 纳税人通过自设非独立核算门市部销售的自产应税消费品，应当按照门市部对外销售额或销售数量征收消费税。

2. 纳税人用于换取生产资料和消费资料、投资入股和抵偿债务等方面的应税消费品，应当以纳税人同类应税消费品的最高销售价格为依据计算消费税。

3. 卷烟计税价格的核定。

某牌号、规格卷烟计税价格 = 批发环节销售价格 × (1 − 适用批发毛利率)

批发环节销售价格 = ∑该牌号规格卷烟各采集点的销售额 ÷ ∑该牌号规格卷烟各采集点的销售数量

已经国家税务总局核定计税价格的卷烟，生产企业实际销售价格高于计税价格的，按实际销售价格确定适用税率；实际销售价格低于计税价格的，按计税价格确定适用税率。

未经国家税务总局核定计税价格的新牌号、新规格卷烟，生产企业应按卷烟调拨价申报纳税。

4. 白酒最低计税价格的核定。

（1）核定范围。

① 白酒生产企业销售给销售单位的白酒，生产企业消费税计税价格低于销售单位对外销售价格（不含增值税，下同）70%以下的；

② 纳税人将委托加工收回的白酒销售给销售单位，消费税计税价格低于销售单位对外销售价格70%以下的。

白酒消费税最低计税价格由白酒生产企业自行申报，税务机关核定。

主管税务机关将消费税计税价格低于销售单位对外销售价格70%以下、年销售额1 000万元以上的各种白酒逐级上报给国家税务总局，选择部分核定最低计税价格，其余的由省、自治区、直辖市和计划单列市国家税务局核定。

（2）核定标准。

最低计税价格一般在销售单位对外销售价格50%~70%内自行核定。其中生产规模大、利润水平较高的企业税务机关核价幅度原则上应选择在销售单位对外销售价格60%~70%范围内。

（3）重新核定。

核对后，售价持续上涨或下降实际达到3个月以上、累计上涨或下降幅度在20%以上的白酒，由税务机关重新核定。

（4）实际售价高于最低计税价格的，按实际售价申报纳税。

5. 金银首饰销售额的确定。

（1）对既销售金银首饰又销售非金银首饰的生产、经营单位，应将两类商品划分清楚，分别核算销售额。凡划分不清楚或不能分别核算的，在生产环节销售的，一律从高适用税率征收消费税；在零售环节销售的，一律按金银首饰征收消费税。

（2）金银首饰与其他产品组成成套消费品销售的，应按销售额全额征收消费税。

（3）金银首饰连同包装物销售的，无论包装是否单独计价，也无论会计上如何核算，均应并入金银首饰的销售额，计征消费税。

（4）带料加工的金银首饰，应按受托方销售同类金银首饰的销售价格确定计税依据征收消费税。没有同类金银首饰销售价格的，按照组成计税价格计算纳税。

（5）纳税人采用以旧换新（含翻新改制）方式销售的金银首饰，应按实际收取的不含增值税的全部价款确定计税依据征收消费税。

6. 超豪华小汽车零售环节应纳消费税的计算加征一道消费税。

征税范围为每辆零售价格 130 万元（不含增值税）及以上的乘用车和中轻型商用客车。

应纳税额 = 零售环节销售额（不含增值税）× 零售环节税率

国产汽车生产企业直接销售给消费者的超豪华小汽车：

应纳税额 = 销售额（不含增值税）×（生产环节税率 + 零售环节税率）

【鑫考题1·计算题】某汽车生产企业主要从事小汽车生产和改装业务，为增值税一般纳税人，2019 年 9 月份经营如下业务：

业务（1）将生产的 800 辆汽车分两批出售，其中 300 辆增值税专用发票注明金额 4 500 万元，税额为 585 万元，500 辆增值税专用发票注明金额 6 500 万元，税额 845 万元。

业务（2）将生产的 100 辆小汽车用于换取生产资料，以成本 12 万元每辆互相开具，增值税专用发票注明金额 1 200 万元，税额 156 万元。

已知小汽车适用消费税税率 5%，根据上述资料回答下列问题：

业务（1）应纳消费税计算。

业务（2）处理以及应纳消费税计算。

【答案】业务（1）应纳消费税 =（4 500 + 6 500）× 5% = 550（万元）

业务（2）应该按同类最高售价计算消费税。最高售价 = 4 500 ÷ 300 = 15（万元），应纳消费税 = 15 × 100 × 5% = 75（万元）。

【鑫考题2·计算题】乙商场零售金银首饰取得含税销售额 10.44 万元，其中包括以旧换新业务中新首饰的含税销售额 5.8 万元。在以旧换新业务中，旧首饰作价的含税金额为 3.48 万元乙商场实际收取的含税金为 2.32 万元。

计算乙商场零售金银首饰应缴纳的消费税、增值税（不考虑进项税）。

【答案】应纳消费税 =（10.44 − 5.8 + 2.32）÷（1 + 13%）× 5% = 0.31（万元）

应纳增值税 =（10.44 − 5.8 + 2.32）÷（1 + 13%）× 13% = 0.80（万元）

【鑫考点6】应纳税额的计算

应纳税额的计算见表 3-6。

表 3-6 消费税应纳税额的计算

序号	分类	考点
1	生产销售环节应纳消费税的计算	直接对外销售应纳消费税的计算 自产自用应纳消费税的计算
2	委托加工应税消费品应纳消费税的计算	
3	进口应税消费品应纳消费税的计算	
4	已纳消费税扣除的计算	外购应税消费品已纳消费税的扣除 委托加工收回的应税消费品连续生产应税消费品的税款抵扣
5	消费税出口退税的计算	

一、生产销售环节应纳消费税的计算

1. 直接对外销售应纳消费税的计算。

2. 自产自用应纳消费税的计算。

（1）用于本企业连续生产应税消费品，不缴消费税。

（2）用于连续生产应税消费品之外其他方面于移送使用时缴消费税，比如用于连续生产非应税消费品；在建工程、管理部门、非生产机构，提供劳务，馈赠、赞助、集资、广告、样品、职工福利、奖励等方面。

3. 计税依据。

（1）有同类消费品的销售价格的，按照纳税人生产的同类消费品的销售价格计算纳税。

① 如果当月同类消费品各期销售价格高低不同，应按销售数量加权平均计算。

② 如果当月无销售或者当月未完结，应按照同类消费品上月或者最近月份的销售价格计算纳税。

（2）无同类消费品售价的，按组成计税价格计税。

组成计税价格 = 成本 + 利润 + 消费税税额

应纳消费税 = 组成计税价格 × 比例税率

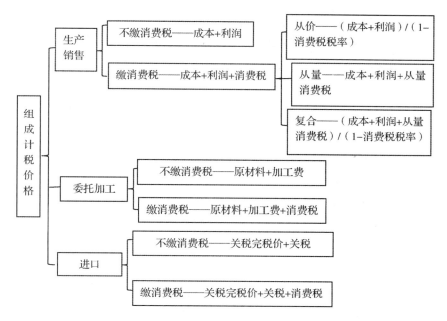

4. 消费税中 3 个组价（从价）。

（1）生产环节：

组价 =（成本 + 利润）/(1 - 消费税税率)

（2）委托加工环节（代收代缴）：

组价 =（材料成本 + 加工费）/(1 - 消费税税率)

（3）进口环节：

组价 =（关税完税价格 + 关税）/(1 - 消费税税率)

① 对从价定率征收消费税的应税消费品。

② 对从量定额征收消费税的应税消费品。

消费税，从量征收与售价或组价无关；

增值税，需组价时，组价公式中的成本利润率按增值税法中规定的 10% 确定，组价中应含消费税税金。

③ 对复合计税办法征收消费税的应税消费品：

组成计税价格 =（成本 + 利润 + 自产自用数量×定额税率）÷(1 - 比例税率)

【鑫考题1·计算题】某卷烟厂按 60 元/条的调拨价格（不含增值税）销售 600 标准箱 M 牌号卷烟给某卷烟批发公司，计算应纳消费税。（1 箱 = 250 条，比例税率 36%，定额税率 150 元/箱）

【答案】应纳消费税 = 600 × 250 × 60 × 36% ÷ 10 000 + 600 × 0.015 = 324 + 9 = 333（万元）

【鑫考题2·多选题】纳税人发生的下列行为中，应征收消费税的有（　　）。

A. 酒厂将自产的白酒赠送给客户

B. 烟厂将自产的烟丝用于连续生产卷烟
C. 汽车制造厂将自产的小汽车用于工厂内部的行政部门
D. 原油加工厂将自产的柴油用于奖励给职工

【答案】ACD

【解析】纳税人自产自用的应税消费品，用于连续生产应税消费品的，不纳税，用于其他方面的，于移送使用时纳税。

【鑫考题3·多选题】下列各项中，应当征收消费税的有（   ）。
A. 化妆品厂作为样品赠送给客户的高档香水
B. 生产企业用于产品质量检验耗费的高尔夫球杆
C. 白酒生产企业向百货公司销售的试制药酒
D. 建材生产企业移送非独立核算门市部待销售的涂料

【答案】AC

【解析】选项B，耗费的高尔夫球杆不属于销售不缴纳消费税；选项D，待销售的涂料，没有销售额不缴纳消费税。

【鑫考题4·计算题】某汽车厂为增值税一般纳税人，主要生产小汽车，小汽车不含税出厂价为12.5万元。5月发生如下业务：本月销售小汽车8 600辆，将2辆小汽车移送本厂研究所作破坏性碰撞实验，3辆馈赠其他企业，5辆移送加工豪华小轿车。（假定小汽车税率为9%）计算该企业上述业务应纳消费税。

【答案】应纳消费税 = (8 600 + 3) × 12.5 × 9% = 9 678.38（万元）

【鑫考题5·计算题】某汽车制造厂8月份发生如下业务：
（1）将生产的800辆小汽车分两批出售，其中300辆增税专用发票注明金额4 500万元，税额为585万元，500辆增税专用发票注明金额6 500万元，税额845万元。
（2）将生产的10辆小汽车奖励给劳动模范。
其他资料：消费税税率5%。
计算业务（2）消费税与增值税。

【答案】奖励给劳动模范小汽车，按照纳税人生产的同类消费品的平均销售价格计算缴纳消费税和增值税。

同类平均售价 = (4 500 + 6 500) ÷ 800 = 13.75（万元）

应纳消费税 = 13.75 × 10 × 5% = 6.875（万元）

应纳增值税 = 13.75 × 10 × 13% = 17.875（万元）

【鑫考题6·计算题】某化妆品公司将一批自产的高档化妆品用作职工福利，高档化妆品的成本8 000元，该高档化妆品无同类产品市场销售价格，但已知其成本利润率为5%，消费税税率为15%。计算该公司的应纳消费税和增值税。

【答案】组价 = 8 000 × (1 + 5%) ÷ (1 − 15%) = 9 882.35（元）

应纳消费税税额 = 9 882.35 × 15% = 1 482.35（元）

应纳增值税税额 = 9 882.35 × 13% = 1 284.71（元）

【鑫考题 7·计算题】 某啤酒厂自产啤酒 10 吨，无偿提供给某啤酒节，已知每吨成本 1 000 元，无同类产品售价。计算该厂应纳消费税和增值税销项税额。（税务机关核定的消费税单位税额为 220 元/吨）

【答案】 应纳消费税 = 10 × 220 = 2 200（元）

应纳增值税 = [10 × 1 000 × (1 + 10%) + 2 200] × 13% = 1 716（元）

【鑫考题 8·计算题】 某酒厂以自产特制粮食白酒 2 000 斤春节前夕发放职工，每斤白酒成本 12 元，无同类产品售价。计算应纳消费税和增值税。（白酒消费税成本利润率为 10%，白酒比例税率 20%，白酒定额税 0.5 元/斤）

【答案】 从量征收的消费税 = 2 000 × 0.5 = 1 000（元）

组成计税价格 = [12 × 2 000 × (1 + 10%) + 1 000] ÷ (1 - 20%) = 34 250（元）

从价征收的消费税 = 34 250 × 20% = 6 850（元）

应纳消费税 = 1 000 + 6 850 = 7 850（元）

应纳增值税 = 34 250 × 13% = 4 452.5（元）

二、委托加工应税消费品应纳消费税的计算

委托加工应税消费品是指委托方提供原料和主要材料，受托方只收取加工费和代垫部分辅助材料加工的应税消费品。

1. 以下情况不属于委托加工应税消费品：
（1）由受托方提供原材料生产的应税消费品；
（2）受托方先将原材料卖给委托方，再接受加工的应税消费品；
（3）由受托方以委托方名义购进原材料生产的应税消费品。
2. 受托方加工完毕向委托方交货时，由受托方代收代缴消费税。

如果受托方是个人（含个体工商户），委托方须在收回加工应税消费品后向所在地主管税务机关缴纳消费税。

委托方应按受托方同类应税消费品的售价计算纳税；没有同类价格的，按照组成计税价格计算纳税。

3. 如果受托方没有代收代缴消费税，委托方应补交税款，补税的计税依据为：
（1）已直接销售的，按销售额计税。
（2）未销售或不能直接销售的，按组价计税（委托加工业务的组价）。
4. 委托加工应税消费品收回。
（1）直接出售（不高于受托方的计税价格），不再缴纳消费税；
（2）加价出售（高于受托方的计税价格出售），缴纳消费税，并准予扣除受托方已代收代缴的消费税。

【鑫考题 1·单选题】 甲企业为增值税一般纳税人，2020 年 1 月外购一批木材，取

得增值税专用发票注明价款50万元、税额6.5万元；将该批木材运往乙企业委托其加工木制一次性筷子，取得专用发票注明运费1万元、税额0.09万元，支付不含税委托加工费5万元。假定乙企业无同类产品对外销售，木制一次性筷子消费税税率为5%。乙企业当月应代收代缴的消费税为（　　）万元。

A. 2.62　　　　B. 2.67　　　　C. 2.89　　　　D. 2.95

【答案】D

【解析】甲企业支付的运费1万元应计入材料成本中。

乙企业当月应代收代缴的消费税 = (50 + 1 + 5) ÷ (1 - 5%) × 5% = 2.95（万元）。

【鑫考题2·计算题】 某市烟草集团公司属增值税一般纳税人，持有烟草批发许可证，12月购进已税烟丝800万元（不含增值税），委托M企业加工甲类卷烟500箱（250条/箱，200支/条），M企业每箱0.1万元收取加工费（不含税），当月M企业按正常进度投料加工生产卷烟200箱交由集团公司收回。计算该公司应代收代缴的消费税。（说明：烟丝消费税税率为30%，甲类卷烟消费税为56%加0.003元/支）

【答案】代收代缴的消费税 = (800 × 200 ÷ 500 + 0.1 × 200 + 200 × 0.015) ÷ (1 - 0.56) × 0.56 + 200 × 0.015 = 439.55（万元）

【鑫考题3·计算题】 甲企业从农户手中收购的高粱成本为42万元；所收购的高粱当月全部委托乙公司生产白酒35 000千克，收回时乙公司开具增值税专用发票上注明加工费金额5万元。

(1) 计算乙公司应代收代缴的消费税；

(2) 计算乙公司应纳增值税。（白酒比例税率20%，白酒定额税0.5元/500克）

【答案】乙公司应代收代缴的消费税 = (42 + 5 + 35 000 × 2 × 0.5 ÷ 10 000) ÷ (1 - 20%) × 20% + 35 000 × 2 × 0.5 ÷ 10 000 = 16.13（万元）

乙公司应纳增值税 = 5 × 13% = 0.65（万元）

【鑫考题4·计算题】 甲企业本月将委托加工收回的烟丝25%用于销售，开具增值税专用发票，注明金额30万元，剩余用于生产卷烟。（加工企业代收消费税25.21万元）

计算甲企业应交多少消费税。

【答案】出售烟丝加工企业代收销售税的计税依据 = 25.21 ÷ 30% × 25% = 21（万元），甲企业收回后出售价格为30万元，不属于直接出售。

出售烟丝应纳消费税 = 30 × 30% - 21 × 30% = 2.7（万元）

【鑫考题5·计算题】 甲企业为高尔夫球及球具生产厂家，是增值税一般纳税人，10月发生以下业务：

(1) 购进一批碳素材料、钛合金，增值税专用发票注明价款150万元、增值税税款19.5万元，委托丙企业将其加工成高尔夫球杆，支付加工费用30万元、增值税税款3.9万元。

(2) 委托加工收回的高尔夫球杆的80%当月已经销售，收到不含税款300万元，尚有 20% 留存仓库。

回答下列问题：

（1）计算丙企业代收代缴的消费税。（消费税税率10%）

（2）计算甲企业销售高尔夫球杆应缴纳的消费税。

（3）假设丙企业未履行代收代缴消费税，计算留存仓库的高尔夫球杆应纳消费税。

【答案】（1）组成计税价格 =（150 + 30）÷（1 - 10%）= 200（万元）

丙企业代收代缴的消费税 = 200 × 10% = 20（万元）

（2）甲企业销售高尔夫球杆应缴纳的消费税 = 300 × 10% - 200 × 80% × 10% = 30 - 16 = 14（万元）

（3）假设丙企业未履行代收代缴消费税，留存仓库的高尔夫球杆应纳消费税 = 200 × 20% × 10% = 4（万元）

三、进口应税消费品应纳税额

组成计税价格 = 关税完税价格 + 关税 + 消费税

应纳税额 = 组成计税价格 × 消费税税率

1. 从价定率办法计税。

组成计税价格 = 关税完税价格 + 关税 + 消费税（从价）

组成计税价格 =（关税完税价格 + 关税）÷（1 - 消费税比例税率）

2. 从量定额办法计税。

组成计税价格 = 关税完税价格 + 关税 + 消费税（从量）

3. 复合办法计税。

组成计税价格 = 关税完税价格 + 关税 + 消费税（从价 + 从量）

组成计税价格 =（关税完税价格 + 关税 + 从量消费税）÷（1 - 消费税比例税率）

四、已纳消费税扣除的计算

1. 只有列举的十项可以扣除。

（1）外购、委托加工已税烟丝生产的卷烟；

（2）外购、委托加工已税高档化妆品生产的高档化妆品；

（3）外购、委托加工已税珠宝玉石生产的贵重首饰及珠宝玉石；

（4）外购、委托加工已税鞭炮焰火生产的鞭炮焰火；

（5）外购、委托加工已税杆头、杆身和握把为原料生产的高尔夫球杆；

（6）外购、委托加工已税木制一次性筷子为原料生产的木制一次性筷子；

（7）外购、委托加工已税实木地板为原料生产的实木地板；

（8）外购、委托加工汽油、柴油、石脑油、燃料油、润滑油用于连续生产应税成品油；

（9）委托加工已税摩托车连续生产摩托车；

（10）从葡萄酒生产企业购进、进口葡萄酒连续生产应税葡萄酒的，准予从葡萄酒消费税应纳税额中扣除所耗用应税葡萄酒已纳消费税税款。

2. 按当期生产领用数量扣除其已纳消费税。

当期准予扣除的外购应税消费品已纳税款 = 当期准予扣除的外购应税消费品买价 × 外购应税消费品适用税率

当期准予扣除的外购应税消费品买价 = 期初库存的外购应税消费品买价 + 当期购进的外购应税消费品买价 - 期末库存的外购应税消费品买价

当期准予扣除的委托加工应税消费品已纳税款 = 期初库存的委托加工应税消费品已纳税款 + 当期收回的委托加工应税消费品已纳税款 - 期末库存的委托加工应税消费品已纳税款

【鑫考题1·多选题】下列产品中，在计算缴纳消费税时准许扣除外购应税消费品已纳消费税的有（　　）。

A. 外购已税烟丝生产的卷烟
B. 外购已税实木素板涂漆生产的实木地板
C. 外购已税白酒加香生产的白酒
D. 外购已税手表镶嵌钻石生产的手表

【答案】AB

【解析】选项C、D，没有扣税的规定。

【鑫考题2·单选题】某卷烟厂从甲企业购进烟丝，取得增值税专用发票，注明价款50万元；使用60%用于生产A牌卷烟（甲类卷烟）；本月销售A牌卷烟80箱（标准箱），取得不含税销售额400万元。已知：甲类卷烟消费税税率为56%加150元/标准箱、烟丝消费税税率为30%。当月该卷烟厂应纳消费税税额为（　　）万元。

A. 210.20　　　B. 216.20　　　C. 224　　　D. 225.20

【答案】B

【解析】卷烟的消费税实行复合计征，外购已税烟丝连续生产卷烟的，已纳消费税可以扣除。当月该卷烟厂应纳消费税税额 = 400 × 56% + 150 × 80 ÷ 10 000 - 50 × 30% × 60% = 216.2（万元）。

【鑫考题3·计算题】某卷烟生产企业期初库存烟丝200万元，本月购进烟丝，取得增值税专用发票，支付价款150万元，增值税税额为19.5万元，购进的烟丝数量共计5吨，本月生产领用外购烟丝4吨，烟丝消费税税率30%，计算本期可以抵扣的烟丝消费税。

【答案】本期可以抵扣的烟丝消费税 = 150 ÷ 5 × 4 × 30% = 36（万元）

【鑫考题4·单选题】2019年12月某首饰厂从某商贸企业购进一批珠宝玉石，增值税发票注明价款50万元，增值税税款8万元，打磨后再将其销售给首饰商城，收到不含税价款90万元。已知珠宝玉石消费税税率为10%，该首饰厂以上业务应缴纳消费税（　　）万元。

A. 4　　　B. 5　　　C. 9　　　D. 14

【答案】A

【解析】应纳消费税 = 90 × 10% − 50 × 10% = 4（万元）。

五、消费税出口退税的计算

1. 出口免税并退税。

有出口经营权的外贸企业购进应税消费品直接出口，以及外贸企业受其他外贸企业委托代理出口应税消费品，免税。

外贸企业受非生产性的商贸企业委托，代理出口应税消费品是不予退（免）税的。

从价定率计征消费税，为已征且未在内销应税消费品应纳税额中抵扣的购进出口货物金额；从量定额计征消费税，为已征且未在内销应税消费品应纳税额中抵扣的购进出口货物的数量；复合计征消费税，按从价定率和从量定额的计税依据分别确定。

2. 出口免税但不退税。

有出口经营权的生产性企业自营出口或生产企业委托外贸企业代理出口自产的应税消费品，依据其实际出口数量免征消费税，不予办理退还消费税。

3. 出口不免税也不退税。

除生产企业、外贸企业外的其他企业，具体是指一般商贸企业，这类企业委托外贸企业代理出口应税消费品一律不予退（免）税。

【鑫考题1·多选题】下列各项中，适用消费税出口免税并退税政策的有（   ）。
A. 有出口经营权的外贸企业购进应税消费品直接出口
B. 生产企业委托外贸企业代理出口自产的应税消费品
C. 有出口经营权的生产性企业自营出口应税消费品
D. 外贸企业受其他外贸企业委托代理出口应税消费品

【答案】AD

【解析】选项A、D：适用免税并退税政策；选项B、C：适用免税但不退税政策。

【鑫考题2·单选题】下列出口应纳税消费品的行为中，适用消费税免税不退税政策的是（   ）。(2019年)
A. 商业批发企业委托外贸企业代理出口卷烟
B. 有出口经营权的酒厂出口自产白酒
C. 有出口经营权的外贸企业购进高档化妆品直接出口
D. 外贸企业受其他外贸企业委托代理出口实木地板

【答案】B

【解析】选项A，不免税也不退税；选项C、D，出口免税并退税。

【鑫考点7】征收管理

一、纳税义务发生时间

1. 赊销和分期收款结算方式，销售合同规定的收款日期的当天。书面合同没有约定收款日期或者无书面合同的,为发出应税消费品的当天。

2. 采用预收货款结算方式,为发出应税消费品的当天。

3. 采用托收承付和委托银行收款方式,为发出应税消费品并办妥托收手续的当天。

4. 委托加工的应税消费品,为纳税人提货的当天。

5. 自产自用的应税消费品,为移送使用的当天。

6. 进口的应税消费品,其纳税义务的发生时间,为报关进口的当天。

纳税期限同增值税。

二、纳税地点

1. 纳税人销售的应税消费品,以及自产自用的应税消费品,除国务院财政、税务主管部门另有规定外,应当向纳税人机构所在地或者居住地的主管税务机关申报纳税。

2. 委托加工业务,由受托方向所在地主管税务机关代收代缴消费税税款;委托个人加工的应税消费品,由委托方向其机构所在地或者居住地主管税务机关申报纳税。

3. 进口的应税消费品,由进口人或者其代理人向报关地海关申报纳税。

4. 纳税人到外县(市)销售或委托外县(市)代销自产应税消费品的,于应税消费品销售后,向机构所在地或者居住地主管税务机关申报纳税。

5. 纳税人销售的应税消费品,如因质量等原因由购买者退回时,经所在地主管税务机关审核批准后,可退还已征收的消费税。

【鑫考题1·单选题】某市高尔夫球具生产企业9月1日以分期收款方式销售一批球杆,价税合计为135.6元,合同约定于9月5日、11月5日各支付50%价款,9月5日按照约定收到50%的价款,但并未给客户开具发票,已知高尔夫球具的消费税税率为10%,该企业9月就该项业务应缴纳的消费税为( )万元。

A. 6   B. 12   C. 14.04   D. 0

【答案】A

【解析】分期收款方式销售货物,以合同约定的收款日期为纳税义务发生时间,9月5日收到50%价款,所以确认50%的收入。应纳税额=135.6÷(1+13%)×50%×10%=6(万元)。

【鑫考题2·多选题】甲企业从境外进口一批化妆品,下列关于该业务缴纳消费税表述中正确的有( )。

A. 甲企业应向报关地海关申报缴纳消费税

B. 甲企业应当自海关填发进口消费税专用缴款书之日起15日内缴纳税款

C. 海关代征的消费税应分别入中央库和地方库

D. 甲企业使用该进口已税化妆品生产化妆品准许扣除进口环节缴纳的消费税

【答案】ABD

【解析】选项C,海关代征的消费税属于中央政府固定收入。

第四章

企业所得税法

考情分析

考试中单选题和多选题 3～4 题,综合题型每年必有一题,可以与其他税法相联系,跨章节命题,综合性较强,分值一般为 15～20 分。

知识框架

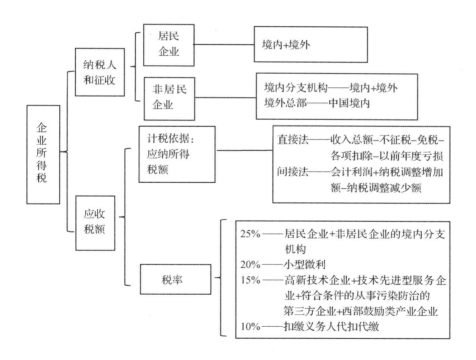

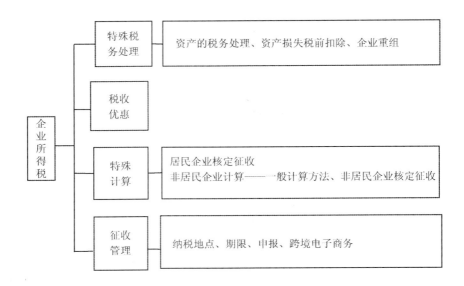

【鑫考点1】企业所得税纳税人

企业所得税纳税人指在中华人民共和国境内的企业和其他取得收入的组织。

个人独资企业和合伙企业除外，投资人、个人合伙人缴纳个人所得税。

表4-1 居民、非居民判定标准

纳税人类型	判定标准	解释
居民企业	1. 依法在中国境内成立	实际管理机构，是指对企业的生产经营、人员、账务、财产等实施实质性全面管理和控制的机构
	2. 依照外国法律成立但实际管理机构在中国境内的企业	
非居民企业	1. 依照外国法律成立且实际管理机构不在中国境内，但在中国境内设立机构、场所	
	2. 在中国境内未设立机构、场所，但有来源于中国境内所得的企业	

【鑫考点2】企业所得税征税对象

企业所得税的征税对象为企业的生产经营所得、其他所得和清算所得。

表4-2 居民、非居民所得类型

纳税人	征税对象
居民企业	境内、境外所得
非居民企业	境内所得

一、所得来源的确定

1. 销售货物所得，按照交易活动发生地确定。
2. 提供劳务所得，按照劳务发生地确定。
3. 转让财产所得：

(1) 不动产转让所得按照不动产所在地确定;
(2) 动产转让所得按照转让动产的企业或者机构、场所所在地确定;
(3) 权益性投资资产转让所得,按照被投资企业所在地确定。
4. 股息、红利等权益性投资所得,按照分配所得的企业所在地确定。
5. 利息所得、租金所得、特许权使用费所得,按照负担、支付所得的企业或者机构、场所所在地确定。

【鑫考题1·多选题】下列关于所得来源地表述中,符合企业所得税法规定的有( )。(2019年)
A. 股权转让所得按转出方所在地确定
B. 不动产转让所得按不动产所在地确定
C. 特许权使用费所得按收取特许权使用费所得的企业所在地确定
D. 销售货物所得按交易活动发生地确定

【答案】BD
【解析】选项A,权益性投资资产转让所得按照被投资企业所在地确定;选项C,利息所得、租金所得、特许权使用费所得,按照负担、支付所得的企业或者机构、场所所在地确定,或者按照负担、支付所得的个人的住所地确定。

【鑫考题2·多选题】注册地与实际管理机构所在地均在法国的某银行,取得的下列各项所得中,应按规定缴纳我国企业所得税的有( )。
A. 转让位于我国的一处不动产取得的财产转让所得
B. 在香港证券交易所购入我国某公司股票后取得的分红所得
C. 在我国设立的分行为我国某公司提供理财咨询服务取得的服务费收入
D. 在我国设立的分行为位于日本的某电站提供流动资金贷款取得的利息收入

【答案】ABCD

【鑫考点3】税率

企业所得税税率及适用范围见表4-3。

表4-3 企业所得税税率及适用范围

种类	税率	适用范围
基本税率	25%	1. 居民企业 2. 在中国境内设有机构、场所且所得与机构、场所有关联的非居民企业
优惠税率	20%	符合条件的小型微利企业
	15%	国家重点扶持的高新技术企业;技术先进型服务企业;符合条件的从事污染防治的第三方企业;西部鼓励类产业企业
扣缴义务人代扣代缴	10%	1. 在中国境内未设立机构、场所的非居民企业 2. 虽设立机构、场所但取得的所得与其所设机构、场所无实际联系的非居民企业

【鑫考点4】应纳税所得额的计算

基本公式：
应纳税所得额 = 收入总额 - 不征税收入 - 免税收入 - 各项扣除 - 以前年度亏损
计算公式：
应纳税所得额 = 会计利润 + 纳税调整增加额 - 纳税调整减少额

一、收入总额

1. 一般收入的确认（9项）。

（1）销售货物收入，指企业销售有形动产取得的收入。

（2）劳务收入，指提供增值税劳务、营改增服务取得的收入。

（3）转让财产收入，指企业转让固定资产、生物资产、无形资产、股权、债权等财产取得的收入。企业转让股权收入应于转让协议生效且完成股权变更手续时，确认收入的实现。转让股权收入扣除为取得该股权所发生的成本后，为股权转让所得。企业在计算股权转让所得时，不得扣除被投资企业未分配利润等股东留存收益中按该项股权所可能分配的金额。

（4）股息、红利等权益性投资收益，按照被投资方做出利润分配决定的日期确认收入的实现。

（5）利息收入，按照合同约定的债务人应付利息的日期确认收入的实现。

（6）租金收入，是指企业提供动产、不动产等有形资产的使用权取得的收入，按照合同约定的承租人应付租金的日期确认收入的实现。租赁期限跨年度，且租金提前一次性支付的，出租人可对上述已确认的收入，在租赁期内分期均匀计入相关年度收入。

（7）特许权使用费收入，是指企业提供专利权、商标权等无形资产的使用权取得的收入，按照合同约定的特许权使用人应付特许权使用费的日期确认收入的实现。

（8）接受捐赠收入（包括货币性和非货币性资产），是指企业接受增捐赠的非货币性资产。计入应纳税所得额的内容包括受赠资产价值和由捐赠企业代为支付的增值税，不包括受赠企业另外支付或应付的相关税费。

（9）其他收入，是指企业取得的除以上收入外的其他收入，包括企业资产溢余收入、逾期未退包装物押金收入、确实无法偿付的应付款项、已作坏账损失处理后又收回的应收款项、债务重组收入、补贴收入、违约金收入、汇兑收益等。

2. 特殊收入的确认。

（1）分期收款方式销售货物的，按照合同约定的收款日期确认收入的实现。

（2）企业受托加工制造大型机械设备、船舶、飞机，以及从事建筑、安装、装配工程业务或者提供其他劳务等，持续时间超过12个月的，按照纳税年度内完工进度或者完成的工作量确认收入的实现。

（3）采取产品分成方式取得收入的，按照企业分得产品的日期确认收入的实现，其收入额按照产品的公允价值确定。

（4）企业发生非货币性资产交换，以及将货物、财产、劳务用于捐赠、偿债、赞助、集资、广告、样品、职工福利或者利润分配等用途的，应当视同销售货物、转让财产或者提供劳务，但国务院财政、税务主管部门另有规定的除外。

（5）对企业投资者持有2019~2023年发行的铁路债券取得的利息收入，减半征收企业所得税。铁路债券是指以中国铁路总公司为发行和偿还主体的债券，包括中国铁路建设债券、中期票据、短期融资券等债务融资工具。（新增）

（6）永续债企业所得税处理。

自2019年1月1日起，企业发行的永续债，可以适用股息、红利企业所得税政策，即：投资方取得的永续债利息收入属于股息、红利性质，按照现行企业所得税政策相关规定进行处理，其中，发行方和投资方均为居民企业的，永续债利息收入可以适用企业所得税法规定的居民企业之间的股息、红利等权益性投资收益免征企业所得税规定；同时发行方支付的永续债利息支出不得在企业所得税税前扣除。

① 企业发行符合规定条件的永续债，也可以按照债券利息适用企业所得税政策，即：发行方支付的永续债利息支出准予在其企业所得税税前扣除；投资方取得的永续债利息收入应当依法纳税。

② 上述①所称符合规定条件的永续债，是指符合下列条件中5条（含）以上的永续债：

被投资企业对该项投资具有还本义务；

有明确约定的利率和付息频率；

有一定的投资期限；

投资方对被投资企业净资产不拥有所有权；

投资方不参与被投资企业日常生产经营活动；

被投资企业可以赎回，或满足特定条件后可以赎回；

被投资企业将该项投资计入负债；

该项投资不承担被投资企业股东同等的经营风险；

该项投资的清偿顺序位于被投资企业股东持有的股份之前。

③ 企业发行永续债，应当将其适用的税收处理方法在证券交易所、银行间债券市场等发行市场的发行文件中向投资方予以披露。

④ 发行永续债的企业对每一永续债产品的税收处理方法一经确定，不得变更。永续债采取的税收处理方法与会计核算方式不一致的，发行方、投资方在进行税收处理时须作出相应纳税调整。

3. 处置资产收入的确认。

（1）内部处置资产不确认收入。

① 将资产用于生产、制造、加工另一产品。

② 改变资产形状、结构或性能。

③ 改变资产用途（如，自建商品房转为自用或经营）。

④ 将资产在总机构及其分支机构之间转移（限于境内）。

（2）移送他人按视同销售确认收入。

① 用于市场推广或销售。

② 用于交际应酬。

③ 用于职工奖励或福利。

④ 用于股息分配。

⑤ 用于对外捐赠。

自制资产，按同类同期对外销售价格确定销售收入（按移送的存货成本结转成本）；外购资产，按被移送资产的公允价值确定销售收入（按购入时的价格结转成本）。

【鑫考题·单选题】企业在境内发生处置资产的下列情形中，应视同销售确认企业所得税应税收入的是（　　）。

A. 将资产用于职工奖励或福利

B. 将资产用于加工另一种产品

C. 将资产用于在总分支机构之间转移

D. 将资产用于结构或性能改变

【答案】A

【解析】选项B、C、D属于内部移送，没有改变资产权属，不属于视同销售。

4. 非货币性资产对外投资企业所得税处理。

非货币性资产，是指现金、银行存款、应收账款、应收票据以及准备持有至到期的债券投资等货币性资产以外的资产。

非货币性资产投资，限于以非货币性资产出资设立新的居民企业，或将非货币性资产注入现存的居民企业。

（1）投资企业（居民企业）以非货币性资产对外投资确认的非货币性资产转让所得，可在不超过5年期限内，分期均匀计入相应年度的应纳税所得额，按规定计算缴纳企业所得税。

① 非货币性资产转让所得为对非货币性资产进行评估并按评估后的公允价值扣除计税基础后的余额。

② 确认转让收入的实现，应于投资协议生效并办理股权登记手续时。

③ 取得被投资企业的股权，应以非货币性资产的原计税成本为计税基础，加上每年确认的非货币性资产转让所得，逐年进行调整。

（2）被投资企业取得非货币性资产的计税基础，应按非货币性资产的公允价值确定。

（3）投资企业停止执行递延纳税政策：

① 对外投资5年内转让上述股权或投资收回：就递延期内尚未确认的非货币性资产转让所得，在转让股权或投资收回当年的企业所得税年度汇算清缴时，一次性计算缴纳企业所得税；企业在计算股权转让所得时，可将股权的计税基础一次调整到位。

② 对外投资 5 年内注销的，应停止执行递延纳税改革，并就递延期内尚未确认的非货币性资产转让所得，在注销当年的企业所得税年度汇算清缴时，一次性计算缴纳企业所得税。

5. 企业转让上市公司限售股有关所得税处理。

（1）企业转让代个人持有的限售股。

① 企业转让限售股取得的收入，扣除限售股原值和合理税费后的余额为该限售股转让所得。

② 企业未能提供完整、真实的限售股原值凭证，不能准确计算该限售股原值的，主管税务机关一律按该限售股转让收入的 15%，核定为该限售股原值和合理税费。

限售股转让所得 = 限售股转让收入 -（限售股原值 + 合理税费）

（2）企业在限售股解禁前转让限售股。

企业应按减持在证券登记结算机构登记的限售股取得的全部收入，计入企业当年度应税收入计算纳税。

6. 企业接收政府和股东划入资产所得税处理，见表 4-4。

表 4-4 企业接收资产的所得税处理

分类	政府划入资产	股东划入资产
接收政府投资资产	不属于收入范畴，按国家资本金处理资产计税基础按实际接收价确定	作为资本金（包括资本公积）处理，属于正常接收投资行为，不能作为收入进行所得税处理；按公允价值确定计税基础
接收政府指定用途资产	财政性资金性质的，作为不征税收入	—
接收政府无偿划入资产	并入当期应税收入。如果政府没有确定接收价值的，应按资产的公允价值确定应税收入	作为收入处理的，属于接受捐赠行为，按公允价值计入收入总额计算缴纳企业所得税，按公允价值确定计税基础

二、不征税收入

1. 财政拨款。
2. 依法收取并纳入财政管理的行政事业性收费、政府性基金。
3. 其他不征税收入是指企业取得的，由国务院财政、税务主管部门规定专项用途并经国务院批准的财政性资金。

三、免税收入

1. 国债利息收入。企业因购买国债所得的利息收入，免征企业所得税。

（1）企业从发行者直接投资购买的国债持有至到期，其从发行者取得的国债利息收入，全额免征企业所得税。

（2）企业到期前转让国债或者从非发行者投资购买的国债，其持有期间尚未兑付的国债利息收入，免征企业所得税。

尚未兑付的国债利息收入 = 国债金额×（适用年利率÷365）×持有天数

（3）企业转让或到期兑付国债取得的价款，减除其购买国债成本，并扣除其持有期间尚未兑付的国债利息收入、交易过程中相关税费后的余额，为企业转让国债收益（损失），应按规定纳税。

2. 符合条件的居民企业之间的股息、红利等权益性收益。指居民企业直接投资于其他居民企业取得的投资收益。

该收益不包括连续持有居民企业公开发行并上市流通的股票不足12个月取得的投资收益。

3. 在中国境内设立机构、场所的非居民企业从居民企业取得与该机构、场所有实际联系的股息、红利等权益性投资收益。

4. 符合条件的非营利组织的收入。非营利组织的收入，不包括非营利组织从事营利性活动取得的收入。

5. 非营利组织的下列收入为免税收入：

（1）接受其他单位或者个人捐赠的收入；

（2）政府补助收入，但不包括因政府购买服务取得的收入；

（3）按照省级以上民政、财政部门规定收取的会费（比如注册会计师协会收取的会费）；

（4）不征税收入和免税收入孳生的银行存款利息收入；

（5）财政部、国家税务总局规定的其他收入。

【鑫考题1·综合题节选】某企业2019年投资收益中含转让国债收益85万元，该国债购入面值72万元，发行期限3年，年利率5%，转让时持有天数为700天。计算转让国债应调整的应纳税所得额。

【答案】转让国债应调减的应纳税所得额 = 72×5%÷365×700 = 6.90（万元）

【鑫考题2·计算题】某企业2019年取得直接投资境内居民企业分配的股息收入130万元，已知境内被投资企业适用的企业所得税税率为15%；取得到期的国债（年利率6%）利息收入90万元。计算应纳税所得额的调整额。

【答案】应纳税所得额的调整额 = -130 - 90 = -220（万元）

【鑫考题3·多选题】企业取得的下列收入，属于企业所得税免税收入的有（　　）。

A. 金融债券的利息收入

B. 国债转让收入

C. 从境内取得的权益性投资收益

D. 持有上市公司流通股票1年以上取得的投资收

【答案】CD

【解析】选项A、B属于企业所得税中的应税收入。

四、扣除项目及其标准 (17项)

有扣除限额标准的一般项目（8项）：职工福利费、职工教育经费、工会经费、借款利息、业务招待费、广告费和业务宣传费、公益捐赠、手续费及佣金。

1. 工资、薪金支出。

（1）企业发生的合理的工资、薪金支出准予据实扣除。

（2）企业因雇用季节工、临时工、实习生、返聘离退休人员及接受外部劳务派遣用工，也属于企业任职或者受雇员工范畴——区分工资薪金与福利费，属于工资薪金支出，准予计入企业工资薪金总额的基数，作为计算其他各项相关费用扣除的依据。

（3）对上市公司实施股权激励计划有关企业所得税的处理。

① 对股权激励计划实行后立即可以行权，差价确定为当年上市公司工资薪金支出，依照税法规定进行税前扣除。

工资薪金支出 =（实际行权时该股票的公允价格 - 激励对象实际行权支付价格）× 数量

② 对股权激励计划实行后，需待一定服务年限或者达到规定业绩条件（等待期）方可行权，上市公司等待期内会计上计算确认的相关成本费用，不得在对应年度计算缴纳企业所得税时扣除。

③ 在股权激励计划可行权后，企业方可计算确定作为当年企业工资薪金支出，依照税法规定进行税前扣除。

工资薪金支出 =（实际行权时该股票的公允价格 - 当年激励对象实际行权支付价格）× 数量

（4）企业福利性补贴支出税前扣除。

列入企业员工工资薪金制度、固定与工资薪金一起发放、代扣代缴了个人所得税的福利性补贴，可作为企业发生的工资薪金支出，按规定在税前扣除。否则按职工福利费限额扣除。

（5）企业在年度汇算清缴结束前，向员工实际支付的已预提汇缴年度工资薪金，准予在汇缴年度按规定扣除。

（6）接受外部劳务派遣用工所实际发生的费用。

① 接受外部劳务派遣用工，作为劳务费支出；

② 直接支付给员工个人的费用，应作为工资薪金支出和职工福利费支出。其中属于工资薪金支出的费用，准予计入企业工资薪金总额的基数，作为计算其他各项相关费用扣除的依据。

2. 职工福利费、工会经费、职工教育经费，按规定标准与实际数较小者扣除。标准为：

（1）企业实际发生的职工福利费支出，不超过工资薪金总额14%的部分准予扣除。

① 企业职工福利费开支项目，如供暖费补贴、职工防暑降温费、职工困难补贴、职工食堂经费补贴、职工交通补贴等。

② 工资薪金总额不包括五险一金、三项经费。

（2）企业拨缴的工会经费，不超过工资薪金总额2%的部分准予扣除。

企业拨缴的职工工会经费，不超过工资薪金总额2%的部分，凭工会组织开具的工会经费收入专用收据在企业所得税税前扣除。

委托税务机关代收工会经费的，企业拨缴的工会经费也可凭合法、有效的工会经费代收凭据依法在税前扣除。

（3）除国务院财政、税务主管部门另有规定外，企业发生的职工教育经费支出，不超过工资薪金总额8%的部分准予扣除，超过部分准予结转以后纳税年度扣除——以后年度未超标时纳税调减；软件生产企业发生的职工教育经费中的职工培训费用（单独核算），可以全额在企业所得税前扣除；核电厂操作员发生的培养费用（单独核算），可作为发电厂成本税前扣除。

3. 保险，包括财产保险和社会保险费。

（1）企业参加财产保险，按照规定缴纳的保险费，准予扣除。

（2）按照政府规定的范围和标准缴纳的"五险一金"，即基本养老保险费、基本医疗保险费、失业保险费、工伤保险费、生育保险费等基本社会保险费和住房公积金，准予扣除。

（3）企业为投资者或者职工支付的补充养老保险费、补充医疗保险费，在国务院财政、税务主管部门规定的范围和标准内，准予扣除。

企业依照国家有关规定为特殊工种职工支付的人身安全保险费和符合国务院财政、税务主管部门规定可以扣除的商业保险费准予扣除。

4. 利息费用。

表4-5 利息费用类型

	企业借款	向自然人借款
金融企业	据实扣除	—
非金融非关联方	利率	利率
关联方	利率+本金	利率+本金

利率不能高于金融企业同期同类贷款利率，本金不能高于权益性投资额的2倍或5倍。

（1）非金融企业向金融企业借款的利息支出、金融企业的各项存款利息支出和同业拆借利息支出、企业经批准发行债券的利息支出可据实扣除。

（2）非金融企业向非金融企业借款的利息支出，不超过按照金融企业同期同类贷款利率计算的数额的部分可据实扣除，超过部分不许扣除。

（3）关联企业利息费用的扣除——双标准。

企业从其关联方接受的债权性投资与权益性投资的比例超过规定标准而发生的利息支出，不得在计算应纳税所得额时扣除。

① 企业实际支付给关联方的利息支出，不超过下列比例的准予扣除，超过的部分不

得扣除。

企业接受关联方债权性投资与其权益性投资比例为：金融企业，为5∶1；其他企业，为2∶1。

② 企业能证明关联方相关交易活动符合独立交易原则的，或者该企业的实际税负不高于境内关联方的，实际支付给关联方的利息支出，在计算应纳税所得额时准予扣除。

③ 企业自关联方取得的不符合规定的利息收入应按照有关规定缴纳企业所得税。

（4）企业向自然人借款的利息支出。

① 企业向股东或其他与企业有关联关系的自然人借款的利息支出，符合规定条件的，准予扣除。

② 企业向除上述规定以外的内部职工或其他人员借款的利息支出，其借款情况同时符合以下条件的，其利息支出在不超过按照金融企业同期同类贷款利率计算的数额的部分，准予扣除。

条件一：企业与个人之间的借贷是真实、合法、有效的，并且不具有非法集资目的或其他违反法律、法规的行为；

条件二：企业与个人之间签订了借款合同。

5. 借款费用。

（1）企业在生产经营活动中发生的合理的不需要资本化的借款费用，准予扣除——费用化。

（2）企业为购置、建造固定资产、无形资产和经过12个月以上的建造才能达到预定可销售状态的存货发生借款的——资本化，作为资本性支出计入有关资产的成本；有关资产交付使用后发生的借款利息，可在发生当期扣除。

6. 汇兑损失。

汇率折算形成的汇兑损失，准予扣除；已经计入有关资产成本、与向所有者进行利润分配相关的部分，不得扣除。

7. 业务招待费。

（1）会计计入"管理费用"。

（2）税法税前限额扣除——扣除2个扣除标准中的较小者：

① 最高不得超过当年销售（营业）收入的5‰；

② 有合法票据的，可按实际发生额的60%扣除。

计算限额的依据，包括销售货物收入、劳务收入、利息收入、租金收入、特许权使用费收入、视同销售收入等，但不得扣除现金折扣。

即：会计"主营业务收入"＋"其他业务收入"＋会计不作收入的税法视同销售收入（捐物）。

③ 对从事股权投资业务的企业（包括集团公司总部、创业投资企业等），其从被投资企业所分配的股息、红利以及股权转让收入，可以按规定的比例计算业务招待费扣除限额。

④ 企业筹建期间，与筹办有关的业务招待费支出，按实际发生额的 60% 计入筹办费，按规定税前扣除。筹建期间发生的筹办费扣除于生产经营当年一次性扣除，或作为长期待摊费用在不短于 3 年内摊销。

8．广告费和业务宣传费。

（1）会计计入"销售费用"。

（2）税法限额税前扣除。一般不超过当年销售（营业）收入 15% 的部分，准予扣除；例举行业限额比率为 30%。[化妆品制造与销售、医药制造、饮料制造（不含酒类制造）]

（3）超过限额标准部分，准予结转以后纳税年度扣除（以后年度未超标时纳税调减）。

（4）企业筹建期间，发生的广告费、业务宣传费，按实际发生额计入筹办费，按规定税前扣除。

（5）与生产经营无关的非广告性质的赞助费在所得税前不得列支。

（6）对签订广告费和业务宣传费分摊协议的关联方，一方可以将不超过限额的部分在本企业扣除，也可以将其中的部分或全部在另一方扣除，另一方在计算扣除限额时不将其计算在内。

（7）烟草企业的烟草广告费和业务宣传费支出，一律不得在计算应纳税所得额时扣除。

9．环境保护专项资金。

企业依照法律、行政法规有关规定提取的用于环境保护、生态恢复等方面的专项资金准予扣除；上述专项资金提取后改变用途的，不得扣除。

10．租赁费。税务处理见表 4-6。

表 4-6 租赁费的税务处理

方式	租赁费	租入固定资产折旧费
经营租赁	按照租赁期限均匀扣除	不得计提折旧，不扣折旧费
融资租赁	不得扣除	计提折旧，扣折旧费

11．劳动保护费。

企业发生的合理的劳动保护支出，准予扣除。

根据其工作性质和特点，由企业统一制作并要求员工工作时统一着装所发生的工作服饰费用，准予税前扣除。

12．公益性捐赠支出。

（1）会计对外捐赠计入"营业外支出"。

（2）税法区分限额扣除（公益性捐赠）和不得扣除（非公益性捐赠）。

（3）公益性捐赠税前扣除标准为企业发生的公益性捐赠支出，不超过年度利润总额 12% 的部分，准予扣除。年度利润总额，是指企业依照国家统一会计制度的规定计算的年度会计利润。

公益捐赠是指企业通过公益性社会团体或者县级以上人民政府及其部门，用于《中华人民共和国公益事业捐赠法》规定的公益事业的捐赠。

公益性捐赠超过12%的部分准予向以后年度结转扣除，但自捐赠发生年度的次年起计算最长不得超过三年。

企业在对公益性捐赠支出计算扣除时，应先扣除以前年度结转的捐赠支出，再扣除当年发生的捐赠支出。

（4）纳税人直接向受赠人的捐赠，所得税前不得扣除，应作纳税调增处理。

（5）自2019年1月1日至2022年12月31日，企业通过公益性社会组织或者县级（含县级）以上人民政府及其组成部门和直属机构，用于目标脱贫地区的扶贫捐赠支出，准予在计算企业所得税应纳税所得额时据实扣除。在政策执行期限内，目标脱贫地区实现脱贫的，可继续适用上述政策。

企业同时发生扶贫捐赠支出和其他公益性捐赠支出，在计算公益性捐赠支出年度扣除限额时，符合上述条件的扶贫捐赠支出不计算在内。

表4-7 非货币资产对外捐物总结

	企业将自产货物用于捐赠，按公允价值缴纳所得税
企业所得税	1. 捐赠额是否超过年度利润总额12%； 2. 视同对外销售交纳企业所得税，确认收入和成本（会计上不确认收入和结转成本）； 3. 考虑与广告宣传费和业务招待费的关联。

13. 有关资产的费用。

（1）企业转让各类固定资产发生的费用允许扣除；

（2）企业按规定计算的固定资产折旧费、无形资产和递延资产的摊销费准予扣除。

14. 总机构分摊的费用。非居民企业在中国境内设立的机构、场所，就其中国境外总机构发生的与该机构、场所生产经营有关的费用，能够提供总机构出具的费用汇集范围、定额、分配依据和方法等证明文件，并合理分摊的，准予扣除。

15. 资产损失。

（1）企业当期发生的固定资产和流动资产盘亏、毁损净损失，由其提供清查盘存资料经主管税务机关审核后，准予扣除；

（2）企业因存货盘亏、毁损、报废等原因不得从销项税金中抵扣的进项税金，应视同企业财产损失，准予与存货损失一起在所得税前按规定扣除。

16. 其他项目，如会员费、合理的会议费、差旅费、违约金、诉讼费用等，准予扣除。

依据财务会计制度规定，并实际在财务会计处理上已确认的支出，凡没有超过《企业所得税法》和有关税收法规规定的税前扣除范围和标准的，可按企业实际会计处理确认的支出，在企业所得税前扣除。

17. 手续费及佣金支出。

（1）企业发生与生产经营有关的手续费及佣金支出，不超过以下规定计算限额以内的部分，准予扣除；超过部分，不得扣除。

① 保险企业：企业按当年全部保费收入扣除退保金等后余额，财产保险按15%计算限额、人身保险按10%计算限额。

② 其他企业：按与具有合法经营资格中介服务机构或个人（不含交易双方及其雇员、代理人和代表人等）所签订服务协议或合同确认的收入金额的5%计算限额。

（2）支付方式：向具有合法经营资格中介服务机构支付的，必须转账支付；向个人支付的，可以以现金方式，但需要有合法的凭证。

（3）特殊行业：从事代理服务，主营业务收入为手续费、佣金的企业为取得该类收入实际发生的营业成本（包括手续费、佣金），据实扣除。

【鑫考题1·综合题节选】某上市公司2019年度实发工资4 000万元。当年6月5日，中层以上员工对公司2年前授予的股票期权500万股实施行权，行权价每股6元，当日该公司股票收盘价每股10元。计算该公司2019年计入成本费用的工资总额。

【答案】2019年计入成本、费用的工资总额 = 4 000 + 500 × (10 - 6) = 6 000（万元）

【鑫考题2·计算题】某居民企业2019年发生财务费用40万元，其中含向非金融企业借款250万元所支付的年利息20万元（当年金融企业贷款的年利率为5.8%）。

计算财务费用的纳税调整额。

【答案】利息税前扣除额 = 250 × 5.8% = 14.5（万元）

财务费用调增应纳税所得额 = 20 - 14.5 = 5.5（万元）

【鑫考题3·举例】某企业向投资方甲公司1年期借款1 000万元，甲公司对本企业投资额300万元，利率5%（银行）、8%（关联方）。计算该企业应调增应纳税所得额。

【答案】会计上：1 000 × 8% = 80（万元）

税法上：300 × 2 × 5% = 30（万元）

调增：50（万元）

【鑫考题4·综合题节选】某企业因向母公司借款2 000万元按年利率9%（金融机构同期同类贷款利率为6%）支付利息180万元，该企业不能证明此笔交易符合独立交易原则。母公司适用15%的企业所得税税率且在该企业的权益性投资金额为800万元。回答下列问题：

（1）计算可税前扣除的借款利息；
（2）计算应调增应纳税所得额。

【答案】（1）可税前扣除的借款利息 = 800 × 2 × 6% = 96（万元）

（2）应调增应纳税所得额 = 180 - 96 = 84（万元）

【鑫考题5·计算题节选】某公司2019年度实现会计利润总额25万元。"财务费用"账户中列支：向银行借入生产用资金200万元，借用期限6个月，支付借款利息5万元；经过批准向本企业职工借入生产用资金60万元，借用期限10个月，支付借款利息3.5万元。计算该公司2019年度的应纳税所得额。

【答案】银行的利率=(5×2)÷200=5%

可以税前扣除的职工借款利息=60×5%÷12×10=2.5（万元）

超标准=3.5-2.5=1（万元）

应纳税所得额=25+1=26（万元）

【鑫考题6·计算题节选】 某企业4月1日向银行借款500万元用于建造厂房，借款期限1年，当年向银行支付了3个季度的借款利息22.5万元，该厂房于10月31日竣工并投入使用，11月20日结算。计算当年税前可扣除的利息费用。

【答案】税前可扣除的利息费用=22.5÷9×2=5（万元）

【鑫考题7·例题】 纳税人销售收入2 000万元，业务招待费扣除最高限额2 000×5‰=10万元。两种情况：

（1）假设实际发生业务招待费40万元：40×60%=24（万元）；税前可扣除10万元；纳税调整额=40-10=30（万元）。

（2）假设实际发生业务招待费15万元：15×60%=9（万元）；税前可扣除9万元；纳税调整额=15-9=6（万元）。

【鑫考题8·例题】 某食品生产企业2019年销售收入4 000万元，广告费发生扣除最高限额4 000×15%=600（万元），

（1）广告费发生700万元：税前可扣除600万元，纳税调整100万元。

（2）广告费发生500万元：税前可扣除500万元，纳税调整0结转以后纳税年度扣除以前年度累计结转广告费扣除额65万元，本年发生额380万元，扣除限额480万元，纳税调减65万元。

【鑫考题9·计算题节选】 某制药厂2019年销售收入3 000万元，发生现金折扣100万元；特许权使用费收入200万元，营业外收入150万元。广告费支出1 000万元，业务宣传费40万元。计算纳税调整额。

【答案】广告费和业务宣传费扣除标准=(3 000+200)×30%=960（万元）

广告费和业务宣传费实际发生额=1 000+40=1 040（万元）

超标准为1 040-960=80（万元）

调增所得额为80万元。

【鑫考题10·计算题（捐款）】 某制药公司为增值税一般纳税人，2019年主营业务收入5 500万元，其他业务收入400万元，营业外收入300万元，主营业务成本2 800万元，其他业务成本300万元，营业外支出210万元，营业税金及附加420万元，管理费用550万元，销售费用900万元，财务费用180万元，投资收益120万元。

其中：营业外支出包括对外捐赠货币资金140万元（通过县级政府向贫困地区捐赠120万元，直接向某学校捐赠20万元）。

计算上述业务应调整的应纳税所得额。

【答案】(1) 会计利润 = 5 500 + 400 + 300 − 2 800 − 300 − 210 − 420 − 550 − 900 − 180 + 120 = 960（万元）

(2) 公益捐赠扣除限额 = 960 × 12% = 115.2（万元），调增应纳税所得额 = 120 − 115.2 = 4.8（万元）

(3) 直接向某学校捐赠 20 万元不能税前扣除。

(4) 上述业务应调增所得额 = 4.8 + 20 = 24.8（万元）

【鑫考题 11·计算题（捐物）】某企业 2019 年将两台重型机械设备通过市政府捐赠给贫困地区用于公共设施建设。"营业外支出"中已列支两台设备的成本及对应的销项税额合计 236.4 万元。每台设备市场售价为 140 万元（不含增值税）。当年会计利润 1 000 万元。

计算上述业务的纳税调整额。

【答案】(1) 公益性捐赠的扣除限额 = 1 000 × 12% = 120（万元）

捐赠调增应纳税所得额 = 236.4 − 120 = 116.4（万元）

(2) 捐赠设备视同销售处理。

视同销售收入应调增应纳税所得额 = 140 × 2 = 280（万元）

视同销售成本应调减应纳税所得额 = 236.4 − 140 × 2 × 13% = 200（万元）

视同销售调增应纳税所得额 = 280 − 200 = 80（万元）

(3) 共调增应纳税所得 = 116.4 + 80 = 196.4（万元）

【鑫考题 12·计算题节选】某企业 2019 年 12 月发生意外事故，损失当年 11 月外购的库存原材料 32 万元（含运费 2 元），取得保险公司赔款 8 万元。计算所得税前扣除的损失数额。

【答案】税前扣除的损失 = 32 + (32 − 2) × 13% + 2 × 9% − 8 = 28.08（万元）

【鑫考点 5】不得扣除的项目和亏损弥补

一、不得扣除的项目

1. 向投资者支付的股息、红利等权益性投资收益款项。
2. 企业所得税税款。
3. 税收滞纳金。
4. 罚金、罚款和被没收财物的损失。
5. 超过规定标准的捐赠支出。
6. 赞助支出，指与生产经营无关的非广告性质支出。
7. 未经核定的准备金支出，指不符合规定各项资产减值准备、风险准备等准备金支出。
8. 企业之间支付的管理费、企业内营业机构之间支付的租金和特许权使用费，以及非银行企业内营业机构之间支付的利息，不得扣除。

9. 与取得收入无关的其他支出。

二、亏损弥补

1. 企业某一纳税年度发生的亏损可以用下一年度的所得弥补，下一年度的所得不足以弥补的，可以逐年延续弥补，但最长不得超过5年。自2018年1月1日起，当年具备高新技术企业和科技型中小企业资格的企业，其具备资格年度之前5个年度发生的尚未弥补完的亏损，准予结转以后年度弥补，最长结转年限由5年延长至10年。

亏损是应纳税所得额，不是会计口径。

2. 企业在汇总计算缴纳企业所得税时，其境外营业机构的亏损不得抵减境内营业机构的盈利。

3. 企业筹办期间不计算为亏损年度，企业自开始生产经营的年度，为开始计算企业损益的年度。

4. 税务检查调增的以前年度应纳税所得额，可弥补规定期限内的亏损。仍有余额的，按税法规定计算缴纳企业所得税。

5. 以前年度实际发生的、应扣未扣或少扣的，企业做出专项申报及说明后，准予追补至该项目发生年度计算扣除，追补期不超过5年。

【鑫考题1·单选题】企业发生的下列支出中，在计算企业所得税应纳税所得额时准予扣除的是（　　）。(2019年)

A. 向投资者分配的红利　　B. 缴纳的增值税税款
C. 按规定缴纳的财产保险费　　D. 违反消防规定被处以的行政罚款

【答案】B

【解析】选项A，向投资者支付的股息、红利等权益性投资收益款项不得在税前扣除；选项B，缴纳的增值税税款，不影响损益，不得在税前扣除；选项D，纳税人违反国家有关法律、法规规定，被有关部门处以的罚款不得在税前扣除。

【鑫考题2·单选题】下列支出在计算企业所得税应纳税所得额时，准予按规定扣除的是（　　）。

A. 企业之间发生的管理费支出
B. 企业筹建期间发生的广告费支出
C. 企业内营业机构之间发生的特许权使用费支出
D. 企业内营业机构之间发生的租金支出

【答案】B

【解析】选项A、C、D，企业之间支付的管理费、企业内营业机构之间支付的租金和特许权使用费，以及非银行企业内营业机构之间支付的利息，不得在企业所得税前扣除。

【鑫考题3·计算题节选】公司计提资产减值损失准备金1 500万元，该资产减值损失准备金未经税务机关核定。计算应调整的应纳税所得额。

【答案】资产减值准备调增应纳税所得额 1 500 万元。

【鑫考点6】资产的税务处理

一、固定资产的税务处理

具体见表4-8。

表4-8 固定资产的税务处理

固定资产的计税基础	购买价款+支付的相关税费、公允价值+支付的相关税费等
不得计算折旧扣除的固定资产	1. 房屋、建筑物以外未投入使用的固定资产 2. 以经营租赁方式租入的固定资产 3. 以融资租赁方式租出的固定资产 4. 已足额提取折旧仍继续使用的固定资产 5. 与经营活动无关的固定资产 6. 单独估价作为固定资产入账的土地 7. 其他不得计算折旧扣除的固定资产
固定资产折旧的计提方法	1. 新增固定资产,投入使用月份的次月起计算折旧;停止使用的固定资产,应当自停止月份的次月起停止计算折旧 2. 预计净残值一经确定,不得变更 3. 直线法计算折旧,准予扣除
固定资产折旧的计提年限	1. 房屋、建筑物,为20年 2. 飞机、火车、轮船、机器、机械和其他生产设备,为10年 3. 与生产经营活动有关的器具、工具、家具等,为5年 4. 飞机、火车、轮船以外的运输工具,为4年 5. 电子设备,为3年
房屋、建筑物未提足折旧前进行改扩建的税务处理	1. 属于推倒重置,净值并入重置后的固定资产计税成本 2. 属于提升功能、增加面积的改扩建支出并入该固定资产计税基础,按尚可使用的年限与税法规定的最低年限就低原则选择年限计提折旧。已提足折旧的按照长期待摊费用摊销

【鑫考题·例题】乙公司(一般纳税人)2019年10月为一名副总经理配备一辆轿车并投入使用,用于企业的业务经营管理,取得机动车销售统一发票上注明价款40万元,增值税5.2万元,缴纳车辆购置税和牌照费支出12.8万元(该公司确定折旧年限4年,残值率5%)。年底,会计师事务所审计时发现此项业务尚未进行会计处理。

计算上述业务的纳税调整额。

【答案】固定资产应于投入使用的下月起计提折旧,折旧额可以税前扣除。调减应纳税所得额 $= 52.8 \times (1-5\%) \div 4 \div 12 \times 2 = 2.09$(万元)。

二、投资资产的税务处理

1. 投资资产是指企业对外进行权益性投资和债权性投资而形成的资产。
(1) 投资资产取得的成本:购买价款、公允价值和支付的相关税费。
(2) 企业对外投资期间,投资资产的成本在计算应纳税所得额时不得扣除。

(3) 企业在转让或者处置投资资产时，投资资产的成本准予扣除。

(4) 非货币性资产对外投资企业所得税处理：

① 对投资方的非货币性资产转让所得（包括动产、不动产、土地使用权、无形资产），在不超过5年期限内，分期均匀计算缴纳企业所得税——所得税递延缴纳。

② 被投资方取得非货币性资产的计税基础，应按非货币性资产的公允价值确定。

2. 投资企业撤回或减少投资。

从被投资企业撤资而取得的资产中，分三部分处理：

(1) 相当于初始出资的部分，应确认为投资收回，不属于应税收入；

(2) 相当于被投资企业累计未分配利润和累计盈余公积按减少实收资本比例计算的部分，应确认为股息所得，属于应税收入，但免税；

(3) 其余部分确认为投资资产转让所得，属于应税收入。

3. 被投资企业亏损对投资企业影响。

(1) 被投资企业发生的经营亏损，由被投资企业按规定结转弥补；

(2) 投资企业不得调整减低其投资成本，也不得将其确认为投资损失。

【鑫考题1·单选题】甲投资公司2017年10月将2 400万元投资于未公开上市的乙公司，取得乙公司40%的股权。2020年1月，甲公司撤回其在乙公司的全部投资，共计从乙公司收回4 000万元。撤资时乙公司的累计未分配利润为600万元，累计盈余公积为400万元。则甲公司撤资应确认的投资资产转让所得为（　　）万元。

A. 0　　　　　　B. 400　　　　　　C. 1 200　　　　　　D. 1 600

【答案】C

【解析】甲公司撤资应确认的投资资产转让所得 = 4 000 - 2 400 - (600 + 400) × 40% = 1 200（万元）。

【鑫考题2·计算题节选】甲公司2019年撤回对某企业的股权投资取得85万元，其中含原投资成本50万元，另含相当于被投资公司累计未分配利润和累计盈余公积按减少实收资本比例计算的部分15万元。计算撤回投资的纳税调整额。

【答案】应调减应纳税所得额 = 15（万元），如果是转让对某企业的股权投资取得85万元，转让所得额35万元不做调整。

三、生物资产的税务处理

1. 生物资产的折旧范围。

生物资产分为消耗性、公益性、生产性三类，只有生产性生物资产可以计提折旧。

生产性生物资产包括经济林、薪炭林、产畜和役畜等。

2. 生物资产的折旧方法和折旧年限。

(1) 生产性生物资产按照直线法计算的折旧，准予扣除。

(2) 最低折旧年限：林木类生产性生物资产10年；畜类生产性生物资产3年。

四、无形资产摊销的范围

下列无形资产不得计算摊销费用扣除：

1. 自行开发的支出已在计算应纳税所得额时扣除的无形资产。
2. 自创商誉。
3. 与经营活动无关的无形资产。
4. 其他不得计算摊销费用扣除的无形资产。

无形资产的摊销采取直线法计算。无形资产的摊销不得低于10年。

五、长期待摊费用的税务处理

在计算应纳税所得额时，企业发生的下列支出作为长期待摊费用，按照规定摊销的，准予扣除。

1. 已足额提取折旧的固定资产的改建支出。
2. 租入固定资产的改建支出。
3. 固定资产的大修理支出，同时符合：
   （1）修理支出达到取得固定资产时的计税基础50%以上。
   （2）修理后固定资产的使用年限延长2年以上。
4. 其他。其他应当作为长期待摊费用的支出，自支出发生月份的次月起，分期摊销，摊销年限不得低于3年。

六、存货的税务处理

同会计处理：先进先出法、加权平均法等。

【鑫考题·单选题】企业发生的下列支出中，可在发生当期直接在企业所得税税前扣除的是（　　）。

A. 固定资产改良支出
B. 租入固定资产的改建支出
C. 固定资产的日常修理支出
D. 已足额提取折旧的固定资产的改建支出

【答案】C

【解析】选项A、B、D，按照长期待摊费用处理，不得直接扣除。

【鑫考点7】资产损失税前扣除的所得税处理

一、资产损失扣除政策

资产损失是指企业在生产经营活动中实际发生的、与取得应税收入有关的资产损失。

1. 企业的应收、预付账款，减除可收回金额后确认的无法收回的，可以作为坏账损失在计算应纳税所得额时扣除。例如，债务人逾期3年以上未清偿，且有确凿证据证明已无力清偿债务的。

2. 减除可收回金额后确认的无法收回的股权投资,可以在计算应纳税所得额时扣除:

(1) 被投资方依法宣告破产、关闭或被依法注销等。

(2) 被投资方财务状况严重恶化,累计发生巨额亏损,已连续停止经营3年以上,且无重新恢复经营改组计划的。

(3) 对被投资方不具有控制权,投资期限届满或者投资期限已超过10年,且被投资单位因连续3年经营亏损导致资不抵债的。

(4) 被投资方财务状况严重恶化,累计发生巨额亏损,已完成清算或清算期超过3年以上的。

3. 固定资产和存货损失额的确认。

盘亏的按固定资产的账面净值或存货的成本减除保险赔款和责任人赔偿后的余额;被盗的按固定资产的账面净值或存货的成本减除保险赔款和责任人赔偿后的余额;毁损、报废的按固定资产的账面净值或存货的成本减除残值、保险赔款、责任人赔偿后的余额。损失包括不得抵扣的进项税额。

4. 企业境内、境外营业机构发生的资产损失应分开核算,对境外营业机构由于发生资产损失而产生的亏损,不得在计算境内应纳税所得额时扣除。

二、资产损失分类

资产损失可分为实际资产损失和法定资产损失。

1. 实际资产损失指企业在实际处置、转让上述资产过程中发生的合理损失——在实际发生且会计上已做损失处理的年度申报扣除。无须报送资产损失相关资料,由企业留存备查。

2. 法定资产损失指企业虽未实际处置、转让上述资产,但符合规定条件计算确认的损失——在企业向主管税务机关提供证据资料证明该项资产已符合法定资产损失确认条件,且会计上已做损失处理的年度申报扣除。

3. 企业以前年度发生的资产损失未能在当年税前扣除的,向税务机关说明并进行专项申报扣除。

属于实际资产损失,追补至损失发生年度扣除,追补期一般不超过5年。属于法定资产损失,在申报年度扣除。

实际资产损失发生年度扣除追补确认的损失后出现亏损的,应先调整发生年度亏损额,再按弥补亏损的原则计算以后年度多缴的企业所得税税款,在追补年度的应纳税款中扣除。

【鑫考点8】企业重组的所得税处理

一、企业重组

1. 企业重组是指企业在日常经营活动以外发生的法律结构或经济结构重大改变的交

易，包括企业法律形式改变、债务重组、股权收购、资产收购、合并、分立等。

2. 股权支付是指企业重组中购买、换取资产的一方支付的对价中，以本企业或其控股企业的股权、股份作为支付的形式。

3. 非股权支付是以本企业的现金、银行存款、应收款项、本企业或其控股企业的股权和股份以外的有价证券、存货、固定资产、其他资产以及承担债务等作为支付的形式。

二、企业重组的一般性税务处理

1. 企业法律形式改变。

企业由法人转变为个人独资企业、合伙企业等非法人组织，或将登记注册地转移至中华人民共和国境外（包括港澳台地区），视同企业进行清算、分配，股东重新投资成立新企业。企业的全部资产以及股东投资的计税基础均应以公允价值为基础确定。

2. 企业债务重组相关交易的处理。

（1）以非货币资产清偿债务，应当分解为转让相关非货币性资产、按非货币性资产公允价值清偿债务两项业务，确认相关资产的所得或损失。

（2）发生债权转股权的，应当分解为债务清偿和股权投资两项业务，确认有关债务清偿所得或损失。

（3）债务人应当按照支付的债务清偿额低于债务计税基础的差额，确认债务重组所得；债权人应当按照收到的债务清偿额低于债权计税基础的差额，确认债务重组损失。

3. 企业股权收购、资产收购重组交易的处理。

（1）被收购方应确认股权、资产转让所得或损失；

（2）收购方取得股权或资产的计税基础应以公允价值为基础确定。

4. 企业合并的税务处理。

（1）合并企业应按公允价值确定接受被合并企业各项资产和负债的计税基础；

（2）被合并企业及其股东都应按清算进行所得税处理；

（3）被合并企业的亏损不得在合并企业结转弥补。

5. 企业分立的税务处理。

（1）被分立企业对分立出去资产应按公允价值确认资产转让所得或损失；

（2）分立企业应按公允价值确认接受资产的计税基础；

（3）被分立企业继续存在时，其股东取得的对价应视同被分立企业分配进行处理；

（4）被分立企业不再继续存在时，被分立企业及其股东都应按清算进行所得税处理；

（5）企业分立相关企业的亏损不得相互结转弥补。

三、适用特殊性税务处理的条件

企业重组同时符合下列条件的，适用特殊性税务处理规定：

1. 具有合理的商业目的，且不以减少、免除或者推迟缴纳税款为主要目的。

2. 企业重组后的连续12个月内不改变重组资产原来的实质性经营活动。

3. 企业重组中取得股权支付的原主要股东，在重组后连续12个月内，不得转让所取得的股权。

4. 被收购、合并或分立部分的资产或股权比例符合规定的比例。
5. 重组交易对价中涉及股权支付金额符合规定比例。

四、企业重组的特殊性税务处理的方法

具体见表4-9。

表4-9 企业重组的特殊性税务处理方法

重组方式	特殊性税务处理条件	特殊性税务处理方法
企业债务重组	确认的应纳税所得额占该企业当年应纳税所得额50%以上。	可以在5个纳税年度的期间内，均匀计入各年度的应纳税所得额。 债转股业务，对债务清偿和股权投资两项业务暂不确认有关债务清偿所得或损失，股权投资的计税基础以原债权的计税基础确定。
股权收购资产收购	1. 购买的股权（收购的资产）不低于被收购企业全部股权（转让企业全部资产）的50%； 2. 股权支付金额不低于其交易支付总额的85%。	对交易中一方取得股权支付，暂不确认有关资产的转让所得或损失；另一方按原计税基础确认新资产或负债的计税基础。 对交易中非股权支付：确认所得或损失非股权支付对应的资产转让所得或损失＝（被转让资产的公允价值－被转让资产的计税基础）×（非股权支付金额÷被转让资产的公允价值）。 另一方按公允价值确认资产或负债的计税基础。
合并	1. 股权支付金额不低于其交易支付总额的85%； 2. 同一控制下不需要支付对价的企业合并。	合并中的亏损弥补被合并企业合并前的亏损可由合并企业弥补补亏限额＝被合并企业净资产公允价值×截至合并业务发生当年年末国家发行的最长期限的国债利率。
分立	1. 被分立企业所有股东按原持股比例取得分立企业的股权； 2. 股权支付金额不低于其交易支付总额的85%。	被分立企业未超过法定弥补期限的亏损额可按分立资产占全部资产的比例进行分配，由分立企业继续弥补。

【鑫考题1·多选题】企业实施合并重组，适用企业所得税一般性税务处理方法时，下列处理正确的有（　　）。

A. 被合并企业的亏损不得在合并企业结转弥补
B. 合并企业应按账面价值确定接受被合并企业负债的计税基础
C. 被合并企业及其股东都应按清算进行所得税处理
D. 合并企业应按公允价值确定接受被合并企业各项资产的计税基础

【答案】ACD
【解析】企业重组的一般性税务处理方法下企业合并，当事各方应按下列规定处理：
（1）合并企业应按公允价值确定接受被合并企业各项资产和负债的计税基础；
（2）被合并企业及其股东都应按清算进行所得税处理；

(3) 被合并企业的亏损不得在合并企业结转弥补。

【鑫考题2·多选题】 根据企业所得税相关规定，下列属于在资产收购时适用特殊性税务处理条件的有（　　）。

A. 取得股权支付的原主要股东，在资产收购后连续12个月内不得转让所取得的股权
B. 受让企业收购的资产不低于转让企业全部资产的85%
C. 受让企业在资产收购发生时的股权支付金额不低于其交易支付总额的50%
D. 资产收购后的连续12个月内不改变收购资产原来的实质性经营活动

【答案】AD

【解析】选项B，应该为受让企业收购资产不低于转让企业全部资产的50%；选项C，受让企业在资产收购发生时的股权支付金额不低于其交易支付总额的85%。

【鑫考题3·计算题节选】 甲企业共有股权1 000万股，为了将来有更好的发展，将80%的股权让乙公司收购，然后成为乙公司的子公司。假定收购日甲公司每股资产的计税基础为7元，每股资产的公允价值为9元。在收购对价中乙企业以股权形式支付6 480万元，以银行存款支付720万元。请计算甲公司取得非股权支付额对应的资产转让所得或损失。

【答案】甲公司取得非股权支付额对应的资产转让所得 = (9 - 7) × 10 000 000 × 80% × (720 ÷ 7 200) = 160（万元）

【鑫考题4·综合题节选】 甲公司将80%持股的某子公司股权全部转让，取得股权对价300万元，取得现金对价20万元。该笔股权的历史成本为200万元，转让时的公允价值为320万元。该子公司的留存收益为50万元。此项重组业务已办理了特殊重组备案手续。

计算上述业务的纳税调整额。

【答案】非股权支付对应的资产转让所得 = (320 - 200) × (20 ÷ 320) = 7.5（万元）
纳税调减所得额 = (320 - 200) - 7.5 = 112.5（万元）

【鑫考点9】税收优惠

企业所得税法的税收优惠方式见表4-10。

表4-10　企业所得税税收优惠方式

税额式	免税、减税、税额抵免
税率式	优惠税率等
税基式	加计扣除、加速折旧、减计收入

一、税额式

1. 从事农、林、牧、渔业项目的所得。
（1）免税：直接从事农、林、牧、渔业项目的所得。
（2）减半征收企业所得税：

① 花卉、茶以及其他饮料作物和香料作物的种植；
② 海水养殖、内陆养殖。

2. 三免三减半。

（1）从事国家重点扶持的公共基础设施项目投资经营的所得，自取得第一笔生产经营收入所属纳税年度起三免三减半。

说明：企业投资经营符合《公共基础设施项目企业所得税优惠目录》规定条件和标准的公共基础设施项目，采用一次核准、分批次（如码头、泊位、航站楼、跑道、路段、发电机组等）建设的，凡同时符合以下条件，可按每一批次为单位计算所得，并享受企业所得税"三免三减半"优惠：

① 不同批次在空间上相互独立；
② 每一批次自身具备取得收入的功能；
③ 以每一批次为单位进行会计核算，单独计算所得，并合理分摊期间费用。

（2）从事符合条件的环境保护、节能节水项目的所得，自取得第一笔生产经营收入所属纳税年度起三免三减半。

（3）对符合条件的节能服务公司实施合同能源管理项目，自项目取得第一笔生产经营收入所属纳税年度起，企业所得税3年免税3年减半征收。

（4）对企业电网新建项目，暂以资产比例法，即以企业新增输变电固定资产原值占企业总输变电固定资产原值的比例，合理计算电网新建项目的应纳税所得额，享受三免三减半的优惠政策。

3. 符合条件的技术转让所得。

居民企业转让技术所有权所得不超过500万元的部分，免征企业所得税；超过500万元的部分，减半征收企业所得税。

技术转让的范围为居民企业转让专利技术、计算机软件著作权、集成电路布图设计权、植物新品种、生物医药新品种、5年以上非独占许可使用权等。

不得享受此优惠情形有100%关联方之间技术转让所得，禁止出口和限制出口技术转让所得，未单独核算技术转让所得。

4. 免税。

（1）外国政府向中国政府提供贷款取得的利息所得。
（2）国际金融组织向中国政府和居民企业提供优惠贷款取得的利息所得。
（3）经国务院批准的其他所得。

5. 地方政府债券利息所得。

对企业取得的2009年及以后发行的地方政府债券利息所得，免征企业所得税。

6. 鼓励软件产业和集成电路产业发展的优惠政策。

（1）集成电路线宽小于0.8微米（含）的集成电路生产企业，经认定后，自获利年度起2免3减半。

（2）集成电路线宽小于0.25微米或投资额超过80亿元，减按15%的税率征收企业所得税；其中经营期在15年以上的，五免五减半（25%）。

（3）境内新办的集成电路设计企业和符合条件的软件企业，自获利年度起2免3减半。

（4）国家规划布局内的重点软件企业和集成电路设计企业，如当年未享受免税优惠的，可减按10%的税率征收企业所得税。

（5）2018年1月1日后投资新设的集成电路线宽小于130纳米，且经营期在10年以上的集成电路生产企业或项目，第一年至第二年免征企业所得税，第三年至第五年按照25%的法定税率减半征收企业所得税，并享受至期满为止。

（6）2018年1月1日后投资新设的集成电路线宽小于65纳米或投资额超过150亿元，且经营期在15年以上的集成电路生产企业或项目，第一年至第五年免征企业所得税，第六年至第十年按照25%的法定税率减半征收企业所得税，并享受至期满为止。

（7）享受上述第（5）（6）条优惠的集成电路生产企业，优惠期自企业获利年度起算，按集成电路项目享受优惠的，优惠期自项目取得第一笔生产经营收入所属纳税年度起算。

7. 关于鼓励证券投资基金发展的优惠政策。

下列3项暂不征收企业所得税：

（1）对证券投资基金从证券市场中取得的收入，包括买卖股票、债券的差价收入，股权的股息、红利收入，债券的利息收入及其他收入。

（2）对投资者从证券投资基金分配中取得的收入。

（3）对证券投资基金管理人运用基金买卖股票、债券的差价收入。

8. 税额抵免优惠。

企业购置并实际使用《公共基础设施项目企业所得税优惠目录》规定的环境保护、节能节水、安全生产等专用设备的，该专用设备的投资额的10%可以从企业当年的应纳税额中抵免；当年不足抵免的，可以在以后5个纳税年度结转抵免。

（1）专用设备的投资额不包括允许抵扣的增值税进项税额；无法抵扣的进项税额，计入专用设备投资额（取得普通发票，专用设备投资额为普通发票上价款）。

（2）专用设备正常计提折旧。

（3）企业购置上述设备在5年内转让、出租的，停止享受企业所得税优惠，并补缴已经抵免的企业所得税税款。

二、税率式

1. 国家需要重点扶持的高新技术企业：减按15%的所得税税率征收企业所得税。

认定取得高新技术企业证书并正在享受企业所得税15%税率优惠的企业，其来源于境外的所得可以按照15%的优惠税率缴纳企业所得税。

2. 自2017年1月1日起，在全国范围内对经认定的技术先进型服务企业，减按15%的税率征收企业所得税。

3. 小型微利企业优惠（减按20%的税率）。见表4-11、表4-12。

表 4-11 小型微利企业认定标准

类型	年度应纳税所得额	从业人数（全年季度平均数）	资产总额（全年季度平均数）
工业企业	不超过 50 万元	不超过 100 人	不超过 3 000 万元
其他企业		不超过 80 人	不超过 1 000 万元

表 4-12 小型微利企业优惠政策

自 2019 年 1 月 1 日至 2021 年 12 月 31 日	自 2019 年 1 月 1 日至 2021 年 12 月 31 日
小型微利企业是指从事国家非限制和禁止行业，且同时符合年度应纳税所得额不超过 300 万元、从业人数不超过 300 人、资产总额不超过 5 000 万元等三个条件的企业。	1. 对小型微利企业年应纳税所得额不超过 100 万元的部分，减按 25% 计入应纳税所得额，按 20% 的税率缴纳企业所得税； 2. 对年应纳税所得额超过 100 万元但不超过 300 万元的部分，减按 50% 计入应纳税所得额，按 20% 的税率缴纳企业所得税。

（1）小型微利企业是指企业的全部生产经营活动产生的所得均负有我国企业所得税纳税义务的企业。仅就来源于我国所得负有我国纳税义务的非居民企业，不适用上述规定。

（2）从业人数，包括与企业建立劳动关系的职工人数和企业接受的劳务派遣用工人数。

所称从业人数和资产总额指标，应按企业全年的季度平均值确定。具体计算公式如下：

季度平均值 =（季初值 + 季末值）÷2

全年季度平均值 = 全年各季度平均值之和 ÷4

（3）年度中间开业或者终止经营活动的，以其实际经营期作为一个纳税年度确定上述相关指标。

4. 从事污染防治的第三方企业自 2019 年 1 月 1 日起至 2021 年 12 月 31 日，对符合条件的从事污染防治的第三方企业（以下称第三方防治企业）减按 15% 的税率征收企业所得税。

第三方防治企业是指受排污企业或政府委托，负责环境污染治理设施（包括自动连续监测设施，下同）运营维护的企业。第三方防治企业应当同时符合以下条件：

（1）在中国境内（不包括港澳台地区）依法注册的居民企业；

（2）具有 1 年以上连续从事环境污染治理设施运营实践，且能够保证设施正常运行；

（3）具有至少 5 名从事本领域工作且具有环保相关专业中级及以上技术职称的技术人员，或者至少 2 名从事本领域工作且具有环保相关专业高级及以上技术职称的技术人员；

（4）从事环境保护设施运营服务的年度营业收入占总收入的比例不低于 60%；

（5）具备检验能力，拥有自有实验室，仪器配置可满足运行服务范围内常规污染物指标的检测需求；

（6）保证其运营的环境保护设施正常运行，使污染物排放指标能够连续稳定达到国家或者地方规定的排放标准要求；

（7）具有良好的纳税信用，近三年内纳税信用等级未被评定为 C 级或 D 级。

5. 在我国境内未设机构场所的，或者虽设立机构、场所但取得的所得与其所设机构、场所没有实际联系的非居民企业，减按 10% 的所得税税率征收企业所得税。

6. 西部大开发税收优惠。对设在西部地区国家鼓励类产业企业，在 2011 年 1 月 1 日至 2020 年 12 月 31 日期间，减按 15% 的税率征收企业所得税。

三、税基式

1. 加计扣除优惠。

（1）一般企业研究开发费，自 2018 年 1 月 1 日至 2020 年 12 月 31 日，未形成无形资产计入当期损益的，在按照规定据实扣除的基础上，按照研究开发费用的 75% 加计扣除；形成无形资产的，按照无形资产成本的 175% 摊销。

（2）科技型中小企业研发费用，未形成无形资产计入当期损益的，在按规定据实扣除的基础上，再按照实际发生额的 75% 在税前加计扣除；形成无形资产的，按照无形资产成本的 175% 在税前摊销；适用期间为 2017 年 1 月 1 日至 2020 年 12 月 31 日。

（3）企业安置残疾人员所支付的工资在按照支付给残疾职工工资据实扣除的基础上，按照支付给残疾职工工资的 100% 加计扣除。属于纳税调减项目，一不影响会计利润，二不影响计算三项经费的工资总额。

（4）委托境外进行研发活动所发生的费用，按照费用实际发生额的 80% 计入委托方的委托境外研发费用，不超过境内符合条件的研发费用三分之二的部分，可以按规定在企业所得税前加计扣除。

2. 加速折旧优惠。

（1）一般性加速折旧见表 4-13。

表 4-13　固定资产一般性加速折旧

可以加速折旧的固定资产	加速折旧方法
（1）由于技术进步，产品更新换代较快的固定资产； （2）常年处于强震动、高腐蚀状态的固定资产。	（1）采取缩短折旧年限方法的，最低折旧年限不得低于规定折旧年限的 60%； （2）采取加速折旧方法的，可以采取双倍余额递减法或者年数总和法。

（2）特殊性加速折旧——所有行业，见表4-14。

表4-14 所有行业特殊性加速折旧

可以加速折旧的资产	扣除方法
2014年1月1日后新购进的专门用于研发的仪器、设备单位价值≤100万元	一次性扣除
2014年1月1日后新购进的专门用于研发的仪器、设备单位价值>100万元	缩短折旧年限或采取加速折旧的方法
持有的单位价值≤5 000元的固定资产	一次性扣除
2018年1月1日至2020年12月31日期间新购进的设备、器具（房屋、建筑物以外的固定资产），单位价值不超过500万元	一次性扣除

（3）特殊性加速折旧——特殊行业，见表4-15。

表4-15 特殊行业特殊性加速折旧

行业	优惠开始时间	优惠
1. 6个行业： （1）生物药品制造业 （2）专用设备制造业 （3）铁路、船舶、航空航天和其他运输设备制造业 （4）计算机、通信和其他电子设备制造业 （5）仪器仪表制造业 （6）信息传输、软件和信息技术服务业	2014年1月1日	1. 新购进固定资产，可缩短折旧年限或者采取加速折旧的方法； 2. 小型微利企业研发和生产经营共用仪器、设备单位价值≤100万元，一次扣除；>100万元，缩短折旧年限或加速折旧
2. 4个领域重点行业：轻工、纺织、机械、汽车[要求：固定资产投入使用当年的主营业务收入占企业收入总额50%（不含）以上的企业]	2015年1月1日	
3. 全部制造业企业	2019年1月1日	

3. 减计收入优惠。

综合利用资源，生产国家非限制和禁止并符合国家和行业相关标准的产品取得的收入，减按90%计入收入总额。

4. 创投企业优惠。

创投企业，采取股权投资方式投资直接投资于初创科技型企业2年以上的，可以按照其投资额的70%在股权持有满2年的当年抵扣该创业投资企业的应纳税所得额；当年不足抵扣的，可以在以后纳税年度结转抵扣。

【鑫考题1·单选题】企业从事下列项目取得的所得中，免征企业所得税的是（　　）。
A. 花卉种植　　　　　　　　　　B. 蔬菜种植
C. 海水养殖　　　　　　　　　　D. 内陆养殖
【答案】B
【解析】企业从事下列项目的所得，减半征收企业所得税：

（1）花卉、茶以及其他饮料作物和香料作物的种植。
（2）海水养殖、内陆养殖。

【鑫考题2·多选题】下列利息所得中，免征企业所得税的有（　　）。
A. 外国政府向中国政府提供贷款取得的利息所得
B. 国际金融组织向中国政府提供优惠贷款取得的利息所得
C. 国际金融组织向中国居民企业提供优惠贷款取得的利息所得
D. 外国银行的中国分行向中国居民企业提供贷款取得的利息所得
【答案】ABC
【解析】非居民企业取得下列所得免征企业所得税：
（1）外国政府向中国政府提供贷款取得的利息所得；
（2）国际金融组织向中国政府和居民企业提供优惠贷款取得的利息所得；
（3）经国务院批准的其他所得。

【鑫考题3·单选题】非居民企业取得的下列所得中，应当计算缴纳企业所得税的是（　　）。
A. 国际金融组织向中国政府提供优惠贷款取得利息所得
B. 国际金融组织向中国居民企业提供优惠贷款取得利息所得
C. 外国政府向中国政府提供贷款取得利息所得
D. 外国金融机构向中国居民企业提供商业贷款取得利息所得
【答案】D
【解析】非居民企业取得的下列所得免征企业所得税：
（1）外国政府向中国政府提供贷款取得的利息所得；
（2）国际金融组织向中国政府和居民企业提供优惠贷款取得的利息所得；
（3）经国务院批准的其他所得。

【鑫考题4·单选题】科技型中小企业开展研发活动中实际发生的研发费用，在企业所得税税前加计扣除的比例为（　　）。
A. 50%　　　　B. 75%　　　　C. 25%　　　　D. 100%
【答案】B
【解析】科技型中小企业开展研发活动中实际发生的研发费用，未形成无形资产计入当期损益的，在按规定据实扣除的基础上，在2017年1月1日至2019年12月31日期间，再按照实际发生额的75%在税前加计扣除；形成无形资产的，在上述期间按照无形资产成本的175%在税前摊销。本题所考察的知识点是企业所得税加计扣除优惠。

【鑫考点10】应纳税额的计算

一、居民企业查账征收应纳税额的计算

应纳税额＝应纳税所得额×适用税率－减免税额－抵免税额

应纳税所得额＝会计利润总额±纳税调整项目金额

二、居民企业核定征收企业所得税

1. 本办法适用于居民企业纳税人，纳税人具有下列情形之一的，核定征收企业所得税：

（1）依照法律、行政法规的规定可以不设置账簿的；

（2）依照法律、行政法规的规定应当设置但未设置账簿的；

（3）擅自销毁账簿或者拒不提供纳税资料的；

（4）费用凭证残缺不全，难以查账的；

（5）虽设置账簿，但账目混乱或者成本资料、收入凭证、纳税义务，未按照规定的期限办理纳税申报，经税务机关责令限期申报，逾期仍不申报的；

（6）申报的计税依据明显偏低，又无正当理由的。

专门从事股权（股票）投资业务的企业，不得核定征收企业所得税。

2. 核定征收的办法。

应纳税所得额＝应税收入额×应税所得率或应纳税所得额

＝成本（费用）支出额÷（1－应税所得率）×应税所得率

纳税人的生产经营范围、主营业务发生重大变化，或者应纳税所得额或应纳税额增减变化达到20%的，向税务机关申报调整已确定的应纳税额或应税所得率。

应纳所得税额＝应纳税所得额×适用税率

核定征收企业，符合小型微利企业相应条件的，享受优惠政策。

三、在中国境内未设立机构、场所的非居民企业应纳税额的计算

1. 股息、红利等权益性投资收益和利息、租金、特许权使用费所得，以收入全额为应纳税所得额。非居民企业应以不含增值税的收入全额作为应纳税所得额。

2. 转让财产所得，以收入全额减除财产净值后的余额为应纳税所得额。

财产净值是指财产的计税基础减除已经按照规定扣除的折旧、折耗、摊销、准备金等后的余额。

土地使用权转让所得、融资租赁所得、企业股权转让所得使用上述方法。

3. 其他所得，参照前两项计算所得额。

四、在中国境内设立机构、场所的非居民企业所得税核定征收办法

非居民企业因会计账簿不健全、资料残缺难以查账，或者其他原因不能准确计算并据实申报其应纳税所得额的，税务机关有权采取以下方法核定其应纳税所得额。

1. 按收入总额核定应纳税所得额：

应纳税所得额＝收入总额×经税务核定的利润率

2. 按成本费用核定应纳税所得额：

应纳税所得额＝成本费用总额÷（1－经税务机关核定的利润率）×经税务机关核定的利润率

3. 按经费支出换算收入核定应纳税所得额：

应纳税所得额 = 经费支出总额 ÷ (1 - 经税务机关核定的利润率) × 经税务机关核定的利润率

【考题1·综合题】 某上市公司自2019年起被认定为高新技术企业，2019年度取得主营业务收入48 000万元、其他业务收入2 000万元、营业外收入1 000万元、投资收益500万元，发生主营业务成本25 000万元、其他业务成本1 000万元、营业外支出1 500万元、营业税金及附加4 000万元、管理费用3 000万元、销售费用10 000万元、财务费用1 000万元，实现年度利润总额6 000万元。当年发生的相关具体业务如下：

(1) 广告费支出8 000万元。

(2) 业务招待费支出350万元。

(3) 实发工资4 000万元。当年6月5日，中层以上员工对公司2年前授予的股票期权500万股实施行权，行权价每股6元，当日该公司股票收盘价每股10元；其中高管王某行权6万股，王某当月工资收入9万元。

(4) 拨缴职工工会经费150万元，发生职工福利费900万元、职工教育经费490万元。

(5) 专门用于新产品研发的费用2 000万元，独立核算管理。

(6) 计提资产减值损失准备金1 500万元，该资产减值损失准备金未经税务机关核定。

(7) 公司取得的投资收益中包括国债利息收入200万元，购买某上市公司股票分得股息300万元，该股票持有8个月后卖出。

(8) 获得当地政府财政部门补助的具有专项用途的财政资金500万元，已取得财政部门正式文件，支出400万元。

(9) 向民政部门捐赠800万元用于救助贫困儿童。（其他相关资料：各扣除项目均已取得有效凭证，相关优惠已办理必要手续。）

根据上述资料，按照下列顺序计算回答问题，如有计算需计算出合计数。

(1) 计算广告费支出应调整的应纳税所得额。

(2) 计算业务招待费支出应调整的应纳税所得额。

(3) 计算应计入成本、费用的工资总额。

(4) 计算工会经费、职工福利费和职工教育经费应调整的应纳税所得额。

(5) 计算研发费用应调整的应纳税所得额。

(6) 计算资产减值损失准备金应调整的应纳税所得额并说明理由。

(7) 计算投资收益应调整的应纳税所得额。

(8) 计算财政补助资金应调整的应纳税所得额并说明理由。

(9) 计算向民政部门捐赠应调整的应纳税所得额。

(10) 计算该公司2019年应缴纳企业所得税税额。

【答案】(1) 广告费支出计算基数 = 48 000 + 2 000 = 50 000（万元）

广告费扣除限额 = 50 000 × 15% = 7 500（万元）

广告费应调增应纳税所得额 = 8 000 - 7 500 = 500（万元）

(2) 业务招待费限额1 = 50 000 × 5‰ = 250（万元）

招待费限额2 = 350 × 60% = 210（万元）

业务招待费应调增应纳税所得额 = 350 - 210 = 140（万元）

(3) 计入成本、费用的工资总额 = 4 000 + 500 × (10 - 6) = 6 000（万元）

(4) 工会经费可扣除数额 = 6 000 × 2% = 120（万元）

拨缴工会经费150万元，应调增应纳税所得额30万元。

福利费可扣除数额 = 6 000 × 14% = 840（万元）

发生职工福利费900万元，应调增应纳税所得额60万元。

教育经费扣除数额 = 6 000 × 8% = 480（万元）

发生教育经费490万元，应调增应纳税所得额10万元。

应调增应纳税所得额合计 = 30 + 60 + 10 = 100（万元）

(5) 研发费用可加计75%扣除，应调减应纳税所得额1 500万元。

(6) 资产减值准备金应调增应纳税所得额1 500万元。

税法规定，未经核定的准备金支出不得扣除，资产减值准备金属于未经核定的准备金。

(7) 投资收益应调减应纳税所得额200万元。

(8) 财政补助应调减所得额 = 500 - 400 = 100（万元）

符合规定的不征税收入不计入收入总额，其形成的支出也不得在税前列支。

(9) 公益捐赠扣除限额 = 6 000 × 12% = 720（万元）

向民政部门捐赠应调增所得额 = 800 - 720 = 80（万元）

(10) 企业所得税应纳税额 = (6 000 + 500 + 140 + 100 - 1 500 + 1 500 - 200 - 100 + 80) × 15% = 6 520 × 15% = 978（万元）

【鑫考题2·单选题】某批发兼零售的居民企业，2019年度自行申报营业收入总额3 500万元，成本费用总额3 700万元，当年亏损200万元，经税务机关审核，该企业申报的收入总额无法核实，成本费用核算正确。假定对该企业采取核定征收企业所得税，应税所得率为8%。该居民企业2019年度应缴纳企业所得税（ ）万元。

A. 0　　　　　　B. 89.41　　　　　　C. 84.30　　　　　　D. 80.43

【答案】D

【解析】应纳税所得额 = 3 700 ÷ (1 - 8%) × 8% = 321.74（万元）

应纳企业所得税 = 321.74 × 25% = 80.43（万元）

【鑫考题3·单选题】在中国境内未设立机构、场所的非居民企业，计算企业所得税应纳税所得额，所用的下列方法中，符合税法规定的是（ ）。

A. 租金所得以租金收入减去房屋折旧为应纳税所得额

B. 股息所得以收入全额为应纳税所得额

C. 特许权使用费所得以收入减去特许权摊销费用为应纳税所得额

D. 财产转让所得以转让收入减去财产原值为应纳税所得额

【答案】B

【解析】选项A、B、C，股息、红利等权益性投资收益和利息、租金、特许权使用费所得，以收入全额为应纳税所得额；选项D，转让财产所得，以收入全额减除财产净值后的余额为应纳税所得额。

【鑫考题4·多选题】在中国境内未设立机构、场所的非居民企业从中国境内取得的下列所得，应按收入全额计算征收企业所得税的有（　　）。

A. 股息　　　　　　　　　　B. 转让财产所得

C. 租金　　　　　　　　　　D. 特许权使用费

【答案】ACD

【解析】转让财产所得，以收入全额减除财产净值后的余额为应纳税所得额。

【鑫考题5·计算题节选】某外国企业常驻机构2019年度的经费支出额为30 000万元，核定利润率为15%，计算该机构2019年度应纳税所得税税额。

【答案】该机构2019年度应纳税所得税税额 = 30 000 ÷ (1 - 15%) × 15% × 25% = 1 324（万元）

【鑫考点11】征收管理

一、纳税地点

1. 除另有规定外，居民企业以企业登记注册地为纳税地点；但登记注册地在境外的，以实际管理机构所在地为纳税地点。

2. 居民企业在中国境内设立不具有法人资格的营业机构的，应当汇总计算并缴纳企业所得税。

二、纳税期限

1. 企业所得税按年计征，分月或者分季预缴，年终汇算清缴，多退少补。

自年度终了之日起5个月内，向税务机关报送年度企业所得税纳税申报表，并汇算清缴，结清应缴应退税款。

2. 企业清算时，应以清算期间作为一个纳税年度计算清算所得。

三、纳税申报

按月或按季预缴的，应当自月份或者季度终了之日起15日内，向税务机关报送预缴企业所得税纳税申报表，预缴税款。

企业在报送企业所得税纳税申报表时，应当按照规定附送财务会计报告和其他有关资料。

四、源泉扣缴

1. 对非居民企业在中国境内未设立机构、场所的,或者虽设立机构、场所但取得的所得与其所设机构、场所没有实际联系的所得应缴纳的所得税,实行源泉扣缴,以支付人为扣缴义务人。税款由扣缴义务人在每次支付或者到期应支付时,从支付或者到期应支付的款项中扣缴。

2. 对非居民企业在中国境内取得工程作业和劳务所得应缴纳的所得税,税务机关可以指定工程价款或者劳务费的支付人为扣缴义务人。

3. 扣缴义务人每次代扣的税款,应当自代扣之日起7日内缴入国库,并向所在地的税务机关报送扣缴企业所得税报告表。

五、跨地区经营汇总纳税企业所得税征收管理

适用于跨省设立不具有法人资格分支机构的居民企业。企业实行"统一核算、分级管理、就地预缴、汇总清算、财政调库"的企业所得税征收管理。

1. 汇总纳税企业汇总计算的企业所得税,包括预缴税款和汇算清缴应缴应退税款。汇总纳税企业50%由总机构分摊缴纳,50%由各分支机构就地办理缴库。

2. 分支机构分摊预缴额计算:

总机构应按照上年度分支机构的经营收入、职工工资和资产总额三个因素和对应权重计算各分支机构应分摊所得税款的比例。计算公式如下:

所有分支机构分摊税款总额=汇总纳税企业当期应纳所得税额×50%

某分支机构分摊税款=所有分支机构分摊税款总额×该分支机构分摊比例

某分支机构分摊比例=(该分支机构营业收入/各分支机构营业收入之和)×0.35+(该分支机构职工薪酬/各分支机构职工薪酬之和)×0.35+(该分支机构资产总额/各分支机构资产总额之和)×0.30

六、跨境电子商务综合试验区核定征收企业所得税

自2020年1月1日起,对综试区内的跨境电商企业核定征收企业所得税。

综试区,是指经国务院批准的跨境电子商务综合试验区;所称跨境电商企业是指自建跨境电子商务销售平台或利用第三方跨境电子商务平台开展电子商务出口的企业。

1. 综试区内的跨境电商企业,同时符合下列条件的,试行核定征收企业所得税:

(1) 在综试区注册,并在注册地跨境电子商务线上综合服务平台登记出口货物日期、名称、计量单位、数量、单价、金额的;

(2) 出口货物通过综试区所在地海关办理电子商务出口申报手续的;

(3) 出口货物未取得有效进货凭证,其增值税、消费税享受免税政策的。

2. 综试区内核定征收的跨境电商企业应准确核算收入总额,并采用应税所得率方式核定征收企业所得税。应税所得率统一按照4%确定。

3. 税务机关应按照有关规定,及时完成综试区跨境电商企业核定征收企业所得税的鉴定工作。

4. 综试区内实行核定征收的跨境电商企业符合小型微利企业优惠政策条件的,可享受小型微利企业所得税优惠政策;其取得的收入属于《中华人民共和国企业所得税法》第26条规定的免税收入的,可享受免税收入优惠政策。

第五章

个人所得税法

考情分析

分值大概10分,包括单选题、多选题和计算问答题。

知识框架

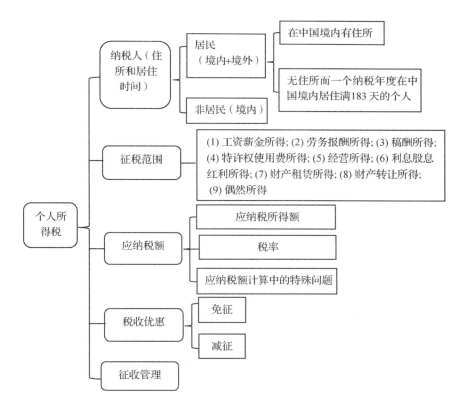

【鑫考点1】纳税义务人

中国公民、个体工商业户、个人独资企业、合伙企业投资者以及在中国有所得的外籍人员和港澳台同胞,为个人所得税的纳税义务人。

一、居民纳税人与非居民纳税人

居民纳税人与非居民纳税人的征税对象和划分标准见表5-1。

表5-1 居民纳税人与非居民纳税人划分标准

纳税人	征税对象	划分标准	备注
居民纳税人	境内所得+境外所得（负无限纳税义务）	1. 住所标准：在中国境内有住所（习惯性居住）	
		2. 居住时间：无住所而在一个纳税年度（即公历1月1日起至12月31日止，下同）内，在中国境内居住满183天的个人	自2019年1月1日起，无住所个人一个纳税年度内在中国境内累计居住天数，按照个人在中国境内累计停留的天数计算。在中国境内停留的当天满24小时的，计入中国境内居住天数，在中国境内停留的当天不足24小时的，不计入中国境内居住天数。现行税法中关于"中国境内"的概念，是指中国大陆地区，目前还不包括香港、澳门和台湾地区。
非居民纳税人	境内所得（负有限纳税义务）	在境内有所得，但不符合居民纳税人的判定条件	

二、所得来源地的确定

下列所得，不论支付地点是否在中国境内，均为来源于中国境内的所得：

1. 因任职、受雇、履约等而在中国境内提供劳务取得的所得；
2. 将财产出租给承租人在中国境内使用而取得的所得；
3. 转让中国境内的建筑物、土地使用权等财产或者在中国境内转让其他财产取得的所得；
4. 许可各种特许权在中国境内使用而取得的所得；
5. 从中国境内的公司、企业以及其他经济组织或者个人取得的利息、股息、红利所得。

【鑫考题1·多选题】某外籍个人受某外国公司委派于2013年8月开始赴中国担任其驻华代表处首席代表，截至2013年12月31日未离开中国。该外籍个人2013年取得的下列所得中，属于来源于中国境内所得的有（   ）。

A. 9月出席境内某经济论坛做主题发言取得的收入

B. 因在中国任职而取得的由境外总公司发放的工资收入

C. 10月将其拥有的境外房产出租给中国一公司驻该国常设机构取得的租金收入

D. 11月将其拥有的专利技术许可一境外公司在中国境内的分支机构使用取得的收入

【答案】ABD

【解析】该外籍个人在境内居住未满183天,属于非居民纳税人,所以对于境外所得不征税。

【鑫考题2·单选题】个人取得的下列所得中,应确定为来源于中国境内所得的是( )。
A. 在境外开办教育培训取得的所得
B. 拥有的专利在境外使用而取得的所得
C. 从境外上市公司取得的股息所得
D. 将境内房产转让给外国人取得的所得

【答案】D

【解析】下列所得,不论支付地点是否在中国境内,均为来源于中国境内的所得:(1)因任职、受雇、履约等而在中国境内提供劳务取得的所得;(2)将财产出租给承租人在中国境内使用而取得的所得;(3)转让中国境内的建筑物、土地使用权等财产或者在中国境内转让其他财产取得的所得(选项D);(4)许可各种特许权在中国境内使用而取得的所得;(5)从中国境内的公司、企业以及其他经济组织或者个人取得的利息、股息、红利所得。

【鑫考点2】征税范围

我国的征税范围,目前共9项,具体见表5-2。

表5-2 个人所得税征税范围

项目	含义	考点
工资、薪金所得	工资、薪金所得,是指个人因任职或者受雇而取得的工资、薪金、奖金、年终加薪、劳动分红、津贴、补贴以及任职或者受雇有关的其他所得(非独立个人劳动)。	1. 属于"工资、薪金所得"的其他项目: (1)出租汽车经营单位对出租车驾驶员采取单车承包或承租方式运营,出租车驾驶员从事客货营运取得的收入; (2)公司职工取得的用于购买企业国有股权的劳动分红。 个人独立劳动所得按"劳务报酬所得",例如个人兼职取得的收入。
		2. 个人取得的津贴、补贴,不计入工资、薪金所得的项目: (1)独生子女补贴。 (2)执行公务员工资制度未纳入基本工资总额的补贴、津贴差额和家属成员的副食品补贴。 (3)托儿补助费。 (4)差旅费津贴、误餐补助。其中,误餐补助是指按照财政部规定,个人因公在城区、郊区工作,不能在工作单位或返回就餐的,根据实际误餐顿数,按规定的标准领取的误餐费。注意:单位以误餐补助名义发给职工的补助、津贴不能包括在内。
		3. 军队干部取得的补贴、津贴中有8项不计入工资、薪金所得项目征税(见注释)。
		4. 军队干部取得的暂不征税的补贴、津贴(见注释)。

续表

项目	含义	考点
劳务报酬所得	劳务报酬所得，指个人独立从事各种非雇佣的各种劳务所得的所得。个人兼职取得的收入应按照"劳务报酬所得"应税项目缴纳个人所得税。	27项分别为：设计、装潢、安装、制图、化验、测试、医疗、法律、会计、咨询、讲学、翻译、审稿、书画、雕刻、影视、录音、录像、演出、表演、广告、展览、技术服务、介绍服务、经纪服务、代办服务、其他劳务。
		个人由于担任董事职务所取得的董事费收入，属于劳务报酬所得性质，按照劳务报酬所得项目征收个人所得税，但仅适用于个人担任公司董事、监事，且不在公司任职、受雇的情形。个人在公司（包括关联公司）任职、受雇同时兼任董事、监事的，应将董事费、监事费与个人工资收入合并，统一按工资、薪金所得项目缴纳个人所得税。
稿酬所得	稿酬所得，是指个人因其作品以图书、报刊形式出版、发表而取得的所得。	将稿酬所得独立划归一个征税项目，而对不以图书、报刊形式出版、发表的翻译、审稿、书画所得归为劳务报酬所得，主要是考虑了出版、发表作品的特殊性。第一，它是一种依靠较高智力创作的精神产品；第二，它具有普遍性；第三，它与社会主义精神文明和物质文明密切相关；第四，它的报酬相对偏低。因此，稿酬所得应当与一般劳务报酬相区别并给予适当优惠照顾。
特许权使用费所得	特许权使用费所得，是指个人提供专利权、商标权、著作权、非专利技术以及其他特许权的使用权取得的所得。	提供著作权的使用权取得的所得，不包括稿酬所得。
经营所得	1. 个体工商户从事生产、经营活动取得的所得，个人独资企业投资人、合伙企业的个人合伙人来源于境内注册的个人独资企业、合伙企业生产、经营的所得。注意：个体工商户以业主为个人所得税纳税义务人。	1. 个人因从事彩票代销业务而取得的所得。 2. 从事个体出租车运营的出租车驾驶员取得的收入，都应按照"经营所得"项目计征个人所得税。这里所说的从事个体出租车运营，包括：出租车属个人所有，但挂靠出租汽车经营单位或企事业单位，驾驶员向挂靠单位缴纳管理费的，或出租汽车经营单位将出租车所有权转移给驾驶员的。 3. 个体工商户和从事生产、经营的个人，取得与生产、经营活动无关的其他各项应税所得，应分别按照其他应税项目的有关规定，计算征收个人所得税。如取得银行存款的利息所得、对外投资取得的股息所得，应按"股息、利息、红利"税目的规定单独计征个人所得税。 4. 个人独资企业、合伙企业的个人投资者以企业资金为本人、家庭成员及其相关人员支付与企业生产经营无关的消费性支出及购买汽车、住房等财产性支出，视为企业对个人投资者利润分配，并入投资者个人的生产经营所得，依照"经营所得"项目计征个人所得税。
	2. 个人依法从事办学、医疗、咨询以及其他有偿服务活动取得的所得。	
	3. 个人对企业、事业单位承包经营、承租经营以及转包、转租取得的所得。	
	4. 个人从事其他生产、经营活动取得的所得。	

续表

项目	含义	考点
利息、股息、红利所得	利息、股息、红利所得，是指个人拥有债权、股权而取得的利息、股息、红利所得。	1. 免税的利息：国债利息（包括财政部发行的和地方政府发行的）、国家发行的金融债券利息。 2. 除个人独资企业、合伙企业以外的其他企业的个人投资者，以企业资金为本人、家庭成员及其相关人员支付与企业生产经营无关的消费性支出及购买汽车、住房等财产性支出，视为企业对个人投资者的红利分配，依照"利息、股息、红利所得"项目计征个人所得税。企业的上述支出不允许在所得税前扣除。 3. 纳税年度内个人投资者从其投资企业（个人独资企业、合伙企业除外）借款，在该纳税年度终了后既不归还又未用于企业生产经营的，其未归还的借款可视为企业对个人投资者的红利分配，依照"利息、股息、红利所得"项目计征个人所得税。
财产租赁所得	财产租赁所得，是指个人出租不动产、机器设备、车船以及其他财产取得的所得。	个人取得的财产转租收入，属于"财产租赁所得"的征税范围，由财产转租人缴纳个人所得税。
财产转让所得	财产转让所得，是指个人转让有价证券、股权、合伙企业中的财产份额、不动产、机器设备、车船以及其他财产取得的所得。	1. 目前对股票转让所得暂不征收个人所得税（增值税也免税）。 2. 量化资产股份转让。集体所有制企业在改制为股份合作制企业时，对职工个人以股份形式取得的拥有所有权的企业量化资产，暂缓征收个人所得税；待个人将股份转让时，就其转让收入额，减除个人取得该股份时实际支付的费用支出和合理转让费用后的余额，按"财产转让所得"项目计征个人所得税。
偶然所得	偶然所得，个人得奖、中奖、中彩以及其他偶然性质所得。	

【注释】军队干部取得的补贴、津贴中有8项不计入工资、薪金所得项目征税，即：

（1）政府特殊津贴。

（2）福利补助。

（3）夫妻分居补助费。

（4）随军家属无工作生活困难补助。

（5）独生子女保健费。

（6）子女保教补助费。

（7）机关在职军以上干部公勤费（保姆费）。

（8）军粮差价补贴。

军队干部取得的暂不征税的补贴、津贴：

（1）军人职业津贴。

（2）军队设立的艰苦地区补助。

(3) 专业性补助。
(4) 基层军官岗位津贴（营连排长岗位津贴）。
(5) 伙食补贴。

【鑫考题1·多选题】居民个人取得的下列收入中，按照劳务报酬项目预扣预缴个人所得税的有（　　）。（2019年）
   A. 保险营销人员取得的佣金收入
   B. 企业对非雇员以免费旅游形式给予的营销业绩奖励
   C. 仅担任董事而不在该公司任职的个人取得的董事费
   D. 公司职工取得的用于购买企业国有股权的劳动分红
【答案】ABC
【解析】公司职工取得的用于购买企业国有股权的劳动分红，按"工资、薪金所得"缴纳个人所得税。

【鑫考题2·单选题】对个人代销彩票取得的所得计征个人所得税时，适用的所得项目是（　　）。
   A. 劳务报酬所得　　　　　　B. 工资、薪金所得
   C. 经营所得　　　　　　　　D. 偶然所得
【答案】C
【解析】个人因从事彩票代销业务而取得的所得，应按照"经营所得"项目计征个人所得税。

【鑫考题3·多选题】张某在足球世界杯期间参加下列活动所获得的收益中，应当缴纳个人所得税的有（　　）。
   A. 参加某电商的秒杀活动，以100元购得原价2 000元的足球鞋一双
   B. 为赴巴西看球，开通手机全球漫游套餐，获赠价值1 500元的手机一部
   C. 参加某电台举办世界杯竞猜活动，获得价值6 000元的赴巴西机票一张
   D. 作为某航空公司金卡会员被邀请参加世界杯抽奖活动，抽得市价2 500元球衣一套
【答案】CD
【解析】选项A、B，不缴纳个人所得税；选项C、D，应当按照"偶然所得"项目缴纳个人所得税。

【鑫考点3】税率与应纳税所得额的确定

一、税率

个人所得税依照所得项目的不同，分别确定了两种类别的所得税税率，见表5-3、表5-4、表5-5。

表 5-3　累进税率与比例税率适用项目

税率	应税项目
1. 超额累进税率	七级：综合所得 = 工资、薪金所得 + 劳务报酬所得 + 稿酬所得 + 特许权使用费所得
	五级：经营所得
2. 比例税率20%（4个税目）	利息、股息、红利所得，财产租赁所得，财产转让所得，偶然所得

表 5-4　综合所得个人所得税税率表

级数	全年应纳税所得额	税率（%）	速算扣除数（元）
1	不超过36 000元的部分	3	0
2	超过36 000元～144 000元的部分	10	2 520
3	超过144 000元～300 000元的部分	20	16 920
4	超过300 000元～420 000元的部分	25	31 920
5	超过420 000元～660 000元的部分	30	52 920
6	超过660 000元～960 000元的部分	35	85 920
7	超过960 000元的部分	45	181 920

表 5-5　经营所得个人所得税税率表

级数	全年应纳税所得额	税率（%）	速算扣除数（元）
1	不超过30 000元的部分	5	0
2	超过30 000元～90 000元的部分	10	1 500
3	超过90 000元～300 000元的部分	20	10 500
4	超过300 000元～500 000元的部分	30	40 500
5	超过500 000元的部分	35	65 500

二、征税方法

1. 按年计征，如居民个人取得的综合所得（工资、薪金所得 + 劳务报酬所得 + 稿酬所得 + 特许权使用费所得），经营所得；

2. 按月计征，如非居民个人取得的工资、薪金所得；

3. 按次计征，如利息、股息、红利所得，财产租赁所得，偶然所得和非居民个人取得的劳务所得，稿酬所得，特许权使用费所得等6项所得。见表5-6、表5-7。

表 5-6　个人所得税征税方法

	居民		非居民
工资薪金所得	按月预缴（7级）	综合所得按年汇算清缴	按月（7级月度）
劳务报酬所得	按次预缴（3级）		按次（7级月度）
稿酬所得	按次预缴（20%）		按次（7级月度）
特许权使用费所得	按次预缴（20%）		按次（7级月度）
经营所得	按年（5级）		
财产租赁所得	按次（20%/10%）		

表 5-7　个人所得税按次征收标准

财产转让所得	按次（20%）
利息股息红利所得	按次（20%）
偶然所得	按次（20%）

按次征收情况下，由于扣除费用依据每次应纳税所得额的大小，分别规定了定额和定率两种标准。

1. 劳务报酬。

（1）属于一次性收入的，以取得该项收入为一次。

（2）属于同一事项连续取得收入的，以1个月内取得的收入为一次。例如，某外籍歌手（非居民个人）与一卡拉OK厅签约，在一定时期内每天到卡拉OK厅演唱一次，每次演出后付500元。在计算其劳务报酬所得时，应视为同一事项的连续性收入、以其1个月内取得的收入为一次计征个人所得税，而不能以每天取得的收入为一次。

2. 稿酬所得。

以每次出版、发表取得的收入为一次，具体可分为：

（1）同一作品再版取得的所得，应视为另一次稿酬所得计征个人所得税；

（2）同一作品先在报刊上连载，然后再出版，或者先出版，再在报刊上连载的，应视为两次稿酬所得征税，即连载作为一次，出版作为另一次；

（3）同一作品在报刊上连载取得收入的，以连载完成后取得的所有收入合并为一次，计征个人所得税；

（4）同一作品在出版和发表时，以预付稿酬或分次支付稿酬等形式取得的稿酬收入，应合并计算为一次；

（5）同一作品出版、发表后，因添加印数而追加稿酬的，应与以前出版、发表时取得的稿酬合并计算为一次，计征个人所得税；

（6）在两处或两处以上出版、发表或再版同一作品而取得稿酬所得，则可分别各处取得的所得或再版所得按分次所得计征个人所得税；

（7）作者去世后，对取得其遗作稿酬的个人，按稿酬所得征收个人所得税。

3. 特许权使用费：

每一项使用权的每次转让所取得的收入为一次。如果该次转让取得的收入是分笔支付的，则应将各笔收入相加为一次的收入，计征个人所得税。

4. 财产租赁所得，以1个月内取得的收入为一次。

5. 利息、股息、红利取得，以支付利息、股息、红利时取得的收入为一次。

6. 偶然所得，以每次收入为一次。

三、居民个人取得综合所得

综合所得＝工资、薪金所得＋劳务报酬所得＋稿酬所得＋特许权使用费所得

【鑫考题1·单选题】 居民个人取得的下列所得，应纳入综合所得计征个人所得税的是（　　）。(2019年)

A. 偶然所得
B. 特许权使用费
C. 股息红利所得
D. 财产转让所得

【答案】 B

【解析】 居民个人取得工资、薪金、劳务报酬、稿酬、特许权使用费四项所得为综合所得。

四、应纳税所得额和费用减除标准

收入	扣除项
1. 工资、薪金所得全额计入收入额 2. 劳务报酬所得的收入额为实际取得劳务报酬收入的80% 3. 特许权使用费所得的收入额为实际取得特许权使用费收入的80% 4. 稿酬所得的收入额在扣除20%费用基础上，再减按70%计算，即稿酬所得的收入额为实际取得稿酬收入的56%	1. 6万元 2. 专项扣除 3. 专项附加扣除 4. 依法确定的其他扣除

1. 专项扣除，包括居民个人按照国家规定的范围和标准缴纳的基本养老保险、基本医疗保险、失业保险等社会保险费和住房公积金等。

2. 专项附加扣除，包括子女教育、继续教育、大病医疗、住房贷款利息或者住房租金、赡养老人等支出。专项附加扣除目前包含了子女教育、继续教育、大病医疗、住房贷款利息或者住房租金、赡养老人等6项支出，并将根据教育、医疗、住房、养老等民生支出变化情况，适时调整专项附加扣除的范围和标准。取得综合所得和经营所得的居民个人可以享受专项附加扣除。见表5-8。

表5-8 专项扣除标准及方法

6项支出	扣除标准	扣除方法
子女教育	纳税人年满3岁（当月开始）的子女接受学前教育和学历教育的相关支出，按照每个子女每月1 000元（每年12 000元）的标准定额扣除。学前教育包括年满3岁至小学入学前教育；学历教育包括义务教育（小学、初中教育）、高中阶段教育（普通高中、中等职业、技工教育）、高等教育（大学专科、大学本科、硕士研究生、博士研究生教育）。	父母可以选择由其中一方按扣除标准的100%扣除，也可以选择由双方分别按扣除标准的50%扣除，具体扣除方式在一个纳税年度内不能变更。 纳税人子女在中国境外接受教育的，纳税人应当留存境外学校录取通知书、留学签证等相关教育的证明资料备查。

续表

6项支出	扣除标准	扣除方法
继续教育	纳税人在中国境内接受学历（学位）继续教育的支出，在学历（学位）教育期间按照每月400元（每年4 800元）定额扣除。同一学历（学位）继续教育的扣除期限不能超过48个月（4年）（入学当月开始）。纳税人接受技能人员职业资格继续教育、专业技术人员职业资格继续教育支出，在取得相关证书的当年，按照3 600元定额扣除。	个人接受本科及以下学历（学位）继续教育，符合税法规定扣除条件的，可以选择由其父母扣除，也可以选择由本人扣除。纳税人接受技能人员职业资格继续教育、专业技术人员职业资格继续教育的，应当留存相关证书等资料备查。
大病医疗	在一个纳税年度内，纳税人发生的与基本医保相关的医药费用支出，扣除医保报销后个人负担（指医保目录范围内的自付部分）累计超过15 000元的部分，由纳税人在办理年度汇算清缴时，在80 000元限额内据实扣除。（实际支出的当年）	医药费用支出可以选择由其本人或者其配偶扣除；未成年子女发生的医药费用支出可以选择由其父母一方扣除。纳税人及其配偶、未成年子女发生的医药费用支出，应按前述规定分别计算扣除额。纳税人应当留存医药服务收费及医保报销相关票据原件（或复印件）等资料备查。医疗保障部门应当向患者提供在医疗保障信息系统记录的本人年度医药费用信息查询服务。
住房贷款利息	纳税人本人或配偶，单独或共同使用商业银行或住房公积金个人住房贷款，为本人或其配偶购买中国境内住房，发生的首套住房贷款利息支出，在实际发生贷款利息的年度，按照每月1 000元（每年12 000元）的标准定额扣除，扣除期限最长不超过240个月（20年），还款当月开始。纳税人只能享受一次首套住房贷款利息扣除。所称首套住房贷款是指购买住房享受首套住房贷款利率的住房贷款。	经夫妻双方约定，可以选择由其中一方扣除，具体扣除方式在确定后，一个纳税年度内不得变更。夫妻双方婚前分别购买住房发生的首套住房贷款，其贷款利息支出，婚后可以选择其中一套购买的住房，由购买方按扣除标准的100%扣除，也可以由夫妻双方对各自购买的住房分别按扣除标准的50%扣除，具体扣除方式在一个纳税年度内不能变更。纳税人应当留存住房贷款合同、贷款还款支出凭证备查。
住房租金	纳税人在主要工作城市没有自有住房而发生的住房租金支出，可以按照以下标准定额扣除：直辖市、省会（首府）城市、计划单列市以及国务院确定的其他城市，扣除标准为每月1 500元（每年18 000元）。除上述所列城市外，市辖区户籍人口超过100万的城市，扣除标准为每月1 100元（每年13 200元）；市辖区户籍人口不超过100万的城市，扣除标准为每月800元（每年9 600元）。（当月开始）	夫妻双方主要工作城市相同的，只能由一方扣除住房租金支出。住房租金支出由签订租赁住房合同的承租人扣除。纳税人及其配偶在一个纳税年度内不得同时分别享受住房贷款利息专项附加扣除和住房租金专项附加扣除。纳税人应当留存住房租赁合同、协议等有关资料备查。

续表

6项支出	扣除标准	扣除方法
赡养老人	纳税人赡养一位及以上被赡养人的赡养支出，统一按以下标准等额扣除：纳税人为独生子女的，按照每月2 000（每年24 000元）的标准定额扣除；纳税人为非独生子女的，由其与兄弟姐妹分摊每月2 000元（每年24 000元）的扣除额度，每人分摊的额度最高不得超过每月1 000元（每年12 000元）。可以由赡养人均摊或者约定分摊，也可以由被赡养人指定分摊。（被赡养人年满60周岁的当月至赡养义务终止的年末）	约定或者指定分摊的须签订书面分摊协议，指定分摊优于约定分摊。具体分摊方式和额度在一个纳税年度内不得变更。所称被赡养人是指年满60岁的父母，以及子女均已去世的年满60岁的祖父母、外祖父母。

3. 依法确定的其他扣除，包括个人缴付符合国家规定的企业年金、职业年金，个人购买符合国家规定的商业健康保险、税收递延型商业养老保险的支出，以及国务院规定可以扣除的其他项目。

4. 专项扣除、专项附加扣除和依法确定的其他扣除，以居民个人一个纳税年度的应纳税所得额为限额；一个纳税年度扣除不完的，不结转以后年度扣除。

【鑫考题1·单选题】下列关于个人所得税专项附加扣除时限的表述中，符合税法规定的是（　　）。(2019年)

A. 同一学历继续教育，扣除时限最长不得超过48个月

B. 住房贷款利息，扣除时限最长不得超过180个月

C. 子女教育，扣除时间为子女满3周岁当月至全日制学历教育结束的次月

D. 专业技术人员职业资格继续教育，扣除时间为取得相关证书的次年

【答案】A

【解析】选项B，住房贷款利息，扣除期限最长不超过240个月；选项C，子女教育：学前教育阶段，为子女年满3周岁当月到小学入学前一月。学历教育，为子女接受全日制学历教育入学的当月至全日制学历教育结束的当月；选项D，纳税人接受技能人员职业资格继续教育、专业技术人员职业资格继续教育支出，在取得相关证书的当年定额扣除。

居民个人综合所得应纳税额的计算公式为：

应纳税额 = $\sum$（每一级数的全年应纳税所得额×对应级数的适用税率）

　　　　= $\sum$［每一级数（全年收入额 - 60 000元 - 专项扣除 - 享受的专项附加扣除 - 享受的其他扣除）×对应级数的适用税率］

表 5-9 综合所得个人所得税税率表

级数	全年应纳税所得额	税率（%）	速算扣除数（元）
1	不超过 36 000 元的部分	3	0
2	超过 36 000 元～144 000 元的部分	10	2 520
3	超过 144 000 元～300 000 元的部分	20	16 920
4	超过 300 000 元～420 000 元的部分	25	31 920
5	超过 420 000 元～660 000 元的部分	30	52 920
6	超过 660 000 元～960 000 元的部分	35	85 920
7	超过 960 000 元的部分	45	181 920

【鑫考题 1·例题】假定某居民个人纳税人 2019 年扣除社保和住房公积金后共取得含税工资收入 12 万元，除住房款专项附加扣除（12 000 元/年）外，该纳税人不享受其余专项附加扣除和税法规定其他扣除。计算其当年应纳个人所得税。

【答案】全年应纳税所得 = 12 000 − 60 000 − 12 000 = 48 000（元）

应纳税额 = 48 000 × 10% − 2 520 = 2 280（元）

【鑫考题 2·例题】假定某居民个人纳税人为独生子女，2019 年交完社保和住房公积金后共取得税前工资收入 20 万元，劳务报酬 1 万元，稿酬 1 万元。该纳税人有两个小孩且均由其扣除子女教育专项附加（每个小孩 12 000 元/年），居民个人的父母健在且均已年满 60 岁（24 000 元/年）。计算其当年应纳个人所得税税额。

【答案】（1）全年应纳所得额 = 200 000 + 10 000 × (1 − 20%) + 10 000 × 70% × (1 − 20%) − 60 000 − 12 000 × 2 − 24 000 = 213 600 − 108 000 = 105 600（元）

（2）应纳税额 = 105 600 × 10% − 2 520 = 8 040（元）

五、居民个人取得综合所得预缴的计算

1. 扣缴义务人扣缴工资薪金。
2. 扣缴义务人向居民个人支付劳务报酬所得、稿酬所得、特许权使用费所得，按次或者按月预扣预缴个人所得税。具体预扣预缴方法如下：

（1）劳务报酬所得、稿酬所得、特许权使用费所得以收入减除费用后的余额为收入额。其中，稿酬所得的收入额减按 70% 计算。

（2）减除费用：劳务报酬所得、稿酬所得、特许权使用费所得每次收入不超过 4 000 元的，减除费用按 800 元计算；每次收入 4 000 元以上的，减除费用按 20% 计算。

（3）应纳税所得额：劳务报酬所得、稿酬所得、特许权使用费所得，以每次收入额为预扣预缴应纳税所得额。劳务报酬所得适用 20%～40% 的超额累进预扣率，稿酬所得、特许权使用费所得适用 20% 的比例预扣率。

【鑫考题 1·例题】职工赵某 2016 年入职甲公司，2019 年 1—3 月每月工资收入为 10 000 元，每月减除费用 5 000 元，"三险一金"专项扣除为 1 500 元，从 1 月起享受子

女教育支出专项附加扣除1 000元,没有减免收入及减免税额等情况。请依照现行税法规定计算1—3月每月应预扣预缴税额。

【答案】1月:(10 000 – 5 000 – 1 500 – 1 000)×3% = 75(元)

2月:(10 000×2 – 5 000×2 – 1 500×2 – 1 000×2)×3% – 75 = 75(元)

3月:(10 000×3 – 5 000×3 – 1 500×3 – 1 000×3)×3% – 75 – 75 = 75(元)

其中,赵某全年累计预扣预缴应纳税所得额为30 000元,全部适用3%的税率,因此各月应预扣预缴的税款相同。

【鑫考题2·例题】职工陈某2013年入职某公司,2019年1—3月每月工资收入为30 000元,每月减除费用5 000元,"三险一金"等专项扣除为4 500元,享受子女教育、赡养老人两项专项附加扣除共计2 000元,没有减免收入及减免税额等情况。请依照现行税法规定计算1—3月每月应预扣预缴税额。

【答案】1月:(30 000 – 5 000 – 4 500 – 2 000)×3% = 555(元)

2月:(30 000×2 – 5 000×2 – 4 500×2 – 2 000×2)×10% – 2 520 – 555 = 625(元)

3月:(30 000×3 – 5 000×3 – 4 500×3 – 2 000×3)×10% – 2 520 – 555 – 625 = 1 850(元)

其中,由于陈某2月累计预扣预缴的应纳税所得额为37 000元,已适用10%的税率,因此2月和3月应预扣预缴税金有所增加。

【鑫考题3·例题】某居民个人取得劳务报酬所得2 000元,请依照现行税法规定计算该所得应预扣预缴税额。

【答案】(1)应纳税所得额(收入额)= 2 000 – 800 = 1 200(元)

(2)应预扣预缴税额 = 1 200×20% = 240(元)

【鑫考题4·例题】某居民个人取得稿酬所得40 000元,请依照现行税法规定计算该所得应预扣预缴税额。

【答案】(1)应纳税所得额(收入额)= 40 000×(1 – 20%)×70% = 22 400(元)

(2)应预扣预缴税额 = 22 400×20% = 4 480(元)

六、非居民个人取得工资、薪金所得,劳务报酬所得,稿酬所得和特许权使用费所得应纳税额的计算

非居民个人的工资、薪金所得,以每月收入额减除费用5 000元后的余额为应纳税所得额;

同居民个人取得的劳务报酬所得、稿酬所得和特许权使用费所得一样,非居民个人取得的这些项目的所得同样适用劳务报酬所得、稿酬所得、特许权使用费所得以收入减除20%的费用后的余额为收入额;稿酬所得的收入额减按70%计算的规定。见表5-10。

表 5-10　非居民个人工资、薪金、劳务报酬、稿酬所得和特许权使用费所得适用税率表

级数	应纳税所得额	税率（%）	速算扣除数（元）
1	不超过 3 000 元的部分	3	0
2	超过 3 000 元~12 000 元的部分	10	210
3	超过 12 000 元~25 000 元的部分	20	1 410
4	超过 25 000 元~35 000 元的部分	25	2 660
5	超过 35 000 元~55 000 元的部分	30	4 410
6	超过 55 000 元~80 000 元的部分	35	7 160
7	超过 80 000 元的部分	45	15 160

【考题·例题】假定某外商投资企业中工作的美国专家（假设为非居民纳税人），2019 年 2 月取得由该企业发放的含税工资收入 10 400 元人民币，此外还从别处取得劳务报酬 5 000 元人民币。请计算当月其应纳个人所得税税额。

【答案】（1）该非居民个人当月工资、薪金所得应纳税额=（10 400-5 000）×10%-210=330（元）

（2）该非居民个人当月劳务报酬所得应纳税额=5 000×(1-20%)×10%-210=190（元）

七、经营所得应纳税额的计算

1. 经营所得应纳税额的计算公式：

应纳税额=全年应纳税所得额×适用税率-速算扣除数

或=（全年收入总额-成本、费用以及损失）×适用税率-速算扣除数

取得经营所得的个人，没有综合所得的，计算其每一纳税年度的应纳税所得额时，应当减除费用 60 000 元、专项扣除、专项附加扣除以及依法确定的其他扣除。

专项附加扣除在办理汇算清缴时减除。

2. 企事业单位的承包经营、承租经营所得，以每一纳税年度的收入总额，减除必要费用后的余额，为应纳税所得额。每一纳税年度的收入总额是指纳税义务人按照承包经营、承租经营合同规定分得的经营利润和工资、薪金性质的所得；减除必要费用，是指按年减除 60 000 元。

3. 个体工商户应纳税额的计算：

（1）个体工商户实际支付给从业人员的、合理的工资薪金支出，准予扣除。个体工商户业主的费用扣除标准，确定为 60 000 元/年（5 000 元/月）。个体工商户业主的工资薪金支出不得税前扣除。

（2）个体工商户按照国务院有关主管部门或者省级人民政府规定的范围和标准为其业主和从业人员缴纳的基本养老保险费、基本医疗保险费、失业保险费、生育保险、工伤保险费和住房公积金，准予扣除。

（3）个体工商户为从业人员缴纳的补充养老保险费、补充医疗保险费，分别在不超

过从业人员工资总额5%标准内的部分据实扣除;超过部分,不得扣除。

个体工商户业主本人缴纳的补充养老保险费、补充医疗保险费,以当地(地级市)上年度社会平均工资的3倍为计算基数,分别在不超过该计算基数5%标准内的部分据实扣除;超过部分,不得扣除。

(4)除个体工商户依照国家有关规定为特殊工种从业人员支付的人身安全保险费和财政部、国家税务总局规定可以扣除的其他商业保险费外,个体工商户业主本人或者为从业人员支付的商业保险费,不得扣除。

(5)个体工商户向当地工会组织拨缴的工会经费、实际发生的职工福利费支出、职工教育经费支出分别在工资薪金总额的2%、14%、2.5%的标准内据实扣除。

个体工商户业主本人向当地工会组织缴纳的工会经费、实际发生的职工福利费支出、职工教育经费支出,以当地(地级市)上年度社会平均工资的3倍为计算基数。

(6)个体工商户代其从业人员或者他人负担的税款,不得税前扣除。

(7)个体工商户生产经营活动中,应当分别核算生产经营费用和个人、家庭费用。对于生产经营与个人、家庭生活混用难以分清的费用,其40%视为与生产经营有关费用,准予扣除。

(8)个体工商户研究开发新产品、新技术、新工艺所发生的开发费用,以及研究开发新产品、新技术而购置单台价值在10万元以下的测试仪器和试验性装置的购置费准予直接扣除;单台价值在10万元以上(含10万元)的测试仪器和试验性装置,按固定资产管理,不得在当期直接扣除。

【鑫考题·例题】某小型运输公司系个体工商户,账证健全,2019年12月取得经营收入为320 000元,准许扣除的当月成本、费用(不含业主工资)及相关税金共计250 600元。1—11月累计应纳税所得额88 400元(未扣除业主费用减除标准)、1—11月累计已预缴个人所得税10 200元。除经营所得外,业主本人没有其他收入,且2019年全年均享受赡养老人一项专项附加扣除。

不考虑专项扣除和符合税法规定的其他扣除,请计算该个体工商户就2019年度汇算清缴时申请的个人所得税退税额。

【答案】(1)全年应纳所得额 = 320 000 - 250 600 + 88 400 - 60 000 - 24 000 = 73 800(元)

(2)全年应缴纳个人所得税 = 73 800 × 10% - 1 500 = 5 880(元)

(3)该个体工商户2019年度应申请的个人所得税退税额 = 10 200 - 5 880 = 4 320(元)

【解析】纳税人取得经营所得,按年计算个人所得、由纳税人在月度或季度终了后15日内,向经营管理所在地主管税务机关办理预缴纳税申报;在取得所得的次年3月31日前,向经营管理所在地主管税务机关办理汇算清缴。因此,按照税收法律、法规和文件规定,先计算全年应纳税所得额,再计算全年应纳税额。并根据全年应纳税额和当年已预缴税额计算出当年度应补(退)税额。

4. 个人独资企业和合伙企业应纳税额的计算，见表 5-11。

表 5-11 个人独资企业和合伙企业应纳税额的计算

查账征税	核定征收
1. 自 2019 年 1 月 1 日起，个人独资企业和合伙企业投资者的生产经营所得依法计征个人所得税时，个人独资企业和合伙企业投资者本人的费用扣除标准统一确定为 60 000 元/年，即 5 000 元/月。投资者的工资不得在税前扣除。 2. 投资者及其家庭发生的生活费用不允许在税前扣除。投资者及其家庭发生的生活费用，与企业生产经营费用混合在一起，并且难以划分的，全部视为投资者个人及其家庭发生的生活费用，不允许在税前扣除。 3. 企业生产经营和投资者及其家庭生活共用的固定资产，难以划分的，由主管税务机关根据企业的生产经营类型、规模等具体情况，核定准予在税前扣除的折旧费用的数额或比例。 4. 企业拨缴的工会经费、发生的职工福利费、职工教育经费支出分别在工资薪金总额 2%、14%、2.5% 的标准内据实扣除。 5. 投资者兴办两个或两个以上企业，并且企业性质全部是独资的，年度终了后，汇算清缴时，应纳税款的计算按以下方法进行：汇总其投资兴办的所有企业的经营所得作为应纳税所得额，以此确定适用税率，计算出全年经营所得的应纳税额，再根据每个企业的经营所得占所有企业经营所得的比例，分别计算出每个企业的应纳税额和应补缴税额。计算公式如下： 应纳税所得额 = ∑各个企业的经营所得 应纳税额 = 应纳税所得额 × 税率 − 速算扣除数 本企业应纳税额 = 应纳税额 × 本企业的经营所得 ÷ ∑各个企业的经营所得 本企业应补缴的税额 = 本企业应纳税额 − 本企业预缴的税额 6. 投资者兴办两个或两个以上企业的，根据前述规定准予扣除的个人费用，由投资者选择在其中一个企业的生产经营所得中扣除。 7. 企业的年度亏损，允许用本企业下一年度的生产经营所得弥补，下一年度所得不足弥补的，允许逐年延续弥补，但最长不得超过 5 年。投资者兴办两个或两个以上企业的，企业的年度经营亏损不能跨企业弥补。 8. 投资者来源于中国境外的生产经营所得，已在境外缴纳所得税的，可以按照个人所得税法的有关规定计算扣除已在境外缴纳的所得税。	1. 有下列情形之一的，主管税务机关应采取核定征收方式征收个人所得税： （1）企业依照国家有关规定应当设置但未设置账簿的。 （2）企业虽设置账簿，但账目混乱或者成本资料、收入凭证、费用凭证残缺不全，难以查账的。 （3）纳税人发生纳税义务，未按照规定的期限办理纳税申报，经税务机关责令限期申报，逾期仍不申报的。 2. 实行核定应税所得率征收方式的，应纳所得税额的计算公式如下： 应纳税额 = 应纳税所得额 × 适用税率 应纳税所得额 = 收入总额 × 应税所得率 = 成本费用支出 ÷（1 − 应税所得率）× 应税所得率 3. 实行核定征税的投资者，不能享受个人所得税的优惠政策。

注意：1. 实行查账征税方式的个人独资企业和合伙企业改为核定征收方式后，在查账征税方式下认定的年度经营亏损未弥补完的部分，不得再继续弥补。
2. 个体工商户、个人独资企业和合伙企业因在纳税年度中间开业、合并、注销及其他原因，导致该纳税年度的实际经营期不足 1 年的，对个体工商户业主、个人独资企业投资者与合伙企业自然人和合伙人的生产经营所得计算个人所得税时，以其实际经营期为 1 个纳税年度。投资者本人的费用扣除标准，应按照其实际经营月份数，以每月 5 000 元的减除标准确定。
应纳税所得额 = 该年度收入总额 − 成本、费用及损失 − 当年投资者本人的费用扣除额
当年投资者本人的费用扣除额 = 月减除费用（5 000 元/月）× 当年实际经营月份数
应纳税额 = 应纳税所得额 × 税率 − 速算扣除数

八、财产租赁所得应纳税额的计算

1. 财产租赁所得个人所得税前扣除税费的扣除次序。

（1）财产租赁过程中缴纳的税金和国家能源交通重点建设基金、国家预算调节基金、教育费附加。

（2）由纳税人负担的该出租财产实际开支的修缮费用。

（3）税法规定的费用扣除标准为800/20%。

每次（月）收入不超过4 000元的：

应纳税所得=每次（月）收入-准予扣除项目-修缮费用（800元为限）-800元

每次（月）收入超过4 000元的：

应纳税所得额=[每次（月）收入额-准予扣除项目-修缮费用（800元为限）]×（1-20%）

财产租赁所得适用20%的比例税率。但对个人按市场价格出租的居民住房取得的所得，自2001年1月1日起减按10%的税率征收个人所得税。

【鑫考题·教材例题】 刘某于2019年1月将其自有的面积为150平方米的公寓按市场价出租给张某居住。刘某每月取得金收入4 500元，全年租金收入54 000元。计算刘某全年租金收入应缴纳的个人所得税（不考虑其他税费）。

【答案】财产租赁收入以每月内取得的收入为一次，按市场价出租给个人居住适用10%的税率，因此，刘某每月及全年应纳税额为：

（1）每月应纳税额=4 500×（1-20%）×10%=360（元）

（2）全年应纳税额=360×12=4 320（元）

假定上题中，当年2月因下水道堵塞找人修理，发生修理费用1 000元，有维修部门的正式收据，则2月和3月的应纳税额为：

（1）2月应纳税额=（4 500-800）×（1-20%）×10%=296（元）

（2）3月应纳税额=（4 500-200）×（1-20%）×10%=344（元）

2. 个人房屋转租应纳税额的计算。

（1）取得转租收入的个人向房屋出租方支付的租金，凭房屋租赁合同和合法支付凭据允许在计算个人所得税时，从该项转租收入中扣除。

（2）有关财产租赁所得个人所得税前扣除税费的扣除次序为：

① 财产租赁过程中缴纳的税费。

② 向出租方支付的租金。

③ 由纳税人负担的租赁财产实际开支的修缮费用。

④ 税法规定的费用扣除标准800/20%。

九、财产转让所得应纳税额的计算

财产转让所得以转让财产的收入额减除财产原值和合理费用后的余额，为应纳税所得额，见表5-12。

表5-12 财产转让所得的应纳税额计算

类型	考点
一般情况下财产转让所得应纳税额的计算	应纳税额=应纳税所得额×适用税率=（收入总额－财产原值－合理税费）×20% 纳税义务人未提供完整、准确的财产原值凭证，不能正确计算财产原值的，由主管税务机关核定其财产原值。合理费用，是指卖出财产时按照规定支付的有关费用。
个人住房转让所得应纳税额的计算	1. 以实际成交价格为转让收入。纳税人申报的住房成交价格明显低于市场价格且无正当理由的，征收机关依法有权根据有关信息核定其转让收入，但必须保证各税种计税价格一致。 2. 纳税人可凭原购房合同、发票等有效凭证，经税务机关审核后，允许从其转让收入中减除房屋原值、转让住房过程中缴纳的税金及有关合理费用。 3. 纳税人未提供完整、准确的房屋原值凭证，不能正确计算房屋原值和应纳税额的，税务机关可对其实行核定征税，即按纳税人住房转让收入的一定比例核定应纳个人所得税额。
个人转让股权应纳税额的计算	个人转让股权，以股权转让收入减除股权原值和合理费用后的余额为应纳税所得额税费。按"财产转让所得"纳个人所得税。 个人股权转让所得个人所得税，以股权转让方为纳税人、以受让方为扣缴义务人。扣缴义务人应于股权转让相关协议签订后5个工作日内，将股权转让的有关情况报告主管税务机关。 符合下列情形之一的，主管税务机关可以核定股权转让收入： （1）申报的股权转让收入明显偏低且无正当理由的。 （2）未按照规定期限办理纳税申报，经税务机关责令限期申报，逾期仍不申报的。 （3）转让方无法提供或拒不提供股权转让收入的有关资料。 符合下列情形之一的，主管税务机关可以核定股权转让收入： （1）申报的股权转让收入明显偏低且无正当理由的。 （2）未按照规定期限办理纳税申报，经税务机关责令限期申报，逾期仍不申报的。 （3）转让方无法提供或拒不提供股权转让收入的有关资料。
个人转让债券类债权时原值的确定	转让债券类债权，采用"加权平均法"确定其应予减除的财产原值和合理费用。即以纳税人购进的同一种类债券买入价和买进过程中缴纳的税费总和，除以纳税人购进的该种类债券数量之和，乘以纳税人卖出的该种类债券数量，再加上卖出的该种类债券过程中缴纳的税费。用公式表示为： 一次卖出某一种类债券允许扣除的买入价和费用=（纳税人购进的该种类债券买入价和买进过程中缴纳的税费总和）×一次卖出的该种类债券的数量÷纳税人购进的该种类债券总数量+卖出该种类债券过程中缴纳的税费

【考题·例题】某个人建房一幢，造价360 000元，支付其他费用50 000元。该个人建成后将房屋出售，售价600 000元，在售房过程中按规定支付交易费等相关税费35 000元，其应纳个人所得税税额的计算过程为：

【答案】（1）应纳税所得额＝财产转让收入－财产原值－合理费用＝600 000－(360 000＋50 000)－35 000＝155 000（元）

（2）应纳税额＝155 000×20%＝31 000（元）

十、利息、股息、红利所得和偶然所得应纳税额的计算

利息、股息、红利所得和偶然所得，以每次收入额为应纳税所得额，应纳税额的计算公式为：

应纳税额＝应纳税所得额×适用税率＝每次收入额×20%

十一、应纳税所得额的其他规定

1. 个人将其所得对教育、扶贫、济困等公益慈善事业进行捐赠，捐赠额未超过纳税人申报的应纳税所得额30%的部分，可以从其应纳税所得额中扣除；国务院规定对公益慈善事业捐赠实行全额税前扣除的，从其规定。

上述所称个人将其所得对教育、扶贫、济困等公益慈善事业进行捐赠，是指个人将其所得通过中国境内的公益性社会组织、国家机关向教育、扶贫、济困等公益慈善事业的捐赠；所称应纳税所得额，是指计算扣除捐赠额之前的应纳税所得额。

2. 个人所得的形式，包括现金、实物、有价证券和其他形式的经济利益；所得为实物的，应当按照取得的凭证上所注明的价格计算应纳税所得额，无凭证的实物或者凭证上所注明的价格明显偏低的，参照市场价格核定应纳税所得额；所得为有价证券的，根据票面价格和市场价格核定应纳税所得额；所得为其他形式的经济利益的，参照市场价格核定应纳税所得额。

3. 居民个人从中国境外取得的所得，可以从其应纳税额中抵免已在境外缴纳的个人所得税税额，但抵免额不得超过该纳税人境外所得依照本法规定计算的应纳税额。

4. 所得为人民币以外货币的，按照办理纳税申报或者扣缴申报的上一月最后一日人民币汇率中间价，折合成人民币计算应纳税所得额。年度终了后办理汇算清缴的，对已经按月、按季或者按次预缴税款的人民币以外货币所得，不再重新折算；对应当补缴税款的所得部分，按照上一纳税年度最后一日人民币汇率中间价，折合成人民币计算应纳税所得额。

5. 对个人从事技术转让、提供劳务等过程中所支付的中介费，如能提供有效、合法凭证的，允许从其所得中扣除。

十二、应纳税额的计算

个人所得应纳税额的计算如下：

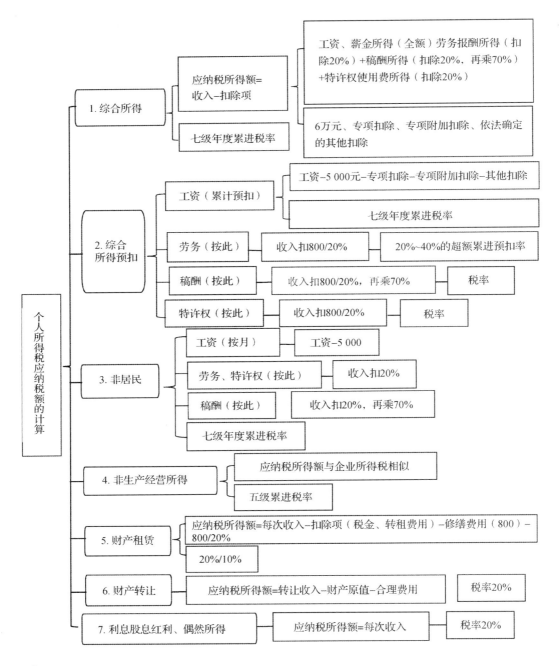

【鑫考点4】应纳税额计算中的特殊问题处理

一、关于全年一次性奖金、中央企业负责人年度绩效薪金延期兑现收入和任期奖励的规定

1. 全年一次性奖金是指行政机关、企事业单位等扣缴义务人根据其全年经济效益和对雇员全年工作业绩的综合考核情况,向雇员发放的一次性奖金。上述一次性奖金也包括年终加薪、实行年薪制和绩效工资办法的单位根据考核情况兑现的年薪和绩效工资。

居民个人取得全年一次性奖金，在2021年12月31日前，可以选择并入当年综合所得计算纳税，也可选择不并入当年综合所得。

采用全年一次性奖金计算方法的项目还包括：

（1）实行年薪制和绩效工资办法的单位，居民个人取得年终兑现的年薪和绩效工资（2021年12月31日前可选择是否并入综合所得）。

（2）单位低于购建成本价对职工售房，个人少支付的差额部分（不并入综合所得）。

2. 基本计税规则。

纳税人取得的全年一次性奖金，选择不并入当年综合所得的，按以下计税办法，由扣缴义务人发放时代扣代缴：

（1）先将居民个人取得的全年一次性奖金，除以12个月，按其商数依照按月换算后的综合所得税率表确定适用税率和速算扣除数。

（2）应纳税额＝居民个人取得的全年一次性奖金收入×适用税率－速算扣除数

表5-13 按月换算后的综合所得税率表

级数	应纳税所得额（含税）	应纳税所得额（不含税）	税率（%）	速算扣除数（元）
1	不超过3 000元的部分	不超过2 910元的部分	3	0
2	超过3 000～12 000元的部分	超过2 910～11 010元的部分	10	210
3	超过12 000～25 000元的部分	超过11 010～21 410元的部分	20	1 410
4	超过25 000～35 000元的部分	超过21 410～28 910元的部分	25	2 660
5	超过35 000～55 000元的部分	超过28 910～42 910元的部分	30	4 410
6	超过55 000～80 000元的部分	超过42 910～59 160元的部分	35	7 160
7	超过80 000元的部分	超过59 160元的部分	45	15 160

【鑫考题·例题】中国公民李某2019年2月份取得2018年的年终奖金60 000元。李某选择不并入当年综合所得的计税方法，其年终奖应纳个人所得税如何计算？

【答案及解析】李某选择不并入当年综合所得的计税方法，其年终奖单独计税，不与综合所得合并计税。年终奖单独计税时，需要按照月平均水平找税率。年终奖60 000元除以12算出月平均奖金5 000元，不能再做其他扣除，须直接查找对应税率10%和210元的速算扣除数，年终奖应缴纳个人所得税＝60 000×10%－210＝5 790（元）。

3. 雇主为雇员承担全年一次性奖金部分税款有关个人所得税计算方法（选择不并入综合所得的）。

(1) 个人所得税应由取得所得的个人缴纳,当雇主另外为雇员负担全年一次性奖金部分个人所得税款,则意味着于雇员又额外增加了收入,应将雇主负担的这部分税款并入雇员的全年一次性奖金,换算为应纳税所得额后,按照规定方法计征个人所得税。

(2) 将不含税全年一次性奖金换算为应纳税所得额的计算方法:

① 雇主为雇员定额负担税款的计算公式:

应纳税所得额 = 雇员取得的全年一次性奖金 + 雇主替雇员定额负担的税款

② 雇主为雇员按一定比例负担税款的计算公式:

应纳税所得额 = X

X = 未含雇主负担税款的全年一次性奖金收入 + (X×税率 - 扣除数)×雇主替雇员负担的税款比例

(未含雇主负担税款的全年一次性奖金收入÷12,根据其商数找出不含税级距对应的适用税率 A 和速算扣除数 A,计算含税全年一次性奖金)

X = 未含雇主负担税款的全年一次性奖金收入 + X×税率×负担比例 - 扣除数×负担比例

X - X×税率×负担比例 = 未含雇主负担税款的全年一次性奖金收入 - 扣除数×10%

X×(1 - 税率×负担比例) = 未含雇主负担税款的全年一次性奖金收入 - 扣除数×负担比例

X = (未含雇主负担税款的全年一次性奖金收入 - 扣除数×负担比例)/(1 - 税率×负担比例)

应纳税所得额 = (未含雇主负担税款的全年一次性奖金收入 - 不含税级距的速算扣除数 A×负担比例)÷(1 - 不含税级距的适用税率 A×雇主负担比例)

(3) 将应纳税所得额除以12,根据其商数找出对应的适用税率 B 和速算扣除数 B,据以计算税款。

应纳税额 = 应纳税所得额×适用税率 B - 速算扣除数 B

实际缴纳税额 = 应纳税额 - 雇主为雇员负担的税额

(4) 雇主为雇员负担的个人所得税款,应属于个人工资、薪金的一部分。凡单独作为企业管理费用列支的,在计算企业所得税时不得税前扣除。

【鑫考题1·例题】中国公民王某2019年2月取得2018年的年终奖金30 000元。单位替他承担600元税款,王某选择不并入当年综合所得的计税方法,计算其年终奖应纳个人所得税。

【答案】应纳税所得额 = 30 000 + 600 = 30 600(元),30 600/12 = 2 590(元),对应的税率为3%,年终奖应纳个人所得税 = 30 600×3% = 918(元),由于单位为王某负担了600元税款,则王某还需自行负担 = 918 - 600 = 318(元)。

【鑫考题2·例题】中国公民李某2019年2月取得不含税的2018年的年终奖金42 000元。选择不并入当年合所得的计视方法,计算其年终奖应纳个人所得税。

【答案】(1) 42 000/12 = 3 500（元），对应的税率为10%，速算扣除数210元。

(2) 应纳税所得额 =（42 000 - 210）/（1 - 10%）= 46 433.33（元）

(3) 46 433.33/12 = 3 869.44（元），含税级距对应的税率为10%，速算扣除数210元。

(4) 年终奖应纳个人所得税 = 46 433.33 × 10% - 210 = 4 433.33（元）

4. 限制性要求。

(1) 在一个纳税年度内，对每一个纳税人，选择不并入综合所得而单独计税的计税办法只允许采用一次。

(2) 居民个人取得除全年一次性奖金以外的其他各种名目奖金，如半年奖、季度奖、加班奖、先进奖、考勤奖等，一律与当月工资、薪金收入合并，按税法规定缴纳个人所得税。

二、企事业单位将自建住房以低于购置或建造成本价格销售给职工的个税规定

单位按低于购置或建造成本价格出售住房给职工，职工因此而少支出的差价部分，属于个人所得税应税所得，应按照"工资、薪金所得"项目缴纳个人所得税，不并入当年综合所得，以差价收入除以12个月得到的数额，按照月度税率表确定适用税率和速算扣除数，单独计算纳税。

应纳税额 = 职工实际支付的购房价款低于该房屋的
购置或建造成本价格的差额 × 适用税率 - 速算扣除数

三、关于廉租住房、公租房的个人所得税规定

1. 对个人按规定取得的廉租住房货币补贴，免征个人所得税；对于所在单位以廉租住房名义发放的不符合规定的补贴，应征收个人所得税。

2. 个人捐赠住房作为廉租住房的，捐赠额未超过其申报的应纳税所得额30%的部分，准予从其应纳税所得额中扣除。

3. 个人捐赠住房作为公租房，符合税收法律法规规定的，对其公益性捐赠支出未超过其申报的应纳税所得额30%的部分，准予从其应纳税所得额中扣除。

4. 符合地方政府规定条件的城镇住房保障家庭从地方政府领取的住房租赁补贴，免征个人所得税。

四、房屋赠与个人所得税计算方法

1. 以下情形的房屋产权无偿赠与，对当事双方不征收个人所得税：

(1) 房屋产权所有人将房屋产权无偿赠与配偶、父母、子女、祖父母、外祖父母、孙子女、外孙子女、兄弟姐妹；

(2) 房屋产权所有人将房屋产权无偿赠与对其承担直接抚养或者赡养义务的抚养人或者赡养人；

(3) 房屋产权所有人死亡，依法取得房屋产权的法定继承人、遗嘱继承人或者受遗赠人。

2. 除上述规定情形以外，房屋产权所有人将房屋产权无偿赠与他人的，受赠人因无偿受赠房屋取得的受赠所得，缴纳个人所得税，税率为20%。

3. 对受赠人无偿受赠房屋计征个人所得税时：

应纳税所得额＝房地产赠与合同上标明的赠与房屋价值－受赠人支付的相关税费

4. 受赠人转让受赠房屋的：

应纳税所得额＝转让受赠房屋的收入－原捐赠人取得该房屋的实际购置成本－赠与和转让过程中受赠人支付的相关税费。

五、关于外籍个人有关津贴的政策

1. 2019年1月1日至2021年12月31日期间，外籍个人符合居民个人条件的，可以选择享受个人所得税专项附加扣除，也可以选择享受住房补贴、语言训练费、子女教育费等津补贴免税优惠政策，但不得同时享受。外籍个人一经选择，在一个纳税年度内不得变更。

2. 自2022年1月1日起，外籍个人不再享受住房补贴、语言训练费、子女教育费津补贴免税优惠政策，应按规定享受专项附加扣除。

六、个人取得公务交通、通信补贴收入征税问题

个人因公务用车和通信制度改革而取得的公务用车、通信补贴收入，扣除一定标准的公务费用后，按照"工资、薪金所得"项目征税。按月发放的，并入当月"工资、薪金所得"合并后计征个人所得税；不按月发放的，分解到所属月份并与该月份"工资、薪金所得"合并征税。

七、关于国际组织驻华机构、外国政府驻华使领馆和驻华新闻机构雇员个人所得税的规定

1. 对于仅在国际组织驻华机构和外国政府驻华使领馆中工作的外籍雇员，暂不征收个人所得税。

在中国境内，若国际驻华机构和外国政府驻华使领馆中工作的外交人员、外籍雇员在该机构或使领馆之外，从事非公务活动所取得的收入，应缴纳个人所得税。

2. 在国际组织驻华机构、外国政府驻华使领馆中工作的中方雇员和在外国驻华新闻机构的中外籍雇员，均应缴纳个人所得税。

3. 各主管税务机关可委托外交人员服务机构代征上述中方雇员的个人所得税。

八、在外商投资企业、外国企业和外国驻华机构工作的中方人员取得的工资、薪金所得的征税问题

1. 工资、薪金由雇用单位和派遣单位分别支付的（从两处以上取得工资、薪金收入的情况），纳税人从两处以上取得的工资薪金收入，只能扣除一次基本减除费用。即由雇用单位扣除基本减除费用，派遣单位不能对其重复扣除基本减除费用。

2. 有效合同或凭证能够证明其工资、薪金所得的一部分按规定上缴派遣（介绍）单

位的，按扣除上缴部分后的余额纳税。

九、关于非居民个人和无住所居民个人有关个人所得税的政策（新增）

具体见表5-14、表5-15。

表5-14 非居民个人的个人所得税政策

居住时间累计数	纳税人身份	境内所得		境外所得	
		境内支付	境外支付	境内支付	境外支付
90天以内	非居民	√	免税	×	×
90~183天	非居民	√	√	×	×
满183天的年度连续不满6年	居民	√	√	√	免税
满183天的年度连续满6年	居民	√	√	√	√

累计满183天的年度连续满6年且没有任何一年单次离境超过30天，从第七年起境内、境外所得均在我国纳税，不再享受免税优惠。

单次离境超过30天，累计满183天的年度重新开始计算。

表5-15 居住时间认定标准及税额计算公式

居住时间	税额计算公式
累计90天以内	当月工资薪金收入额＝当月境内外工资薪金总额×当月境内支付工资薪金数额÷当月境内外工资薪金总额×当月工资薪金所属工作期间境内工作天数÷当月工资薪金所属工作期间公历天数
累计90~183天	当月工资薪金收入额＝当月境内外工资薪金总额×当月工资薪金所属工作期间境内工作天数÷当月工资薪金所属工作期间公历天数
累计数满183天的年度连续不满6年或者单次离境超过30天	当月工资薪金收入额＝当月境内外工资薪金总额×（1－当月境外支付工资薪金数额÷当月境内外支付工资薪金总额×当月工资薪金所属工作期间境外工作天数÷当月工资薪金所属工作期间公历天数）

十、解除劳动关系取得的一次性补偿收入，在扣除一定的免税额度后，单独计算应纳税额

个人与用人单位解除劳动关系取得一次性补偿收入（包括用人单位发放的经济补偿金、生活补助费和其他补助费），在当地上年职工平均工资3倍数额以内的部分，免征个人所得税；超过3倍数额的部分，不并入当年综合所得，单独适用年度综合所得税率表，计算纳税。

企业职工从破产企业取得的一次性安置费收入，免征个人所得税。

个人在解除劳动合同后又再次任职、受雇的，已纳税的一次性补偿收入不再与再次任职、受雇的工资薪金所得合并计算补缴个人所得税。

【鑫考题·例题】2019年2月，某单位增效减员与在单位工作了10年的李某解除劳动关系，李某取得一次性补偿收入 16 万元，当地上年职工平均工资 50 000 元。计算李某应纳的个人所得税。

【答案】（1）免征 = 50 000 × 3 = 150 000（元）

（2）应纳税所得额 = 160 000 – 150 000 = 10 000（元）

（3）查找综合所得税率表，适用 3% 的税率，应纳税额 = 10 000 × 3% = 300（元）

十一、个人提前退休取得补贴收入征收个人所得税的规定

提前退休属于特殊情形下的正式退休，退休工资法定免税，一次性补贴收入不属于免税范畴，需要将一次性收入折算成办理提前退休手续至法定离退休年龄之间的年度平均所得水平，减去年度费用扣除标准、查找税率计税。

应纳税额 =［（一次性补贴收入 ÷ 办理提前退休手续至法定退休年龄的实际年度 – 费用扣除标准）× 适用税率 – 速算扣除数］× 办理提前退休手续至法定退休年龄的实际年度数

【考题·例题】李某因身体原因，符合规定的 30 年以上工龄可申请提前退休的条件，于 2019 年 1 月办理提前退休手续（比正常退休提前 3 年），取得单位按照统一标准发放的一次性补贴收入 36 000 元。当月，李某还领取退休工资 4 800 元。计算李某应纳的个人所得税。

【答案】（1）36 000 ÷ 3 = 12 000（元）

（2）由于该平均数 12 000 元小于 60 000 元基本费用扣除标准，该项按照统一标准发放的提前退休一次性补贴收入不必缴纳个人所得税。

（3）提前退休属于正式退休，可享受退休金法定免税政策，其取得的 4 800 元退休工资免征个人所得税。

十二、关于企业减员增效和行政事业单位、社会团体在机构改革过程中实行内部退养办法人员取得收入的征税问题

实行内部退养的个人在其办理内部退养手续后至法定离退休年龄之间从原任职单位取得的工资、薪金，不属于离退休工资，应按"工资、薪金所得"项目计征个人所得税。

个人在办理内部退养手续后从原任职单位取得的一次性收入，应按办理内部退养手续后至法定离退休年龄之间的所属月份进行平均，并与领取当月的"工资、薪金"所得合并后减除当月费用扣除标准，以余额为基数确定适用税率，再将当月工资、薪金加上取得的一次性收入，减去费用扣除标准，按适用税率计征个人所得税。

个人在办理内部退养手续后至法定离退休年龄之间重新就业取得的"工资、薪金"所得，应与其从原任职单位取得的同一月份的"工资、薪金"所得合并纳税。

十三、企业年金、职业年金个人所得税的计税规定

企业年金是指企业及其职工按照规定,在依法参加基本养老保险的基础上,自愿建立的补充养老保险制度。企业年金主要由个人缴费、企业缴费和年金基金投资运营收益三部分组成,其个人所得税的计税规定、税率见表5-16、表5-17、表5-18。

表5-16　企业年金、职业年金个人所得税的计税规定

考点	内容	
年金缴费环节	单位缴费部分,在计入个人账户时,个人暂不缴纳个人所得税。	
	个人缴费部分,在不超过本人缴费工资计税基数的4%标准内的部分,暂从个人当期的应纳税所得额中扣除。但超过上述规定的标准缴付的年金单位缴费和个人缴费部分,应并入个人当期的工资、薪金所得,依法计征个人所得税。	
个人扣除标准	比例标准:不超过本人缴费工资计税基数的4%。	
	基数标准	(1) 企业年金个人缴费工资计税基数为本人上一年度月平均工资。月平均工资超过职工工作地所在设区城市上一年度职工月平均工资300%以上的部分,不计入个人缴费工资计税基数。
		(2) 职业年金个人缴费工资计税基数为职工岗位工资和薪级工资之和。
年金基金投资运营收益	企业年金或职业年金基金投资运营收益分配计入个人账户时,暂不征收个人所得税。	
年金领取	个人达到国家规定的退休年龄领取的企业年金或职业年金,不并入综合所得,全额单独计算应纳个人所得税。	
年金具体计税方法	按月领取的,适用月度税率表计算纳税。	
	按季领取的,平均分摊计入各月,按每月领取额适用月度税率表计算纳税。	
	按年领取的,适用综合所得税率表计算纳税。	
	一次性领取,一次性缴纳: 个人因出境定居而一次性领取的年金个人账户资金,或个人死亡后,其指定的受益人或法定继承人一次性领取的年金个人账户余额,适用综合所得税率表计算纳税(表5-17)。 对个人除上述特殊原因外一次性领取年金个人账户资金或余额的,适用月度税率表计算纳税(表5-18)。	

表5-17　个人所得税年度税率表

级数	全年应纳税所得额	税率(%)	速算扣除数(元)
1	不超过36 000元的部分	3	0
2	超过36 000~144 000元的部分	10	2 520
3	超过144 000~300 000元的部分	20	16 920
4	超过300 000~420 000元的部分	25	31 920
5	超过420 000~660 000元的部分	30	52 920
6	超过660 000~960 000元的部分	35	85 920
7	超过960 000元的部分	45	181 920

表 5-18 个人所得税月度税率表

级数	应纳税所得额	税率（%）	速算扣除数（元）
1	不超过 3 000 的部分	3	0
2	超过 3 000~12 000 元的部分	10	210
3	超过 12 000~25 000 元的部分	20	1 410
4	超过 25 000~35 000 元的部分	25	2 660
5	超过 35 000~55 000 元的部分	30	4 410
6	超过 55 000~80 000 元的部分	35	7 160
7	超过 80 000 元的部分	45	15 160

十四、办理补充养老保险退保和提供担保的征税方法

1. 单位为职工个人购买商业性补充养老保险等，在办理投保手续时应作为个人所得税的"工资、薪金所得"项目，按税法规定缴纳个人所得税；因各种原因退保，个人未取得实际收入的，已缴纳的个人所得税应予以退回。

2. 个人为单位或他人提供担保获得收入，按照"偶然所得"项目计算缴纳个人所得税。

十五、个人税收递延型商业养老保险试点个人所得税规定（属于综合所得扣除中的其他扣除）

1. 个人缴费税前扣除标准。取得工资薪金、连续性劳务报酬所得 [指纳税人连续 6 个月以上（含）为同一单位提供劳务而取得的所得] 的个人，其缴纳的保费准予在申报扣除当月计算应纳税所得额时予以限额据实扣除，扣除限额按照当月工资薪金、连续性劳务报酬收入的 6% 和 1 000 元孰低办法确定。

取得个体工商户生产经营所得、对企事业单位的承包承租经营所得的个体工商户业主、个人独资企业投资者、合伙企业自然人合伙人和承包承租经营者，其缴纳的保费准予在申报扣除当年计算应纳税所得额时予以限额据实扣除，扣除限额按照不超过当年应税收入的 6% 和 12 000 元孰低办法确定。

2. 计入个人商业养老资金账户的投资收益，暂不征收个人所得税。

3. 个人领取商业养老金征税。个人达到国家规定的退休年龄时，可按月或按年领取商业养老金，领取期限原则上为终身或不少于 15 年。个人身故、发生保险合同约定的全残或罹患重大疾病的，可以一次性领取商业养老金。

对个人达到规定条件时领取的商业养老金收入，其中 25% 部分予以免税，其余 75% 部分按照 10% 的比例税率计算缴纳个人所得税，税款计入"工资、薪金所得"项目。

个人按规定领取商业养老金时，由保险公司代扣代缴其应缴的个人所得税。

十六、商业健康保险个人所得税规定（属于综合所得扣除中的其他扣除）

1. 自 2017 年 7 月 1 日起，对个人购买符合规定的商业健康保险产品的支出，允许在当年（月）计算应纳税所得额时予以税前扣除，扣除限额为 2 400 元/年（200 元/

月）。

2. 单位统一为员工购买符合规定的商业健康保险产品的支出，应分别计入员工个人工资薪金，视同个人购买，自购买产品次月起按上述限额予以扣除。

3. 用商业健康保险税收优惠政策的纳税人是指取得工资薪金所得、连续性劳务报酬所得的个人，以及取得个体工商户生产经营所得、对企事业单位的承包承租经营所得的个体工商户业主、个人独资企业投资者、合伙企业合伙人和承包承租经营者。

十七、个人兼职和退休人员再任职取得收入个人所得税的征税方法

1. 个人兼职取得的收入应按照"劳务报酬所得"应税项目缴纳个人所得税。

2. 退休人员再任职取得的收入，在减除按个人所得税法规定的费用扣除标准后，按"工资、薪金所得"应税项目缴纳个人所得税。

十八、不竞争款项的征税方法

不竞争款项，是指资产购买方企业与资产出售方企业自然人股东之间在资产购买交易中，通过签订保密和不竞争协议等方式，约定资产出售方企业自然人股东在交易完成后一定期限内，承诺不从事有市场竞争的相关业务，并负有相关技术资料的保密义务，资产购买方企业则在约定期限内，按照一定方式向资产出售方企业自然人股东所支付的款项。企业向个人支付不竞争款项按照"偶然所得"项目计算缴纳个人所得税，税款由资产购买方企业在向资产出售方企业自然人股东支付不竞争款项时代扣代缴。

十九、企业促销展业赠送礼品个人所得税的规定

1. 企业在销售商品（产品）和提供服务过程中向个人赠送礼品，下列情形不缴纳个税（花钱了就不缴税）：

（1）企业通过价格折扣、折让方式向个人销售商品（产品）和提供服务。

（2）企业在向个人销售商品（产品）和提供服务的同时给予赠品，如通信企业对个人购买手机赠话费、入网费，或者购话费赠手机等。

（3）企业对累积消费达到一定额度的个人按消费积分反馈礼品。

2. 企业向个人赠送礼品，下列情形缴纳个税（没花钱就缴税）：

（1）企业在业务宣传、广告等活动中，随机向本单位以外的个人赠送礼品（包括网络红包，下同），以及企业在年会、座谈会、庆典以及其他活动中向本单位以外的个人赠送礼品，对个人取得的礼品所得，按照"偶然所得"项目，全额适用20%的税率缴纳个人所得税。

但企业赠送的具有价格折扣或折让性质的消费券、代金券、抵用券、优惠券等礼品除外。

（2）累积消费达到一定额度的顾客，给予额外抽奖机会的获奖所得，按"偶然所得"项目全额纳税。

（3）企业赠送的礼品是自产产品（服务）的，按该产品（服务）的市场销售价格确定个税所得；是外购商品（服务）的，按该商品（服务）的实际购置价格确定个税

所得。

二十、个人取得拍卖收入征收的个人所得税规定

1. 作者将自己的文字作品手稿原件或复印件拍卖取得的所得，按照"特许权使用费"所得项目纳税。

2. 个人拍卖除文字作品原稿及复印件外的其他财产，应以其转让收入额减除财产原值和合理税费后的余额为应纳税所得额，按照"财产转让所得"项目纳税。

应纳税所得额 = 转让收入 − 财产原值 − 合理税费

纳税人如不能提供合法、完整、准确的财产原值凭证，不能正确计算财产原值的，按转让收入额的 3% 征收率计算缴纳个人所得税；拍卖品为经文物部门认定是海外回流文物的，按转让收入额的 2% 征收率计算缴纳个人所得税。

【鑫考题·计算题】王先生通过拍卖市场拍卖祖传字画一幅，拍卖收入 56 000 元，不能提供字画原值凭据。计算拍卖收入应缴纳个人所得税。

【答案】拍卖收入应缴纳个人所得税 = 56 000 × 3% = 1 680（元）

二十一、个人以非货币资产投资的个人所得税规定

1. 个人以非货币性资产投资，属于个人转让非货币性资产和投资同时发生。对个人转让非货币性资产的所得，按"财产转让所得"项目依法纳税。

应纳税所得额 = 转让收入（评估后的公允价值）− 资产原值及合理税费

2. 个人以非货币性资产投资，应于非货币性资产转让、取得被投资企业股权时，确认非货币性资产转让收入的实现。纳税人一次性缴税有困难的，自发生应税行为之日起不超过 5 个公历年度内（含）分期纳税。

二十二、个人终止投资经营收回款项征收个人所得税的规定

个人因各种原因终止投资、联营、经营合作等行为，从被投资企业或合作项目、被投资企业的其他投资者以及合作项目的经营合作人取得股权转让收入、违约金、补偿金、赔偿金及以其他名目收回的款项等，均属于个人所得税应税收入，应按照"财产转让所得"纳税。

应纳税所得额 = 个人取得的股权转让收入、违约金、补偿金、赔偿金及以其他名目收回款项合计数 − 原实际出资额（投入额）及相关税费

应纳税额 = 应纳税所得额 × 20%

【鑫考题·例题】李某在 2017 年投资 30 万元与 A 公司联营某品牌销售，2020 年 1 月，由于 A 公司违规经营，该销售无以为继，李某就收回投资款 28 万元，A 公司还支付李某违约金 3 万元和补偿金 2 万元，假定没有发生投资和撤回过程中的相关税费，计算李某应缴纳的个人所得税。

【答案】应纳税所得额 = 28 + 3 + 2 − 30 = 3（万元）

应纳税额 = 3 × 20% = 0.6（万元）

二十三、关于创业投资企业个人合伙人和天使投资个人有关个人所得税的规定

1. 合伙创投企业采取股权投资方式直接投资于初创科技型企业满 2 年（24 个月，下同）的，合伙创投企业的个人合伙人可以按照对初创科技型企业投资额的 70% 抵扣个人合伙人从合伙创投企业分得的经营所得；当年不足抵扣的，可以在以后纳税年度结转抵扣。

2. 天使投资个人采取股权投资方式直接投资于初创科技型企业满 2 年的，可以按照投资额的 70% 抵扣转让该初创科技型企业股权取得的应纳税所得额；当期不足抵扣的，可以在以后取得转让该初创科技型企业股权的应纳税所得额时结转抵扣。

3. 天使投资个人投资多个初创科技型企业的，对其中办理注销清算的初创科技型企业，天使投资个人对其投资额的 70% 尚未抵扣完的，可自注销清算之日起 36 个月内抵扣天使投资个人转让其他初创科技型企业股权取得的应纳税所得额。

二十四、关于创业投资企业个人合伙人所得税政策的规定

自 2019 年 1 月 1 日起至 2023 年 12 月 31 日止，创投企业可以选择按单一投资基金核算或者按创投企业年度所得整体核算两种方式之一，对其个人合伙人来源于创投企业的所得计算个人所得税应纳税额。3 年内不能变更。

1. 单一投资基金核算。

（1）根据项目取得的所得按照股权转让所得和股息红利所得纳税；

（2）股权转让所得，一个纳税年度内不同项目之间盈亏可以互抵，但不能将互抵后的亏损结转下年；

（3）符合条件的，可以按照被转让项目对应投资额的 70% 抵扣其应从基金年度股权转让所得中分得的份额后再计算其应纳税额，当期不足抵扣的，不得向以后年度结转。

2. 创投企业年度所得整体核算。

（1）按照经营所得纳税，整体核算盈亏，亏损可以结转 5 年；

（2）符合条件的，可以按照被转让项目对应投资额的 70% 抵扣其应从创投企业分得的经营所得后再计算其应纳税额；

（3）没有综合所得的，可依法减除基本减除费用、专项扣除、专项附加扣除以及国务院确定的其他扣除。从多处取得经营所得的，应汇总计算个人所得税，只减除一次上述费用和扣除。

二十五、个人因购买和处置债权取得所得征收个人所得税的方法

1. 个人通过招标、竞拍或其他方式购置债权以后，通过相关司法或行政程序主张债权而取得的所得，应按照"财产转让所得"项目纳税。

2. 个人通过上述方式取得"打包"债权，只处置部分债权的，其应纳税所得额按以下方式确定：

（1）以每次处置部分债权的所得，作为一次财产转让所得征税。

(2) 其应税收入按照个人取得的货币资产和非货币资产的评估价值或市场价值的合计数确定。

(3) 所处置债权成本费用（即财产原值），按下列公式计算：

当次处置债权成本费用 = 个人购置"打包"债权实际支出 × 当次处置债权账面价值（或拍卖机构公布价值）÷ "打包"债权账面价值（或拍卖机构公布价值）

(4) 个人购买和处置债权过程中发生的拍卖招标手续费、诉讼费、审计评估费以及缴纳的税金等合理税费，在计算个人所得税时允许扣除。

【鑫考题·例题】王某2月支付150万元从甲企业购入"打包"债权，账面价值共计250万，其中：A企业的50万元，B企业的80万元，C企业的120万元。10月王某与A企业达成协议，收回A债务人的36万元，其他豁免，支付费用2万元。计算王某应缴纳的个人所得税。

【答案】王某应缴纳的个人所得税 =（36 - 150 × 50 ÷ 250 - 2）× 20% = 0.8（万元）

二十六、纳税人收回转让的股权征收个人所得税的规定

1. 股权转让合同履行完毕、股权已作变更登记，且所得已经实现的，转让人取得的股权转让收入应当依法缴纳个人所得税。转让行为结束后，当事人双方签订并执行解除原股权转让合同、退回股权的协议，是另一次股权转让行为，对前次转让行为征收的个人所得税款不予退回。收回转让的股权不属于解除原有交易，而是视为新的交易。

2. 股权转让合同未履行完毕，因执行仲裁委员会作出的解除股权转让合同及补充协议的裁决、停止执行原股权转让合同，并原价收回已转让股权的，由于其股权转让行为尚未完成、收入未完全实现，随着股权转让关系的解除，股权收益不复存在，纳税人不应缴纳个人所得税。

二十七、个人转让限售股征收个人所得税规定

1. 个人转让限售股取得的所得，按照"财产转让所得"，适用20%的比例税率征税。

2. 限售股在解禁前被多次转让的，转让方对每一次转让所得均应按规定缴纳。

应纳税所得额 = 限售股转让收入 -（限售股原值 + 合理税费）

应纳税额 = 应纳税所得额 × 20%

3. 如果纳税人未能提供完整、真实的限售股原值凭证的，不能准确计算限售股原值的，主管税务机关一律按限售股转让收入的15%核定限售股原值及合理税费。

4. 纳税人同时持有限售股及该股流通股的，其股票转让所得，按照限售股优先原则，即转让股票视同先转让限售股，按规定计算缴纳个人所得税。

二十八、关于企业改组改制过程中个人取得的量化资产征税问题

1. 职工个人以股份形式取得，仅作为分红依据，不拥有所有权的企业量化资产，不征税。

2. 职工个人以股份形式取得，拥有所有权的企业量化资产，取得时暂缓征税；在实际转让时，按"财产转让所得"征个人所得税。

3. 职工个人以股份形式取得的企业量化资产参与企业分配取得的股息、红利，按"利息、股息、红利"项目征税。

二十九、沪港股票市场交易互联互通机制试点个人所得税的规定（包括其他税种优惠，"深港通"同）

具体见表5-19。

表5-19 "沪港通"个人所得税的规定

	香港投资者投资沪市A股	内地投资者投资香港联交所股票
股息红利所得	暂不执行按持股时间的差别化征税政策，由上市公司按10%税率代扣	（1）上市H股，公司按20%税率代扣 （2）上市的非H股，中国结算按20%税率代扣
转让差价所得	暂免征税	暂免征收

三十、个人转让全国中小企业股份转让系统（以下简称新三板）挂牌公司股票有关个人所得税政策

1. 自2018年11月1日（含）起，对个人转让新三板挂牌公司非原始股取得的所得，暂免征收个人所得税。

2. 对个人转让新三板挂牌公司原始股取得的所得，按照"财产转让所得"，适用20%的比例税率征收个人所得税。

原始股是指个人在新三板挂牌公司挂牌前取得的股票，以及在该公司挂牌前和挂牌后由上述股票孳生的送、转股。

非原始股是指个人在新三板挂牌公司挂牌后取得的股票，以及由上述股票孳生的送、转股。

三十一、个人投资者收购企业股权后将原盈余积累转增股本征收个人所得税的规定

一名或多名个人投资者以股权收购方式取得被收购企业100%股权，股权收购前，被收购企业原账面金额中的"资本公积、盈余公积、未分配利润"等盈余积累未转增股本。在股权收购后，企业将原账面金额中的盈余积累向个人投资者转增股本的处理：

收购价格不低于净资产价格，不征收；

收购价格低于净资产价格的差额，按"利息、股息、红利所得"征税；

先转增应税的盈余积累部分，然后再转增免税的盈余积累部分。

【鑫考题·例题】 甲企业原账面资产总额8 000万元，负债3 000万元，所有者权益5 000万元，其中：实收资本（股本）1 000万元，资本公积、盈余公积、未分配利润等盈余积累合计4 000万元。假定多名自然人投资者（新股东）向甲企业原股东购买该企业100%股权，股权收购价4 500万元，新股东收购企业后，甲企业将资本公积、盈余公积、未分配利润等盈余积累4 000万元向新股东转增实收资本。计算其应纳税额。

【答案】 应纳税额 = 500 × 20% = 100（万元）

【解析】 新股东以4 500万元取得原企业100%的股权，包括股本1 000万元和盈余积累3 500万元，但甲企业把原来盈余积累4 000万元转成股本，新股东以低于净资产价格收购企业股权后转增股本，先转增应税的盈余积累500万元，即新股东的股权收购价格低于原所有者权益的差额部分，按照"利息、股息、红利所得"征收个人所得税。

三十二、企业转增股本个人所得税规定

1. 股份制企业用资本公积金转增股本，不征；股份制企业用盈余公积金派发红股属于股息、红利性质的分配，征。
2. 上市公司、上市中小高新技术企业及在新三板挂牌的中小高新技术企业向个人股东转增股本（不含以股票发行溢价形成的资本公积转增股本），按照差别化个人所得税政策征收。
（1）持股期限超过1年的，股息红利所得暂免征收个人所得税。
（2）持股期限在1个月以内（含）的，其股息红利所得全额计入应纳税所得额。
（3）持股期限在1个月以上至1年（含）的，暂减按50%计入应纳税所得额。
3. 中小高新技术企业（未上市或未在新三板挂牌交易的）以未分配利润、盈余公积、资本公积向个人股东转增股本，可在不超过5个公历年度内（含）分期缴纳。
4. 非上市及未在全国中小企业股份转让系统挂牌的其他企业转增股本，应立即征税。

三十三、个人股票期权所得个人所得税的征税方法

企业员工股票期权（以下简称"股票期权"）是指上市公司按照规定的程序授予本公司及其控股企业员工的一项权利，该权利允许被授权员工在未来时间内以某一特定价格购买本公司一定数量的股票。

在2021年12月31日前不计入综合所得，全额单独适用综合所得税率表，计算纳税。计算公式为：

应纳税额 = 股权激励收入 × 适用税率 - 速算扣除数

居民个人一个纳税年度内取得两次以上（含两次）股权激励的，应合并按上述规定公式计算纳税。

【鑫考题·计算题】李某为一境内上市公司员工，每月工资12 000元，该公司实行股权激励计划。2016年李某被授予股票期权，授予价4.5元/股，共60 000股。该期权无公开市场价格，按公司股权激励计划的有关规定，李某于2019年1月1日起可以行权，行权前不得转让。

李某于 2019 年 1 月 20 日进行第一次行权,行权数量为 30 000 股,该股票当日收盘价 12 元/股,2019 年 3 月 20 日进行第二次行权,行权数量为 20 000 股,该股票当日收盘价 10.5 元/股。2019 年 8 月 18 日李某将已行权的 50 000 股股票全部转让,取得转让收入 650 000 元,缴纳相关税费 1 625 元。

根据上述资料,回答下列问题:

(1) 计算李某第一次行权所得应缴纳个人所得税。

(2) 计算李某第二次行权所得应缴纳个人所得税。

【答案】第一次行权取得股票期权形式的工资薪金所得应纳税所得额 = (12 - 4.5) × 30 000 = 225 000(元),应缴纳个人所得税 = 225 000 × 20% - 16 920 = 28 080(元)。

两次合并行权取得股票期权形式的工资薪金所得应纳税所得额 = 225 000 + 20 000 × (10.5 - 4.5) = 345 000(元),第二次行权所得应缴纳个人所得税 = 345 000 × 25% - 31 920 - 28 080 = 26 250(元)。

三十四、完善股权激励和技术入股有关个人所得税的规定

1. 非上市公司授予本公司员工的股票期权、股权期权、限制性股票和股权奖励,符合规定条件的,经向主管税务机关备案,可实行递延纳税政策,即员工在取得股权激励时可暂不纳税,递延至转让该股权按"财产转让所得"项目,按照 20% 的税率计算缴纳个人所得税。

2. 上市公司授予个人的股票期权、限制性股票和股权奖励,经向主管税务机关备案,个人可自股票期权行权、限制性股票解禁或取得股权奖励之日起,在不超过 12 个月的期限内缴纳个人所得税。

【鑫考题·单选题】非上市公司授予本公司员工的股票期权,符合规定条件并向主管税务机关备案的,可享受个人所得税的( )。

A. 免税政策　　　　　　　　B. 不征税政策

C. 减税政策　　　　　　　　D. 递延纳税政策

【答案】D

【解析】非上市公司授予本公司员工的股票期权、股权期权、限制性股票和股权奖励,符合规定条件的,经向主管税务机关备案,可实行递延纳税政策,即员工在取得股权激励时可暂不纳税,递延至转让该股权时纳税;股权转让时,按照股权转让收入减除股权取得成本以及合理税费后的差额,适用"财产转让所得"项目,按照 20% 的税率计算缴纳个人所得税。

三十五、内地与香港基金互认涉及的个人所得税规定

具体见表 5-20。

表 5-20　内地与香港基金互认涉及的个人所得税规定

内地投资者通过基金互认买卖香港基金		香港市场投资者通过基金互认买卖内地基金		
基金差价	基金收益	基金差价	基金收益	
暂免	20%	暂免	股息红利10%	利息7%
	香港基金在内地的代理人代扣代缴		内地上市公司向该内地基金分配股息红利时代扣代缴	内地上市公司或发行债券的企业代扣代缴

三十六、"长江学者奖励计划"有关个人所得税的规定

1. 对特聘教授获得"长江学者成就奖"的奖金，可视为国务院部委颁发的教育方面的奖金，免予征收个人所得税。

2. 对教育部颁发的特聘教授在聘期内享受的"特聘教授奖金"，免予征收个人所得税。

3. 特聘教授取得的岗位津贴应并入其当月的工资、薪金所得计征个人所得税，税款由所在学校代扣代缴。

三十七、律师事务所从业人员取得收入征收个人所得税的有关规定

1. 合伙人律师以年度经营所得全额作为基数确认应税所得。

2. 雇员律师的工资、薪金所得，分成并入工资、薪金。

分成 = 收入 − 办案费（收入的30%以内）

3. 兼职律师的收入所得为：

收入全额 =（分成收入 − 办案费）× 直接确定适用的税率

4. 律师以个人名义再聘请其他人员、法律顾问费或其他酬金，均按"劳务报酬所得"代扣代缴个人所得税。

三十八、保险营销员、证券经纪人佣金收入的政策

保险营销员、证券经纪人取得的佣金收入，属于劳务报酬所得，自2019年1月1日起，以不含增值税的收入减除20%的费用后的余额为收入额，收入额减去展业成本以及附加税费后，并入当年综合所得，计算缴纳个人所得税。

保险营销员、证券经纪人展业成本按照收入额的25%计算。

扣缴义务人向保险营销员、证券经纪人支付佣金收入时，应按照规定的累计预扣法计算预扣税款。

三十九、北京2022年冬奥会和冬残奥会个人所得税的规定

1. 个人捐赠北京2022年冬奥会、冬残奥会、测试赛的资金和物资支出可在计算个人应纳税所得额时予以全额扣除。

2. 对受北京冬奥组委邀请的，在北京2022年冬奥会、冬残奥会、测试赛期间临时来华，从事奥运相关工作的外籍顾问以及裁判员等外籍技术官员取得的由北京冬奥组委、

测试赛赛事组委会支付的劳务报酬免征个人所得税。

3. 对于参赛运动员因北京 2022 年冬奥会、冬残奥会、测试赛比赛获得的奖金和其他奖赏收入，按现行税收法律法规的有关规定征免应缴纳的个人所得税。

4. 对国际奥委会及其相关实体、国际残奥委会及其相关实体的外籍雇员、官员、教练员、训练员以及其他代表在 2019 年 6 月 1 日至 2022 年 12 月 31 日期间临时来华，从事与北京冬奥会相关的工作，取得由北京冬奥组委支付或认定的收入，免征个人所得税。该类人员的身份及收入由北京冬奥组委出具证明文件，北京冬奥组委定期将该类人员名单及免税收入相关信息报送税务部门。（新增）

四十、关于公益慈善事业捐赠个人所得税政策 （新增）

1. 个人通过中华人民共和国境内公益性社会组织、县级以上人民政府及其部门等国家机关，向教育、扶贫、济困等公益慈善事业的捐赠（以下简称公益捐赠），发生的公益捐赠支出，可以按照个人所得税法有关规定在计算应纳税所得额时扣除。

2. 个人发生的公益捐赠支出金额，按照以下规定确定：

（1）捐赠货币性资产的，按照实际捐赠金额确定；

（2）捐赠股权、房产的，按照个人持有股权、房产的财产原值确定；

（3）捐赠除股权、房产以外的其他非货币性资产的，按照非货币性资产的市场价格确定。

3. 居民个人按照以下规定扣除公益捐赠支出：

（1）居民个人发生的公益捐赠支出可以在财产租赁所得、财产转让所得、利息股息红利所得、偶然所得（以下统称分类所得）、综合所得或者经营所得中扣除。在当期一个所得项目扣除不完的公益捐赠支出，可以按规定在其他所得项目中继续扣除。

（2）居民个人发生的公益捐赠支出，在综合所得、经营所得中扣除的，扣除限额分别为当年综合所得、当年经营所得应纳税所得额的 30%；在分类所得中扣除的，扣除限额为当月分类所得应纳税所得额的 30%。

（3）居民个人根据各项所得的收入、公益捐赠支出、适用税率等情况，自行决定在综合所得、分类所得、经营所得中扣除的公益捐赠支出的顺序。

4. 居民个人在综合所得中扣除公益捐赠支出的，应按照以下规定处理：

（1）居民个人取得工资薪金所得的，可以选择在预扣预缴时扣除，也可以选择在年度汇算清缴时扣除。

居民个人选择在预扣预缴时扣除的，应按照累计预扣法计算扣除限额，其捐赠当月的扣除限额为截至当月累计应纳税所得额的 30%（全额扣除的从其规定，下同）。个人从两处以上取得工资薪金所得，选择其中一处扣除，选择后当年不得变更。

（2）居民个人取得劳务报酬所得、稿酬所得、特许权使用费所得的，预扣预缴时不扣除公益捐赠支出，统一在汇算清缴时扣除。

5. 居民个人发生的公益捐赠支出，可在捐赠当月取得的分类所得中扣除。当月分类所得应扣除未扣除的公益捐赠支出，可以按照以下规定追补扣除：

（1）扣缴义务人已经代扣但尚未解缴税款的，居民个人可以向扣缴义务人提出追补扣除申请，退还已扣税款。

（2）扣缴义务人已经代扣且解缴税款的，居民个人可以在公益捐赠之日起90日内提请扣缴义务人向征收税款的税务机关办理更正申报追补扣除，税务机关和扣缴义务人应当予以办理。

（3）居民个人自行申报纳税的，可以在公益捐赠之日起90日内向主管税务机关办理更正申报追补扣除。

居民个人捐赠当月有多项多次分类所得的，应先在其中一项一次分类所得中扣除。已经在分类所得中扣除的公益捐赠支出，不再调整到其他所得中扣除。

6. 在经营所得中扣除公益捐赠支出，应按以下规定处理：

（1）个体工商户发生的公益捐赠支出，在其经营所得中扣除。

（2）个人独资企业、合伙企业发生的公益捐赠支出，其个人投资者应当按照捐赠年度合伙企业的分配比例（个人独资企业分配比例为百分之百），计算归属于每一个人投资者的公益捐赠支出，个人投资者应将其归属的个人独资企业、合伙企业公益捐赠支出和本人需要在经营所得扣除的其他公益捐赠支出合并，在其经营所得中扣除。

（3）在经营所得中扣除公益捐赠支出的，可以选择在预缴税款时扣除，也可以选择在汇算清缴时扣除。

（4）经营所得采取核定征收方式的，不扣除公益捐赠支出。

7. 非居民个人发生的公益捐赠支出，未超过其在公益捐赠支出发生的当月应纳税所得额30%的部分，可以从其应纳税所得额中扣除。扣除不完的公益捐赠支出，可以在经营所得中继续扣除。

非居民个人按规定可以在应纳税所得额中扣除公益捐赠支出而未实际扣除的，可按照前述第5条规定追补扣除。

8. 国务院规定对公益捐赠全额税前扣除的，按照规定执行。个人同时发生按30%扣除和全额扣除的公益捐赠支出，自行选择扣除次序。

9. 公益性社会组织、国家机关在接受个人捐赠时，应当按照规定开具捐赠票据；个人索取捐赠票据的，应予以开具。

个人发生公益捐赠时不能及时取得捐赠票据的，可以暂时凭公益捐赠银行支付凭证扣除，并向扣缴义务人提供公益捐赠银行支付凭证复印件。个人应在捐赠之日起90日内向扣缴义务人补充提供捐赠票据，如果个人未按规定提供捐赠票据的，扣缴义务人应在30日内向主管税务机关报告。

机关、企事业单位统一组织员工开展公益捐赠的，纳税人可以凭汇总开具的捐赠票据和员工明细单扣除。

10. 个人通过扣缴义务人享受公益捐赠扣除政策，应当告知扣缴义务人符合条件可扣除的公益捐赠支出金额，并提供捐赠票据的复印件，其中捐赠股权、房产的还应出示财产原值证明。扣缴义务人应当按照规定在预扣预缴、代扣代缴税款时予以扣除，并将公益捐赠扣除金额告知纳税人。

个人应留存捐赠票据,留存期限为5年。

11. 上述政策规定自2019年1月1日起施行。个人自2019年1月1日至2019年12月30日期间发生的公益捐赠支出,按照本规定可以在分类所得中扣除但未扣除的,可以在2020年1月31日前通过扣缴义务人向征收税款的税务机关提出追补扣除申请,税务机关应当按规定予以办理。

【鑫考点5】税收优惠

一、免征个人所得税的优惠

1. 省级人民政府、国务院部委和中国人民解放军军以上单位,以及外国组织颁发(颁布)的科学、教育、技术、文化、卫生、体育、环境保护等方面的奖金(奖学金)。

对个人获得的下列奖项的奖金收入,视为省级人民政府、国务院部委和中国人民解放军军以上单位,以及外国组织颁发(颁布)的科学、教育、技术、文化、卫生、体育、环境保护等方面的奖金(奖学金),免征个人所得税:

(1)曾宪梓教育基金会教师奖。

(2)学生个人参与"长江小小科学家"活动和"明天小小科学家"活动获得的奖金。

(3)联合国开发计划署和中国青少年发展基金会"国际青少年消除贫困奖"。

(4)中国青年乡镇企业家协会"母亲河(波司登)奖"。

(5)陈嘉庚基金会"陈嘉庚科学奖"。

(6)中国科学院"刘东生青年科学家奖""刘东生地球科学奖学金"。

(7)中华全国总工会、科技部、人社部"全国职工职业技能大赛"获奖者取得的奖金收入。

(8)中华环境保护基金会"中华宝钢环境优秀奖"。

(9)自然资源部、李四光地质科学奖基金"李四光地质科学奖"。

(10)自然资源部、黄汲清青年地质科学技术奖基金管理委员会"黄汲清青年地质科学技术奖"。

2. 国债和国家发行的金融债券利息。

3. 按照国家统一规定发给的补贴、津贴。按照国家统一规定发给的补贴、津贴,是指按照国务院规定发给的政府特殊津贴、院士津贴,以及国务院规定免予缴纳个人所得税的其他补贴、津贴。

4. 福利费、抚恤金、救济金。

5. 保险赔款。

6. 军人的转业费、复员费。

7. 按照国家统一规定发给干部、职工的安家费、退职费、退休工资、离休工资、离休生活补助费。

8. 依照我国有关法律规定应予免税的各国驻华使馆、领事馆的外交代表、领事官员和其他人员的所得。

9. 对中国政府参加的国际公约以及签订的协议中规定免税的所得。

10. 对乡、镇（含乡、镇）以上人民政府或经县（含县）以上人民政府主管部门批准成立的有机构、有章程的见义勇为基金或者类似性质组织，奖励见义勇为者的奖金或奖品，经主管税务机关核准，免征个人所得税。

11. 企业和个人按照省级以上人民政府规定的比例缴付的住房公积金、医疗保险金、基本养老保险金、失业保险金，允许在个人应纳税所得额中扣除，免予征收个人所得税。超过规定的比例缴付的部分并入个人当期的工资、薪金收入，计征个人所得税。

个人领取原提存的住房公积金、医疗保险金、基本养老保险金时，免予征收个人所得税。对按照国家或省级地方政府规定的比例缴付的住房公积金、医疗保险金、基本养老保险金和失业保险金存入银行个人账户所取得的利息收入，免征个人所得税。

12. 对个人取得的教育储蓄存款利息所得以及国务院财政部门确定的其他专项储蓄存款或者储蓄性专项基金存款的利息所得，免征个人所得税。自2008年10月9日起，对居民储蓄存款利息，暂免征收个人所得税。

13. 储蓄机构内从事代扣代缴工作的办税人员取得的扣缴利息税手续费所得，免征个人所得税。

14. 生育妇女按照县以上人民政府根据国家有关制定的生育保险办法，取得的生育津贴、生育医疗费或其他属于生育保险性质的津贴、补贴，免征个人所得税。

15. 对工伤职工及其近亲属按照《工伤保险条例》规定取得的工伤保险待遇，免征个人所得税。

16. 对个体工商户或个人，以及个人独资企业和合伙企业从事种植业、养殖业、饲养业和捕捞业（以下简称"四业"），取得的"四业"所得暂不征收个人所得税。

17. 个人举报、协查各种违法、犯罪行为而获得的奖金。

18. 个人办理代扣代缴税款手续，按规定取得的扣缴手续费。

19. 个人转让自用达5年以上并且是唯一的家庭居住用房取得的所得。

20. 对按《国务院关于高级专家离休退休若干问题的暂行规定》和《国务院办公厅关于杰出高级专家暂缓离休审批问题的通知》精神，达到离休、退休年龄，但确因工作需要，适当延长离休、退休年龄的高级专家，其在延长离休、退休期间的工资、薪金所得，视同退休工资、离休工资免征个人所得税。

21. 外籍个人从外商投资企业取得的股息、红利所得。

22. 凡符合下列条件之一的外籍专家取得的工资、薪金所得可免征个人所得税：

（1）根据世界银行专项贷款协议由世界银行直接派往我国工作的外国专家。

（2）联合国组织直接派往我国工作的专家。

（3）为联合国援助项目来华工作的专家。

（4）援助国派往我国专为该国无偿援助项目工作的专家，除工资、薪金外，其取得的生活津贴也免税。

（5）根据两国政府签订文化交流项目来华工作2年以内的文教专家，其工资、薪金所得由该国负担的。

（6）根据我国大专院校国际交流项目来华工作2年以内的文教专家，其工资、薪金所得由该国负担的。

（7）通过民间科研协定来华工作的专家，其工资、薪金所得由该国政府机构负担的。

23. 股权分置改革中非流通股股东通过对价方式向流通股股东支付的股份、现金等收入，暂免征收流通股股东应缴纳的个人所得税。

24. 对被拆迁人按照国家有关城镇房屋拆迁管理办法规定的标准取得的拆迁补偿款（含因棚户区改造而取得的拆迁补偿款），免征个人所得税。

25. 对个人投资者从投保基金公司取得的行政和解金，暂免征收个人所得税。

26. 对个人转让上市公司股票取得的所得暂免征收个人所得税。自2008年10月9日起，对证券市场个人投资者取得的证券交易结算资金利息所得，暂免征收个人所得税，即证券市场个人投资者的证券交易结算资金在2008年10月9日后（含10月9日）孳生的利息所得，暂免征收个人所得税。

27. 个人从公开发行和转让市场取得的上市公司股票，持股期限超过1年的，股息红利所得暂免征收个人所得税。个人从公开发行和转让市场取得的上市公司股票，持股期限在1个月以内（含1个月）的，其股息红利所得全额计入应纳税所得额；持股期限在1个月以上至1年（含1年）的，暂减按50%计入应纳税所得额；上述所得统一适用20%的税率计征个人所得税。

全国中小企业股份转让系统挂牌公司股息红利差别化个人所得税政策也按上述政策执行。

28. 个人取得的下列中奖所得，暂免征收个人所得税：

（1）单张有奖发票奖金所得不超过800元（含800元）的，暂免征收个人所得税个人取得单张有奖发票奖金所得超过800元的，应全额按照个人所得税法规定的"偶然所得"目征收个人所得税。

（2）购买社会福利有奖募捐奖券、体育彩票一次中奖收入不超过10 000元的暂免征收个人所得税，对一次中奖收入超过10 000元的，应按税法规定全额征税。

29. 乡镇企业的职工和农民取得的青苗补偿费，属种植业的收益范围，同时也属经济损失的补偿性收入，暂不征收个人所得税。

30. 对由亚洲开发银行支付给我国公民或国民（包括为亚行执行任务的专家）的薪金和津贴，凡经亚洲开发银行确认这些人员为亚洲开发银行雇员或执行项目专家的，其取得的符合我国税法规定的有关薪金和津贴等报酬，免征个人所得税。

31. 自原油期货对外开放之日起，对境外个人投资者投资中国境内原油期货取得的所得，3年内暂免征收个人所得税。

32. 自2018年1月1日至2020年12月31日，对异地扶贫搬迁贫困人口按规定取得的住房建设补助资金、拆旧复垦奖励资金等与异地扶贫搬迁相关的货币化补偿和异地扶贫搬迁安置住房（以下简称安置住房），免征个人所得税。

33. 经国务院财政部门批准免税的所得。

二、减征个人所得税的优惠

1. 个人投资者持有2019—2023年发行的铁路债券取得的利息收入，减按50%计入应纳税所得额计算征收个人所得税。税款由兑付机构在向个人投资者兑付利息时代扣代缴。铁路债券是指以中国铁路总公司为发行和偿还主体的债券，包括中国铁路建设债券、中期票据、短期融资券等债务融资工具。

2. 自2019年1月1日起至2023年12月31日，一个纳税年度内在船航行时间累计满183天的远洋船员，其取得的工资薪金收入减按50%计入应纳税所得额，依法缴纳个人所得税。

3. 有下列情形之一的，可以减征个人所得税，具体幅度和期限，由省、自治区、直辖市人民政府规定，并报同级人民代表大会常务委员会备案：

（1）残疾、孤老人员和烈属的所得；

（2）因严重自然灾害造成重大损失的；

（3）国务院可以规定其他减税情形，报全国人民代表大会常务委员会备案。

【考题·单选题】下列收入免征个人所得税的是（　　）。（2019年）

A．提前退休人员取得的一次性补贴收入

B．退休人员再任取得的收入

C．"长江学者奖励计划"特聘教授取得的岗位津贴

D．员工从破产企业取得的一次性安置费

【答案】D

【解析】企业依照国家有关法律规定宣告破产，企业职工从该破产企业取得的一次性安置费收入，免征个人所得税。

三、境外所得的税额扣除

在对纳税人的境外所得征税时，会存在其境外所得已在来源国家或者地区缴税的实际情况。

基于国家之间对同一所得应避免双重征税的原则，我国在对纳税人的境外所得行使税收管辖权时，对该所得在境外已纳税额采取了分不同情况从应征税额中予以扣除的做法。

税法规定，居民个人从中国境外取得的所得，可以从其应纳税额中抵免已在境外缴纳的个人所得税税额，但抵免额不得超过该纳税人境外所得依法规定计算的应税税额。

【鑫考点6】征收管理

一、自行申报纳税

1. 有下列情形之一的，纳税人应当依法办理纳税申报：
（1）取得综合所得需要办理汇算清缴。
（2）取得应税所得没有扣缴义务人。
（3）取得应税所得，扣缴义务人未扣缴税款。
（4）取得境外所得。
（5）因移居境外注销中国户籍。
（6）非居民个人在中国境内从两处以上取得工资、薪金所得。
（7）国务院规定的其他情形。

2. 取得综合所得需要办理汇算清缴的纳税申报。

取得综合所得且符合下列情形之一的纳税人，应当依法办理汇算清缴：
（1）从两处以上取得综合所得，且综合所得年收入额减除专项扣除后的余额超过6万元。
（2）取得劳务报酬所得、稿酬所得、特许权使用费所得中一项或者多项所得，且综合所得年收入额减除专项扣除的余额超过6万元。
（3）纳税年度内预缴税额低于应纳税额。
（4）纳税人申请退税。

取得综合所得，需要办理汇算清缴的纳税人，应当在取得所得的次年3月1日至6月30日内，向任职、受雇单位所在地主管税务机关办理纳税申报，并报送《个人所得税年度自行纳税申报表》。

纳税人有两处以上任职、受雇单位的，选择向其中一处任职、受雇单位所在地主管税务机关办理纳税申报；纳税人没有任职、受雇单位的，向户籍所在地或经常居住地主管税务机关办理纳税申报。

在办理2019年度和2020年度的综合所得年度汇算清缴时，2019年1月1日至2020年12月31日居民个人取得的综合所得，年度综合所得收入不超过12万元且需要汇算清缴补税的，或者年度汇算清缴补税金额不超过400元的，居民个人可免于办理个人所得税综合所得汇算清缴。居民个人取得综合所得时存在扣缴义务人未依法预扣预缴税款的情形除外。（新增）

在办理2019年度及以后年度的综合所得年度汇算清缴时，残疾、孤老人员和烈属取得综合所得办理汇算清缴且汇算清缴地与预扣预缴地规定不一致的，用预扣预缴地规定计算的减免税额与用汇算清缴地规定计算的减免税额相比较，按照孰高值确定减免税额。（新增）

3. 取得经营所得的纳税申报。

个体工商户业主、个人独资企业投资者、合伙企业个人合伙人、承包承租经营者个人以及其他从事生产、经营活动的个人取得经营所得，按年计算个人所得税，由纳税人在月度或季度终了后 15 日内，向经营管理所在地主管税务机关办理预缴纳税申报。在取得所得的次年 3 月 31 日前，向经营管理所在地主管税务机关办理汇算清缴。

从两处以上取得经营所得的，选择向其中一处经营管理所在地主管税务机关办理年度汇总申报。

4. 取得应税所得，扣缴义务人未扣缴税款的纳税申报。

纳税人取得应税所得，扣缴义务人未扣缴税款的，应当区别以下情形办理纳税申报：

（1）居民个人取得综合所得的，且符合前述第 1 项所述情形的，应当依法办理汇算清缴。

（2）非居民个人取得工资、薪金所得，劳务报酬所得，稿酬所得，特许权使用费所得的，应当在取得所得的次年 6 月 30 日前，向扣缴义务人所在地主管税务机关办理纳税申报。有两个以上扣缴义务人均未扣缴税款的，选择向其中一处扣缴义务人所在地主管税务机关办理纳税申报。

非居民个人在次年 6 月 30 日前离境（临时离境除外）的，应当在离境前办理纳税申报。

（3）纳税人取得利息、股息、红利所得，财产租赁所得，财产转让所得和偶然所得的，应当在取得所得的次年 6 月 30 日前，按相关规定向主管税务机关办理纳税申报。税务机关通知限期缴纳的，纳税人应当按照期限缴纳税款。

纳税人取得应税所得没有扣缴义务人的，应当在取得所得的次月 15 日内向税务机关报送纳税申报表，并缴纳税款。

5. 取得境外所得的纳税申报。

居民个人从中国境外取得所得的，应当在取得所得的次年 3 月 1 日至 6 月 30 日内，向中国境内任职、受雇单位所在地主管税务机关办理纳税申报；在中国境内没有任职、受雇单位的，向户籍所在地或中国境内经常居住地主管税务机关办理纳税申报；户籍所在地与中国境内经常居住地不一致的，选择其中一地主管税务机关办理纳税申报；在中国境内没有户籍的，向中国境内经常居住地主管税务机关办理纳税申报。

6. 因移居境外注销中国户籍的纳税申报。

纳税人因移居境外注销中国户籍的，应当在申请注销中国户籍前，向户籍所在地主管税务机关办理纳税申报，进行税款清算。

（1）纳税人在注销户籍年度取得综合所得的，应当在注销户籍前，办理当年综合所得的汇算清缴。尚未办理上一年度综合所得汇算清缴的，应当在办理注销户籍纳税申报时一并办理。

（2）纳税人在注销户籍年度取得经营所得的，应当在注销户籍前，办理当年经营所得的汇算清缴。从两处以上取得经营所得的，还应当一并办理。尚未办理上一年度经营所得汇算清缴的，应当在办理注销户籍纳税申报时一并办理。

（3）纳税人在注销户籍当年取得利息、股息、红利所得，财产租赁所得，财产转让所得和偶然所得的，应当在注销户籍前，申报当年上述所得的完税情况。

（4）纳税人有未缴或者少缴税款的，应当在注销户籍前，结清欠缴或未缴的税款。纳税人存在分期缴税且未缴纳完毕的，应当在注销户籍前，结清尚未缴纳的税款。

（5）纳税人办理注销户籍纳税申报时，需要办理专项附加扣除、依法确定的其他扣除的，应当向税务机关报送《个人所得税专项附加扣除信息表》《商业健康保险税前扣除情况明细表》《个人税收递延型商业养老保险税前扣除情况明细表》等。

7. 非居民个人在中国境内从两处以上取得工资、薪金所得的，应当在取得所得的次月 15 日内，向其中一处任职、受雇单位所在地主管税务机关办理纳税申报。

二、全员全额扣缴申报纳税

扣缴义务人向个人支付应税款项时，应当依照个人所得税法规定预扣或者代扣税款，按时缴库，并专项记载备查。

全员全额扣缴申报，是指扣缴义务人应当在代扣税款的次月 15 日内，向主管税务机关报送其支付所得的所有个人的有关信息、支付所得数额、扣除事项和数额、扣缴税款的具体数额和总额以及其他相关涉税信息资料。

1. 扣缴义务人和代扣预扣税款的范围。

扣缴义务人，是指向个人支付所得的单位或者个人。

实行个人所得税全员全额扣缴申报的应税所得包括征税范围 9 项中除了"经营所得"外的其他 8 项。

2. 扣缴义务人责任与义务。

（1）支付工资、薪金所得的扣缴义务人应当于年度终了后 2 个月内，向纳税人提供其个人所得和已扣缴税款等信息。纳税人年度中间需要提供上述信息的，扣缴义务人应当提供。

纳税人取得除工资、薪金所得以外的其他所得，扣缴义务人应当在扣缴税款后，及时向纳税人提供其个人所得和已扣缴税款等信息。

（2）扣缴义务人应当按照纳税人提供的信息计算税款、办理扣缴申报，不得擅自更改纳税人提供的信息。扣缴义务人发现纳税人提供的信息与实际情况不符的，可以要求纳税人修改。纳税人拒绝修改的，扣缴义务人应当报告税务机关，税务机关应当及时处理。

（3）对扣缴义务人按照规定扣缴的税款，按年付给 2% 的手续费。不包括税务机关、司法机关等查补或者责令补扣的税款。

3. 代扣代缴期限。

扣缴义务人每月或者每次预扣、代扣的税款，应当在次月 15 日内缴入国库，并向税务机关报送《个人所得税扣缴申报表》。

三、办理2019年度个人所得税综合所得汇算清缴事项的规定（新增）

依据税法规定，2019年度汇算仅计算并结清本年度综合所得的应退或应补税款，不涉及以前或往后年度，也不涉及财产租赁等分类所得，以及纳税人按规定选择不并入综合所得计算纳税的全年一次性奖金等所得。

1. 无需办理年度汇算的纳税人。

依据税法规定，纳税人在2019年度已依法预缴个人所得税且符合下列情形之一的，无需办理年度汇算：

（1）纳税人年度汇算需补税但年度综合所得收入不超过12万元的；

（2）纳税人年度汇算需补税金额不超过400元；

（3）纳税人已预缴税额与年度应纳税额一致或者不申请年度汇算退税的。

2. 需要办理年度汇算的纳税人。

依据税法规定，符合下列情形之一的，纳税人需要办理年度汇算：

（1）2019年度已预缴税额大于年度应纳税额且申请退税的。包括2019年度综合所得收入额不超过6万元但已预缴个人所得税；年度中间劳务报酬、稿酬、特许权使用费适用的预扣率高于综合所得年适用税率；

预缴税款时，未申报扣除或未足额扣除减除费用、专项扣除、专项附加扣除、依法确定的其他扣除或捐赠，以及未申报享受或未足额享受综合所得税收优惠等情形。

（2）2019年度综合所得收入超过12万元且需要补税金额超过400元的。包括取得两处及以上综合所得，合并后适用税率提高导致已预缴税额小于年度应纳税额等情形。

3. 可享受的税前扣除。

下列未申报扣除或未足额扣除的税前扣除项目，纳税人可在年度汇算期间办理扣除或补充扣除：

（1）纳税人及其配偶、未成年子女在2019年度发生的，符合条件的大病医疗支出；

（2）纳税人在2019年度未申报享受或未足额享受的子女教育、继续教育、住房贷款利息或住房租金、赡养老人专项附加扣除，以及减除费用、专项扣除、依法确定的其他扣除；

（3）纳税人在2019年度发生的符合条件的捐赠支出。

4. 办理时间。

纳税人办理2019年度汇算的时间为2020年3月1日至6月30日。在中国境内无住所的纳税人在2020年3月1日前离境的，可以在离境前办理年度汇算。

5. 办理方式。

纳税人可自主选择下列办理方式：

（1）自行办理年度汇算。

（2）通过取得工资薪金或连续性取得劳务报酬所得的扣缴义务人代为办理。纳税人应在2020年4月30日前与扣缴义务人进行书面确认，补充提供其2019年度在本单位以外取得的综合所得收入、相关扣除、享受税收优惠等信息资料，并对所提交信息的真实性、准确性、完整性负责。

（3）委托涉税专业服务机构或其他单位及个人（以下称受托人）办理，受托人需与纳税人签订授权书。

扣缴义务人或受托人为纳税人办理年度汇算后，应当及时将办理情况告知纳税人。纳税人发现申报信息存在错误的，可以要求扣缴义务人或受托人办理更正申报，也可自行办理更正申报。

6. 办理渠道。

办理渠道主要有网上税务局（包括手机个人所得税 APP）、邮寄方式、到办税服务厅。

选择邮寄申报的，纳税人需将申报表寄送至任职受雇单位（没有任职受雇单位的，为户籍或者经常居住地）所在省、自治区、直辖市、计划单列市税务局公告指定的税务机关。

7. 接受年度汇算申报的税务机关。

按照方便就近原则，纳税人自行办理或受托人为纳税人代为办理 2019 年度汇算的，向纳税人任职受雇单位所在地的主管税务机关申报；有两处及以上任职受雇单位的，可自主选择向其中一处单位所在地的主管税务机关申报。

四、建立个人所得税纳税信用管理机制（新增）

1. 全面实施个人所得税申报信用承诺制。

2. 税务部门在个人所得税自行纳税申报表、个人所得税专项附加扣除信息表等表单中设立格式规范、标准统一的信用承诺书，纳税人需对填报信息的真实性、准确性、完整性作出守信承诺。

3. 信用承诺的履行情况纳入个人信用记录，提醒和引导纳税人重视自身纳税信用，并视情况予以失信惩戒。

第六章

城市维护建设税法和烟叶税法

考情分析

本章为非重点章节,在往年的试题中,分数为1~2分,题型主要为单选题、多选题,也会在计算题、综合题中涉及,但难度不大。

【鑫考点1】城市维护建设税法

城市维护建设税(以下简称"城建税")是对从事经营活动,缴纳增值税、消费税的单位和个人征收的一种税。

一、纳税人

缴纳增值税、消费税的单位和个人为纳税义务人,即只要缴纳了"两税"就必须缴纳城建税。

二、税率(需记忆)

城建税采用地区差别比例税率,共分三档,见表6-1。

表6-1 城建税比例税率

档次	纳税人所在地	税率
1	市区	7%
2	县城、镇	5%
3	不在市、县城、镇	1%

受托方代扣代缴增值税、消费税的纳税人,按受托方所在地适用税率计算代扣代缴的城建税。

开采海洋石油资源的中外合作油(气)田所在地在海上,其城建税适用1%的税率。

三、计税依据

纳税人实际缴纳的增值税、消费税税额之和。

1. 纳税人违反增值税、消费税有关规定,被查补"两税"和被处以罚款时,也要对其未缴的城建税进行补税和罚款。

2. 纳税人违反增值税、消费税有关规定而加收的滞纳金和罚款,不作为城建税的计税依据。

3. 城建税出口不退，进口不征。

4. 经国家税务总局正式审核批准的当期免抵的增值税税额应纳入城建税、教育费附加和地方教育费附加的计征范围，分别按规定的税率征收。

四、应纳税额的计算

应纳税额 =（实纳增值税税额 + 实纳消费税税额）× 适用税率

注意：实纳增值税和应纳增值税不同：

当期应纳增值税税额 = 当期销项税额 − 当期进项税额

实纳增值税税额 = 当期应纳增值税税额 − 上期留抵 − 以前超交等

五、税收优惠

1. 城建税按减免后实际缴纳的增值税、消费税税额计征，即随"两税"的减免而减免。

2. 对于因减免税而需进行增值税、消费税退库的，城建税也可同时退库。

3. 海关对进口产品代征的增值税、消费税，不征收城建税。

4. 对增值税、消费税实行先征后返、先征后退、即征即退办法的，除另有规定外，对随增值税、消费税附征的城建税，一律不予退（返）还。

5. 对国家重大水利工程建设基金免征城建税。

6. 对实行增值税期末留抵退税的纳税人，允许其从城建税的计税（征）依据中扣除退还的增值税税额。

六、征收管理

纳税环节和纳税地点同增值税、消费税一致。

1. 代扣代缴、代收代缴增值税、消费税的单位和个人，同时也是城建税的代扣代缴、代收代缴义务人，其城建税的纳税地点在代扣代收地。

2. 纳税人跨地区提供建筑服务、销售和出租不动产的，在建筑服务发生地、不动产所在地预缴增值税的同时缴纳城建税。在机构所在地申报缴纳增值税时，缴纳城建税。

3. 对流动经营等无固定纳税地点的单位和个人，应随同增值税、消费税在经营地按适用税率缴纳。

【鑫考题1·单选题】位于某市甲地板厂为外商投资企业，2019年8月份购进一批木材，取得增值税发票注明不含税价格800 000元，当月委托位于县城的乙工厂加工成实木地板，支付不含税加工费150 000元。乙工厂11月份交付50%实木地板，12月份完工交付剩余部分。已知实木地板消费税税率为5%，乙工厂12月应代收代缴城市维护建设税（　　）元。

A. 1 250　　　　　B. 1 750　　　　　C. 2 500　　　　　D. 3 500

【答案】A

【解析】应代收代缴城市维护建设税 = (800 000 + 150 000) ÷ (1 - 5%) × 5% × 50% × 5% = 1 250（元）

【考题2·多选题】 下列各项中，应作为城市维护建设税计税依据的有（   ）。

A. 纳税人被查补的"两税"税额

B. 纳税人应缴纳的"两税"税额

C. 经税务局审批的当期免抵增值税税额

D. 缴纳的进口产品增值税税额和消费税税额

【答案】AC

【解析】选项B，城建税的计税依据为实际缴纳的两税之和，不是应当缴纳的；选项D，城建税进口不征，出口不退。

【考题3·单选题】 位于市区的甲企业2015年7月销售产品缴纳增值税和消费税共计50万元，被税务机关查补增值税15万元并处罚款5万元。甲企业7月应缴纳的城市维护建设税为（   ）万元。

A. 3.25　　　　　B. 3.5　　　　　C. 4.9　　　　　D. 4.55

【答案】D

【解析】罚款不作为城建税的计税依据，应缴纳城市维护建设税 = (50 + 15) × 7% = 4.55（万元）

【考题4·单选题】 位于某县城的甲企业2019年7月缴纳增值税80万元，其中含进口环节增值税20万元，缴纳消费税40万元，其中含进口环节消费税20万元。甲企业当月应缴纳的城市维护建设税为（   ）。

A. 2万元　　　　B. 4万元　　　　C. 6万元　　　　D. 8万元

【答案】B

【解析】应缴纳的城市维护建设税 = [(80 - 20) + (40 - 20)] × 5% = 4（万元）

【考题5·多选题】 下列关于城市维护建设税减免税规定的表述中，正确的有（   ）。

A. 城市维护建设税随"两税"的减免而减免

B. 对国家重大水利工程建设基金免征城市维护建设税

C. 对由海关代征的进口产品增值税和消费税应减半征收城市维护建设税

D. 因减免税而对"两税"进行退库的，可同时对已征收的城市维护建设税实施退库

【答案】ABD

【解析】海关对进口产品代征的增值税、消费税，不征收城市维护建设税。

【鑫考点2】烟叶税法

烟叶税是以纳税人收购烟叶的收购金额为计税依据征收的一种税。

1. 纳税人为在境内收购烟叶的单位。
2. 征税范围为晾晒烟叶、烤烟叶。
3. 烟叶税的计税依据为纳税人收购烟叶实际支付的价款总额。
4. 税率为20%。
5. 应纳税额＝实际支付价款总额×税率＝收购价款×（1+10%）×20%。

纳税人收购烟叶实际支付的价款总额包括纳税人支付给烟叶生产销售单位和个人的烟叶收购价款和价外补贴。其中，价外补贴统一按烟叶收购价款的10%计算。

6. 纳税义务发生时间为纳税人收购烟叶的当天。
7. 纳税地点为收购地主管税务机关。
8. 按月计征，于纳税义务发生月终了之日起15日内申报纳税。

【鑫考题1·单选题】某烟草公司2017年8月8日支付烟叶收购价款88万元，另向烟农支付了价外补贴10万元。该烟草公司8月收购烟叶应缴纳的烟叶税为（　　）。

A. 17.6万元　　　B. 19.36万元　　　C. 21.56万元　　　D. 19.6万元

【答案】B

【解析】应该缴纳的烟叶税＝88×（1+10%）×20%＝19.36（万元）。

【鑫考题2·多选题】2019年7月，甲市某烟草公司向乙县某烟叶种植户收购了一批烟叶，收购价款90万元，价外补贴9万元。下列关于烟叶税征收处理表述中，符合税务规定的有（　　）。

A. 纳税人为烟叶种植户
B. 应在次月15日内申报纳税
C. 应在乙县主管税务机关申报纳税
D. 应纳税额款为19.8万元

【答案】BCD

【解析】选项A，在中华人民共和国境内依照《中华人民共和国烟叶税暂行条例》的规定收购烟叶的单位为烟叶税的纳税人；选项B，烟叶税按月计征，纳税人应当于纳税义务发生月终了之日起十五日内申报并缴纳税款；选项C，纳税人收购烟叶，应当向烟叶收购地的主管税务机关申报缴纳烟叶税纳税；选项D，纳税人收购烟叶实际支付的价款总额包括纳税人支付给烟叶生产销售单位和个人的烟叶收购价款和价外补贴。其中，价外补贴统一按烟叶收购价款的10%计算。收购金额＝90×（1+10%）×20%＝19.8（万元）。

【鑫考点3】教育费附加和地方教育附加的有关规定

教育费附加、地方教育附加的缴纳人、计算依据、相关管理，与城建税一致。

应纳教育费附加 = 实纳增值税、消费税 × 3%

应纳地方教育附加 = 实纳增值税、消费税 × 2%

自 2016 年 2 月 1 日起，按月纳税的月销售额或营业额不超过 10 万元（按季度纳税的季度销售额或营业额不超过 30 万元）的缴纳义务人，免征教育费附加、地方教育附加。

第七章

关税法和船舶吨税法

考情分析

本章是税法考试中的非重点章,除选择题外,关税还可能与进口消费税、进口增值税一并出现在计算题或综合题当中。

知识框架

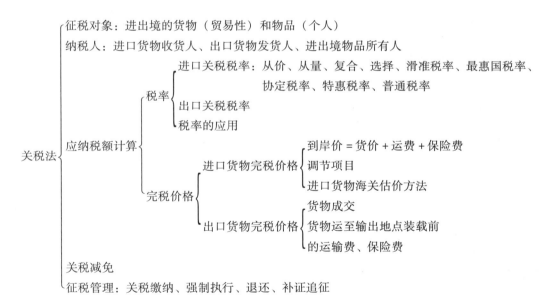

【鑫考点1】 征税对象与纳税义务人

一、征税对象

关税是海关依法对进出境货物、物品征收的一种税。

二、纳税义务人

进口货物收货人、出口货物发货人、进出境物品的所有人,是关税的纳税义务人。

【鑫考点2】进出口税则

一、进口关税税率

1. 税率设置与适用：最惠国税率（如WTO成员）、协定税率（区域性贸易）、特惠税率（签订特殊优惠关税协定）、普通税率等。
2. 税率种类。

税率种类有从价税、从量税、复合税、选择税、滑准税。

【鑫考题·单选题】按照随进口货物的价格由高至低而由低至高设置的关税税率计征的关税是（　　）。（2019年）

A. 复合税　　　　B. 滑准税　　　　C. 选择税　　　　D. 从量税

【答案】B

【解析】滑准税是根据货物的不同价格适用不同税率的一类特殊的从价关税。它是一种关税税率随进口货物价格由高至低而由低至高设置计征关税的方法。简单地讲，就是进口货物的价格越高，其进口关税税率越低，进口商品的价格越低，其进口关税率越高。

二、出口关税税率

我国真正征收出口关税的商品只有100余种，实行0～25%的暂定税率。

三、特别关税

特别关税包括报复性关税、反倾销税与反补贴税、保障性关税。征收特别关税的货物、适用国别、税率、期限和征收办法，由国务院关税税则委员会决定，海关总署负责实施。

四、税率的运用

1. 进出口货物，应当适用海关接受该货物申报进口或者出口之日实施的税率。
2. 进口货物到达前，经海关核准先行申报的，应当适用装载该货物的运输工具申报进境之日实施的税率。
3. 进口转关运输货物，应当适用指运地海关接受该货物申报进口之日实施的税率；货物运抵指运地前，经海关核准先行申报的，应当适用装载该货物的运输工具抵达指运地之日实施的税率。
4. 出口转关运输货物，应当适用启运地海关接受该货物申报出口之日实施的税率。
5. 经海关批准，实行集中申报的进出口货物，应当适用每次货物进出口时海关接受该货物申报之日实施的税率。
6. 因超过规定期限未申报而由海关依法变卖的进口货物，其税款计征应当适用装载该货物的运输工具申报进境之日实施的税率。
7. 因纳税义务人违反规定需要追征税款的进出口货物，应当适用违反规定的行为发生之日实施的税率；行为发生之日不能确定的，适用海关发现该行为之日实施的税率。

8. 已申报进境并放行的保税货物、减免税货物、租赁货物或暂时进出境货物，应当适用海关接受纳税人再次填写报关单办理纳税及有关手续之日实施的税率。

【鑫考点3】 完税价格与应纳税额的计算

进出口货物的完税价格，由海关以该货物的成交价格为基础审查确定。成交价格不能确定时，完税价格由海关依法估定。

一、一般进口货物完税价格

1. 进口货物的完税价格包括货物的货价、货物运抵我国境内输入地点起卸前的运输及其相关费用、保险费。
2. 计入完税价格的项目（与货物不可分割）。
（1）由买方负担的除购货佣金以外的佣金和经纪费；"购货佣金"不计入完税价格，是向自己的代理人支付的。"经纪费"指买方为购买进口货物向代表买卖双方利益的经纪人支付的劳务费用。
（2）由买方负担的与该货物视为一体的容器费用。
（3）由买方负担的包装材料和包装劳务费用。
（4）与该货物的生产和向我国境内销售有关的，在境外开发、设计等相关服务的费用。
（5）与该货物有关，应当由买方直接或间接支付的特许权使用费。
（6）卖方直接或间接从买方对该货物进口后转售、处置或使用所得中获得的收益。
3. 不计入完税价格的项目（与货物可以分割）。
（1）厂房、机械、设备等货物进口后的基建、安装、装配、维修和技术服务的费用。
（2）货物运抵境内输入地点之后的运输费用。
（3）进口关税及其他国内税。
（4）为在境内复制进口货物而支付的费用。
（5）境内外技术培训及境外考察费用。
（6）符合条件的利息。

【鑫考题·单选题】下列税费中，应计入进口货物关税完税价格的是（　　）。
A. 单独核算的境外技术培训费用
B. 报关时海关代征的增值税和消费税
C. 进口货物运抵我国境内输入地点起卸前的保险费
D. 由买方单独支付的入关后的运输费用
【答案】C
【解析】选项A、B和D不计入进口货物关税完税价格。

4．进口货物海关估价方法：

（1）相同货物成交价格估价方法。

（2）类似货物成交价格估价方法。

（3）倒扣价格估价方法。

（4）计算价格估价方法。

（5）合理方法。

5．海关在采用合理方法确定进口货物的完税价格时，不得使用以下价格：

（1）境内生产的货物在境内的销售价格；

（2）可供选择的价格中较高的价格；

（3）货物在出口地市场的销售价格；

（4）以计算价格估价方法规定的有关各项之外的价值或费用计算的价格；

（5）出口到第三国或地区的货物的销售价格；

（6）最低限价或武断、虚构的价格。

【鑫考题·多选题】以倒扣价格法估定关税完税价格时，下列应当扣除的项目有（　　）。

A．进口关税

B．境内同类或相似货物的利润和一般费用

C．货物运抵输入地之后的境内运费

D．在境外生产时的原材料成本

【答案】ABC

【解析】以倒扣价格法估定关税完税价格时，下列各项应当扣除：（1）同等级或者同种类货物在境内第一销售环节销售时，通常的利润和一般费用以及通常支付的佣金；（2）货物运抵境内输入地点起卸后的运输及其相关费用、保险费；（3）进口关税、进口环节海关代征税及其他国内税。

二、进口货物完税价格中运输及相关费用、保险费计算

1．进口货物的运输及其相关费用，应当按照由买方实际支付或者应当支付的费用计算。如果进口货物的运输及其相关费用无法确定的，海关应当按照该货物进口同期的正常运输成本审查确定。

2．运输工具作为进口货物，利用自身动力进境的，海关在审查确定完税价格时，不再另行计入运输及相关费用。

3．邮运进口的货物，以邮费作为运输及相关费用、保险费。

三、出口货物的完税价格

出口货物的完税价格，由海关以该货物的成交价格为基础审查确定，包括货物运至我国境内输出地点装载前的运输及其相关费用、保险费。

出口货物的完税价格不包括：

1. 出口关税税额；
2. 在货物价款中单独列明的货物运至我国境内输出地点装载后的运输及其相关费用、保险费。

【考题1·单选题】 下列各项中，应计入出口货物完税价格的是（   ）。

A. 出口关税税额
B. 出口价格中包含的增值税
C. 货物在我国境内输出地点装载后的运输费用
D. 货物运至我国境内输出地点装载前的保险费

【答案】D

【解析】选项A、B、C不应计入关税完税价格。

【考题2·多选题】 下列各项税费中，应计入出口货物完税价格的有（   ）。

A. 货物运至我国境内输出地点装载前的保险费
B. 货物运至我国境内输出地点装载前的运输费用
C. 货物出口关税
D. 货价中单独列明的货物运至我国境内输出地点装载后的运输费用

【答案】AB

【解析】出口货物的完税价格，由海关以该货物向境外销售的成交价格为基础审查确定，并应当包括货物运至中华人民共和国境内输出地点装载前的运输及其相关费用、保险费。但其中包含的出口关税税额，应当扣除。

【考题3·单选题】 某进出口公司2019年8月进口摩托车20辆，成交价共计27万元，该公司另支付入关前的运费4万元，保险费无法确定，摩托车关税税率25%，该公司应缴纳的关税为（   ）。（2019年）

A. 6.78万元　　　B. 6.75万元　　　C. 7.77万元　　　D. 7.75万元

【答案】C

【解析】关税完税价格＝货价＋运费＋保险费

进口货物的保险费无法确定或者未实际发生，海关应当按照"货价加运费"两者总额的0.3%计算保险费。

关税完税价格＝27＋4＋（27＋4）×0.3%＝31.09（万元）

关税＝31.09×25%＝7.77（万元）

【考题4·单选题】 我国某公司2014年3月从国内甲港口出口一批锌锭到国外，货物成交价格170万元（不含出口关税），其中包括货物运抵甲港口装载前的运输费10万元、单独列明支付给境外的佣金12万元。甲港口到国外目的地港口之间的运输保险费20万元。锌锭出口关税税率为20%。该公司出口锌锭应缴纳的出口关税为（   ）万元。

A. 25.6　　　　B. 29.6　　　　C. 31.6　　　　D. 34

【答案】C

【解析】出口货物的完税价格，由海关以该货物向境外销售的成交价格为基础审查确定，并应包括货物运至我国境内输出地点装载前的运输及其相关费用、保险费，但其中包含的出口关税税额，应当扣除。出口货物的成交价格中含有支付给境外的佣金的，如果单独列明，应当扣除。该公司出口锌锭应缴纳的出口关税 = (170 - 12) × 20% = 31.6（万元）。

【鑫考题 5·计算题】某商场于 2020 年 2 月进口一批高档美容修饰类化妆品。该批货物在国外的买价 120 万元，货物运抵我国入关前发生的运输费、保险费和其他费用分别为 10 万元、6 万元、4 万元。货物报关后，该商场按规定缴纳了进口环节的增值税和消费税并取得了海关开具的缴款书。

将化妆品从海关运往商场所在地取得增值税专用发票，注明运输费用 5 万元、增值税进项税额 0.45 万元，该批化妆品当月在国内全部销售，取得不含税销售额 520 万元。（假定化妆品进口关税税率 20%，增值税税率 13%，消费税税率 15%）

计算该批化妆品进口环节应缴纳的关税、增值税、消费税和国内销售环节应缴纳的增值税。

【答案】化妆品在进口环节应缴纳的关税、消费税、增值税：

(1) 关税完税价格 = 120 + 10 + 6 + 4 = 140（万元）

(2) 应缴纳进口关税 = 140 × 20% = 28（万元）

(3) 进口环节的组成计税价格 = (140 + 28) ÷ (1 - 15%) = 197.65（万元）

(4) 进口环节应缴纳增值税 = 197.65 × 13% = 25.69（万元）

(5) 进口环节应缴纳消费税 = 197.65 × 15% = 29.65（万元）

(6) 国内销售环节应缴纳增值税 = 520 × 13% - 0.45 - 25.69 = 41.46（万元）

四、跨境电子商务零售进口税收政策

适用范围为：

1. 所有通过与海关联网的电子商务交易平台交易，能够实现交易、支付、物流电子信息"三单"比对的跨境电子商务零售进口商品。

2. 未通过与海关联网的电子商务交易平台交易，但快递、邮政企业能够统一提供交易、支付、物流等电子信息，并承担相应法律责任进境的跨境电子商务零售进口商品。

3. 跨境电子商务零售进口商品的单次交易限值为人民币 5 000 元，个人年度交易限值为人民币 26 000 元。限值以内自进口商品关税税率暂设为 0%，进口环节增值税、消费税暂按法定应纳税额的 70% 征收；超过限值的全额征税。

4. 跨境电子商务零售进口商品自海关放行之日起 30 日内退货的，可申请退税，并相应调整个人年度交易总额。

5. 跨境电子商务零售进口商品购买人（订购人）的身份信息应进行认证；未进行认

证的,购买人(订购人)身份信息应与付款人一致。

【鑫考点4】关税减免规定

减免税四种类型:法定减免税、特定减免税、暂时免税、临时减免税。

一、法定减免关税

1. 关税税额在人民币50元以下的一票货物。
2. 无商业价值的广告品和货样。
3. 外国政府、国际组织无偿赠送的物资。
4. 进出境运输工具装载的途中必需的燃料、物料和饮食用品。
5. 在海关放行前损失的货物。
6. 在海关放行前损坏的货物,依受损程度减税。
7. 我国缔结和参加国际条约规定的减免。

二、特定减免关税

1. 科教用品。
2. 残疾人专用品。
3. 慈善捐赠物资。

三、暂时免税

暂时进境或者暂时出境的下列货物,在进境或者出境时纳税义务人向海关缴纳相当于应纳税款的保证金或者提供其他担保的,可以暂不缴纳关税,并应当自进境或者出境之日起6个月内复运出境或者复运进境;需要延长复运出境或者复运进境期限的,纳税义务人应当根据海关总署的规定向海关办理延期手续:

1. 在展览会、交易会、会议及类似活动中展示或者使用的货物。
2. 文化、体育交流活动中使用的表演、比赛用品。
3. 进行新闻报道或者摄制电影、电视节目使用的仪器、设备及用品。
4. 开展科研、教学、医疗活动使用的仪器、设备及用品。
5. 在上述第1到第4项所列活动中使用的交通工具及特种车辆。
6. 货样。
7. 供安装、调试、检测设备时使用的仪器、工具。
8. 承装货物的容器。
9. 其他用于非商业目的的货物。

第一项所列暂时进境货物在规定期限内未复运出境的,或者暂时出境货物在规定的期限内未复运进境的,海关应当依法征收关税。

第一项所列可以暂时免征关税范围以外的其他暂时进境货物,应当按照该货物的完税价格和其在境内滞留时间与折旧时间的比例计算征收进口关税。具体办法由海关总署规定。

四、临时减免税

临时减免税是指以上法定和特定减免税以外的其他减免税，即由国务院根据《海关法》对某个单位、某类商品、某个项目或某批进出口货物的特殊情况，给予特殊照顾，一案一批，专文下达的减免税。

【鑫考题·多选题】下列进口的货物中，免征关税的有（   ）。（2019 年）

A. 无商业价值的广告品

B. 在海关放行前损失的货物

C. 外国政府无偿援助的物资

D. 国际组织无偿赠送的货物

【答案】ABCD

【鑫考点 5】关税征收管理

一、关税缴纳

进口货物自运输工具申报进境之日起 14 日内，出口货物在运抵海关监管区后装货的 24 小时以前，应在海关填发税款缴纳证之日起 15 日内向指定银行缴纳；不能按期缴纳税款，经依法提供税款担保后，可延期缴纳税款，但最长不得超过 6 个月。

二、关税强制执行

1. 征收关税滞纳金。

关税滞纳金金额 = 滞纳关税税额 × 滞纳金征收比率（万分之五）× 滞纳天数

2. 强制征收。

如纳税义务人自海关填发缴款书之日起 3 个月仍未缴纳税款，经海关关长批准，海关可以采取强制扣缴、变价抵缴等强制措施。

三、关税退还

1. 海关多征的税款，海关发现后应当立即退还。

2. 纳税义务人发现多缴税款的，自缴纳税款之日起 1 年内，可以以书面形式要求海关退还多缴的税款并加算银行同期活期存款利息；海关应当自受理退税申请之日起 30 日内查实并通知纳税义务人办理退还手续。

3. 有下列情形之一的，纳税义务人自缴纳税款之日起 1 年内，可以申请退还关税，并应当以书面形式向海关说明理由，提供原缴款凭证及相关资料：

（1）已征进口关税的货物，因品质或规格原因，原状退货复运出境的；

（2）已征出口关税的货物，因品质或规格原因，原状退货复运进境，并已缴纳因出口而退还的国内税收的；

（3）已征出口关税的货物，因故未装运出口，申报退关的。

四、关税补征和追征

1. 关税追征，是因纳税人违反海关规定造成少征或漏征关税，关税追征期为进出口货物完税之日或货物放行之日起 3 年内，并加收万分之五的滞纳金。

2. 关税补征，非因纳税人违反海关规定造成少征或漏征关税，关税补征期为缴纳税款或货物放行之日起 1 年内。

【鑫考题·单选题】某公司进口一批货物，海关于 2016 年 3 月 1 日填发税款缴款书，但公司迟至 3 月 27 日才缴纳 500 万元的关税。海关应征收关税滞纳金（　　）。
A. 2.75 万元　　　　B. 3 万元　　　　C. 6.5 万元　　　　D. 6 万元
【答案】B
【解析】滞纳天数为 16—27 日，共 12 天。滞纳金 = 500 × 0.5‰ × 12 = 3（万元）。

【鑫考点6】船舶吨税法

一、征税范围

船舶吨税的征税范围为自我国境外港口进入境内港口的船舶。

二、税率

中华人民共和国国籍的应税船舶，船籍国（地区）与中华人民共和国签订含有相互给予船舶税费最惠国待遇条款的条约或者协定的应税船舶适用优惠税率；其他应税船舶适用普通税率。见表 7-1。

表 7-1　吨税税目税率表

税目 （按船舶净吨位划分）	税率（元/净吨）					
	普通税率 （按执照期限划分）			优惠税率 （按执照期限划分）		
	1 年	90 日	30 日	1 年	90 日	30 日
不超过 2 000 净吨	12.6	4.2	2.1	9.0	3.0	1.5
超过 2 000 净吨，但不超过 10 000 净吨	24.0	8.0	4.0	17.4	5.8	2.9
超过 10 000 净吨，但不超过 50 000 净吨	27.6	9.2	4.6	19.8	6.6	3.3
超过 50 000 净吨	31.8	10.6	5.3	22.8	7.6	3.8

三、应纳税额的计算

吨税按照船舶净吨位和吨税执照期限征收：

应纳税额 = 船舶净吨位 × 适用的定额税率

【鑫考题·例题】B 国某运输公司一艘货轮驶入我国某港口，该货轮净吨位为 30 000 吨，货轮负责人已向我国该海关领取了吨税执照，在港口停留期为 30 天，B 国已与我国签订有相互给予船舶税最惠国待遇条款。请计算该货轮负责人应向我国海关缴纳的船舶吨税。

【答案】根据船舶吨税的相关规定，该货轮应享受优惠税率，每净吨位为3.3元。应纳船舶吨税 = 30 000 × 3.3 = 99 000（元）。

四、税收优惠

1. 直接优惠。下列船舶免征吨税：

（1）应纳税额在人民币50元以下的船舶；

（2）自境外以购买、受赠、继承等方式取得船舶所有权的初次进口到港的空载船舶；

（3）吨税执照期满后24小时内不上下客货的船舶；

（4）非机动船舶（不包括非机动驳船）；

（5）捕捞、养殖渔船；

（6）避难、防疫隔离、修理、终止运营或者拆解，并不上下客货的船舶；

（7）军队、武装警察部队专用或者征用的船舶；

（8）警用船舶；

（9）依照法律规定应当予以免税的外国驻华使领馆、国际组织驻华代表机构及其有关人员的船舶；

（10）国务院规定的其他船舶。

2. 延期优惠。在吨税执照期限内，应税船舶发生下列情形之一的，海关按照实际发生的天数批注延长吨税执照期限：

（1）避难、防疫隔离、修理，并不上下客货；

（2）军队、武装警察部队征用。

【鑫考题1·多选题】下列船舶中，免征船舶吨税的有（　　）。

A. 养殖渔船

B. 非机动驳船

C. 军队征用的船舶

D. 应纳税额为人民币100元的船舶

【答案】AC

【解析】选项B，非机动驳船按相同净吨位船舶税率的50%计征船舶吨税；选项D，应纳税额为人民币50元以下的船舶，免征船舶吨税。

【鑫考题2·单选题】下列从境外进入我国港口的船舶中，免征船舶吨税的是（　　）。

A. 养殖渔船

B. 非机动驳船

C. 拖船

D. 吨税执照期满后24小时内上下客货的船舶

【答案】A

【解析】选项 A，免征船舶吨税；选项 B、C，非机动驳船和拖船分别按相同净吨位船舶税率的 50% 计征税款；选项 D，吨税执照期满后 24 小时内"不上下"客货的船舶免征船舶吨税。

五、征收管理

1. 纳税义务发生时间为应税船舶进入港口当日。应税船舶在吨税执照期满后尚未离开港口的，应当申领新的吨税执照，自上一次执照期满的次日起续缴船舶吨税。

2. 纳税期限。应税船舶负责人应当自海关填发吨税缴款凭证之日起 15 日缴清税款。未按期缴清税款的，自滞纳税款之日起，按日加收滞纳税款万分之五的滞纳金。

3. 应税船舶在吨税执照期限内，因修理、改造导致净吨位变化的，吨税执照继续有效。

4. 吨税执照在期满前毁损或者遗失的，应当向原发照海关书面申请核发吨税执照副本，不再补税。

5. 海关发现少征或者漏征税款的，应当自应税船舶应当缴纳税款之日起 1 年内，补征税款。但因应税船舶违反规定造成少征或者漏征税款的，海关可以自应当缴纳税款之日起 3 年内追征税款，并自应当缴纳税款之日起按日加征少征或者漏征税款 0.5‰ 的滞纳金。

6. 海关发现多征税款的，应当在 24 小时内通知应税船舶办理退还手续，并加算银行同期活期存款利息。

应税船舶发现多缴税款的，可以自缴纳税款之日起 3 年内以书面形式要求海关退还多缴的税款并加算银行同期活期存款利息；海关应当自受理退税申请之日起 30 日内查实并通知应税船舶办理退还手续。

第八章

资源税法和环境保护税法

考情分析

资源税大概5分，单选题、多选题可能和增值税结合出计算题；环境保护税1~3分，题型多为选择题。

知识框架

本章主要知识点有：
资源税的纳税人；
税目（征税范围）；
税率；
计税依据；
从价定率征收的计税依据；
从量定额征收的计税依据——销售数量；
视同销售的情形；
应纳税额的计算；
煤炭资源税计算方法；
减税、免税项目；
征收管理；
水资源税改革试点实施办法。

【鑫考点1】资源税法

为了贯彻习近平生态文明思想、落实税收法定原则，2019年8月26日第十三届全国人民代表大会常务委员会第十二次会议通过《中华人民共和国资源税法》（以下简称《资源税法》)，并于2020年9月1日起施行。

一、资源税的纳税人

资源税的纳税义务人是指在中华人民共和国领域及管辖的其他海域开发应税资源的单位和个人。

1. 进口不征，出口不免不退。
2. 开采海洋或陆上油气资源的中外合作油气田，在2011年11月1日前已签订的合同继续缴纳矿区使用费，不缴纳资源税；合同期满后，依法缴纳资源税。
3. 单位和个人以应税产品投资、分配、抵债、赠与、以物易物等，视同销售，应按规定计算缴纳资源税。

二、税目（征税范围）

资源税税目包括5大类，在5个税目下面又设有若干个子目。《资源税法》所列的税目有164个，涵盖了所有已经发现的矿种和盐。

1. 能源矿产。
（1）原油，是指开采的天然原油，不包括人造石油。
（2）天然气、页岩气、天然气水合物。
（3）煤炭，包括原煤和以未税原煤加工的洗选煤。
（4）煤成（层）气。
（5）铀、钍。
（6）油页岩、油砂、天然沥青、石煤。
（7）地热。
2. 金属矿产。
（1）黑色金属。包括铁、锰、铬、钒、钛。
（2）有色金属。包括铜、铅、锌等。
3. 非金属矿产。
（1）矿物类。包括高岭土、石灰岩、磷、石墨等。
（2）岩石类。包括大理岩、花岗岩、白云岩等。
（3）宝玉石类。包括宝石、玉石等。
4. 水气矿产。
（1）二氧化碳气、硫化氢气、氦气、氡气。
（2）矿泉水。
5. 盐。
（1）钠盐、钾盐、镁盐、锂盐。
（2）天然卤水。
（3）海盐。

上述各税目征税时有的对原矿征税，有的对选矿征税，具体适用的征税对象按照《税目税率表》的规定执行，主要包括三类：按原矿征税；按选矿征税；按原矿或者选矿征税。

三、税率

1. 实行幅度比例税率的，其具体适用税率由省、自治区、直辖市人民政府统筹考虑该应税资源的品位、开采条件以及对生态环境的影响等情况，在规定的税率幅度内提出，报同级人民代表大会常务委员会决定，并报全国人民代表大会常务委员会和国务院备案。

2. 纳税人开采或者生产不同税目应税产品的，应当分别核算；否则从高适用税率。

四、计税依据

资源税的计税依据为应税产品的销售额或销售量。原矿和精矿的销售额或者销售量应当分别核算，未分别核算的，从高确定计税销售额或者销售数量。

五、从价定率征收的计税依据

1. 销售额的基本规定。

从价定率征收的计税依据为计税销售额。计税销售额是指纳税人销售应税产品向购买方收取的全部价款和价外费用，不包括增值税销项税额。

其中，价外费用包括价外向购买方收取的手续费、补贴、基金、集资费、返还利润、奖励费、违约金、滞纳金、延期付款利息、赔偿金、代收款项、代垫款项、包装费、包装物租金、储备费、优质费以及其他各种性质的价外收费。但下列项目不包括在内：

（1）同时符合以下条件的代垫运输费用：

① 承运部门的运输费用发票开具给购买方的；

② 纳税人将该项发票转交给购买方的。

（2）同时符合以下条件代为收取的政府性基金或者行政事业性收费：

① 由国务院或者财政部批准设立的政府性基金，由国务院或者省级人民政府及其财政、价格主管部门批准设立的行政事业性收费；

② 收取时开具省级以上财政部门印制的财政票据；

③ 所收款项全额上缴财政。

纳税人以人民币以外的货币结算销售额的，应当折合成人民币计算。其销售额的人民币折合率可以选择销售额发生的当天或者当月1日的人民币汇率中间价。纳税人应在事先确定采用何种折合率计算方法，确定后1年内不得变更。

2. 运杂费用的扣减。

对同时符合以下条件的运杂费用，纳税人在计算应税产品计税销售额时，可予以扣减：

（1）包含在应税产品销售收入中；

（2）属于纳税人销售应税产品环节发生的运杂费用，具体是指运送应税产品从坑口或者洗选（加工）地到车站、码头或者购买方指定地点的运杂费用；

（3）取得相关运杂费用发票或者其他合法有效凭据；

（4）将运杂费用与计税销售额分别进行核算。

纳税人扣减的运杂费用明显偏高导致应税产品价格偏低且无正当理由的，主管税务机关可以合理调整计税价格。

3. 原矿销售额与精矿销售额的换算或折算。

具体见表8-1。

表8-1 原矿销售额与精矿销售额的换算

征税对象	销售对象	换算	计税依据
精矿	原矿	原矿→精矿	精矿销售额
原矿	自采原矿加工的精矿	精矿→原矿	原矿销售额

4. 特殊情形下销售额的确定。

（1）纳税人开采应税矿产品由其关联单位对外销售的，按其关联单位的销售额征收资源税。

（2）纳税人既有对外销售应税产品，又有将应税产品用于除连续生产应税产品以外的其他方面的（包括用于非生产项目和生产非应税产品），则自用的这部分应税产品按纳税人对外销售应税产品的平均价格计算销售额征收资源税。

（3）纳税人将其开采的应税产品直接出口的，按其离岸价格（不含增值税）计算销售额征收资源税。

（4）纳税人有视同销售应税产品行为而无销售价格的，或者申报的应税产品销售价格明显偏低且无正当理由的，税务机关应按下列顺序确定其应税产品计税价格：

① 按纳税人最近时期同类产品的平均销售价格确定。

② 按其他纳税人最近时期同类产品的平均销售价格确定。

③ 按应税产品组成计税价格确定。

组成计税价格 = 成本 × （1 + 成本利润率）÷（1 - 资源税税率）

公式中的成本是指应税产品的实际生产成本。公式中的成本利润率由省、自治区、直辖市税务机关确定。

④ 按后续加工非应税产品销售价格，减去后续加工环节的成本利润后确定。

⑤ 按其他合理方法确定。

（5）纳税人用已纳资源税的应税产品进一步加工应税产品销售的，不再缴纳资源税。纳税人以自采未税产品和外购已税产品混合销售或者混合加工为应税产品销售的，在计算应税产品计税销售额时，准予扣减已单独核算的已税产品购进金额；未单独核算的，一并计算缴纳资源税。已税产品购进金额当期不足扣减的可结转下期扣减。

（6）纳税人与其关联企业之间的业务往来，应当按照独立企业之间的业务往来收取或者支付价款、费用。

不按照独立企业之间的业务往来收取或者支付价款、费用，而减少其计税销售额的，税务机关可以进行合理调整。

六、从量定额征收的计税依据——销售数量

1. 销售数量，包括纳税人开采或者生产应税产品的实际销售数量和视同销售的自用数量。

2. 纳税人不能准确提供应税产品销售数量的，以应税产品的产量或者主管税务机关确定的折算比换算成的数量为计征资源税的销售数量。

3. 纳税人以自产的液体盐加工固体盐，按固体盐税额征税，以加工的固体盐数量为课税数量。纳税人以外购的液体盐加工固体盐，其加工固体盐所耗用液体盐的已纳税额准予抵扣。

七、视同销售的情形

1. 纳税人以自采原矿直接加工为非应税产品的，视同原矿销售；

2. 纳税人以自采原矿洗选（加工）后的精矿连续生产非应税产品的，视同精矿销售；

3. 以应税产品投资、分配、抵债、赠与、以物易物等，视同应税产品销售。

八、应纳税额的计算

1. 从价定率：

应纳税额 = 销售额 × 税率

2. 从量定额：

应纳税额 = 课税数量 × 单位税额

九、煤炭资源税计算方法

1. 应税煤炭包括原煤和以未税原煤加工的洗选煤。

（1）纳税人开采原煤直接对外销售的：

原煤应纳税额 = 原煤销售额 × 适用税率

（2）纳税人将其开采的原煤加工为洗选煤销售：

洗选煤应纳税额 = 洗选煤销售额 × 折算率 × 适用税率

2. 销售额是指纳税人向购买方收取的全部价款和价外费用，不包括收取的增值税销项税额以及从坑口到车站、码头或购买方指定地点的运输费用。

运输费用明显高于当地市场价格导致应税煤炭产品价格偏低，且无正当理由的，主管税务机关有权合理调整计税价格。

3. 纳税人同时销售（包括视同销售）应税原煤和洗选煤的，应当分别核算原煤和洗选煤的销售额；未分别核算或者不能准确提供原煤和洗选煤销售额的，一并视同销售原煤计算缴纳资源税。

纳税人同时以自采未税原煤和外购已税原煤加工洗选煤的，应当分别核算；未分别核算的，按洗选煤销售额缴纳资源税。

4. 折算率由省、自治区、直辖市财税部门或其授权地市级财税部门确定。

洗选煤折算率一经确定，原则上在一个纳税年度内保持相对稳定，但在煤炭市场行情、洗选成本等发生较大变化时可进行调整。

5. 视同销售。

纳税人将其开采的原煤，自用于连续生产洗选煤的，在原煤移送使用环节不缴纳资源税;自用于其他方面的,视同销售原煤。

纳税人将其开采的原煤加工为洗选煤自用的,视同销售洗选煤。

6. 纳税人以自采原煤或加工的洗选煤连续生产焦炭、煤气、煤化工、电力等产品,自产自用且无法确定应税煤炭移送使用量的,可采取最终产成品的煤耗指标确定用煤量。

7. 销售额的扣减。

(1) 纳税人将自采原煤与外购原煤(包括煤矸石)进行混合后销售:

计税依据 = 当期混合原煤销售额 − 当期用于混售的外购原煤的购进金额

外购原煤的购进金额 = 外购原煤的购进数量 × 单价

(2) 纳税人将自采原煤连续加工的洗选煤与外购洗选煤进行混合后销售:

计税依据 = 当期洗选煤销售额 × 折算率 − 当期用于混洗混售的外购原煤的购进金额

外购原煤的购进金额 = 外购原煤的购进数量 × 单价

8. 征收管理。

(1) 纳税环节。

纳税人销售应税煤炭的,在销售环节缴纳资源税;纳税人以自采原煤直接或者经洗选加工后连续生产焦炭、煤气、煤化工、电力及其他煤炭深加工产品的,视同销售,在原煤或者洗选煤移送环节缴纳资源税。

(2) 纳税地点。

纳税人煤炭开采地与洗选、核算地不在同一行政区域(县级以上)的,煤炭资源税在煤炭开采地缴纳。纳税人在本省、自治区、直辖市范围开采应税煤炭,其纳税地点需要调整的,由省、自治区、直辖市税务机关决定。

十、减税、免税项目

1. 有下列情形之一的,免征资源税:

(1) 开采原油以及油田范围内运输原油过程中用于加热的原油、天然气;

(2) 煤炭开采企业因安全生产需要抽采的煤成(层)气。

2. 有下列情形之一的,减征资源税:

(1) 从低丰度油气田开采的原油、天然气减征20%资源税。

(2) 高含硫天然气、三次采油和从深水油气田开采的原油、天然气,减征30%资源税。

(3) 稠油、高凝油减征40%资源税。

(4) 从衰竭期矿山开采的矿产品,减征30%资源税。

3. 可由省、自治区、直辖市人民政府决定的减税或者免税情形:

(1) 纳税人开采或者生产应税产品过程中,因意外事故或者自然灾害等原因遭受重大损失的;

(2) 纳税人开采共伴生矿、低品位矿、尾矿。

4. 其他减税、免税情形:

为促进页岩气开发利用,有效增加天然气供给,经国务院同意,自2018年4月1日至2021年3月31日，对页岩气资源税（按6%的规定税率）减征30%。

纳税人的免征、减征项目，应当单独核算销售额或者销售数量；未单独核算或者不能准确提供销售额和销售数量的，不予免税或者减税。

十一、征收管理

1. 纳税义务发生时间。

纳税人销售应税产品，其纳税义务发生时间为：

（1）纳税人采取分期收款结算方式的，其纳税义务发生时间，为销售合同规定的收款日期的当天。

（2）纳税人采取预收货款结算方式的，其纳税义务发生时间，为发出应税产品的当天。

（3）纳税人采取除分期收款和预收货款以外其他结算方式的，其纳税义务发生时间，为收讫销售款或者取得索取销售款凭据的当天。

纳税人自产自用应税产品的纳税义务发生时间，为移送使用应税产品的当天。

扣缴义务人代扣代缴税款的纳税义务发生时间，为支付首笔货款或首次开具支付货款凭据的当天。

2. 纳税期限。

资源税按月或者按季申报缴纳；不能按固定期限计算缴纳的，可以按次申报缴纳。纳税人按月或者按季申报缴纳的，应当自月度或者季度终了之日起15日内，向税务机关办理纳税申报并缴纳税款。

3. 纳税环节和纳税地点。

（1）纳税环节。

① 资源税在应税产品的销售或自用环节计算缴纳。纳税人以自采原矿加工精矿产品的，在原矿移送使用时不缴纳资源税，在精矿销售或自用时缴纳资源税。

② 纳税人以自采原矿直接加工为非应税产品或者以自采原矿加工的精矿连续生产非应税产品的，在原矿或者精矿移送环节计算缴纳资源税。

③ 以应税产品投资、分配、抵债、赠与、以物易物等，在应税产品所有权转移时计算缴纳资源税。

④ 纳税人以自采原矿加工金锭的，在金锭销售或自用时缴纳资源税。纳税人销售自采原矿或者自采原矿加工的金精矿、粗金，在原矿或者金精矿、粗金销售时缴纳资源税，在移送使用时不缴纳资源税。

（2）纳税地点。

纳税人应当向应税产品开采地或者生产地税务机关申报缴纳资源税。

十二、水资源税改革试点实施办法

1. 纳税义务人。

除规定的情形外，直接取用地表水、地下水的单位和个人，为水资源税纳税人，包括直接从江、河、湖泊（含水库）和地下取用水资源的单位和个人。

2. 下列情形，不缴纳水资源税：

（1）农村集体经济组织及其成员从本集体经济组织的水塘、水库中取用水的；

（2）家庭生活和零星散养、圈养畜禽饮用等少量取用水的；

（3）水利工程管理单位为配置或者调度水资源取水的；

（4）为保障矿井等地下工程施工安全和生产安全必须进行临时应急取用（排）水的；

（5）为消除对公共安全或者公共利益的危害临时应急取水的；

（6）为农业抗旱和维护生态与环境必须临时应急取水的。

表8-2　试点省份水资源税最低平均税额表　　　单位：元/立方米

省（市、区）	地表水最低平均税额	地下水最低平均税额
北京	1.6	4
天津	0.8	4
山西	0.5	2
内蒙古	0.5	2
山东	0.4	1.5
河南	0.4	1.5

3. 应纳税额的计算——从量计征。

一般取用水应纳税额 = 实际取用水量 × 适用税额

疏干排水应纳税额 = 实际取用水量 × 适用税额

疏干排水的实际取用水量按照排水量确定。疏干排水是指在采矿和工程建设过程中破坏地下水层、发生地下涌水的活动。

水力、火力发电贯流式（不含循环式）冷却取用水应纳税额 = 实际发电量 × 适用税额

火力发电贯流式冷却取用水，是指火力发电企业从江河、湖泊（含水库）等水源取水，并对机组冷却后将水直接排入水源的取用水方式。火力发电循环式冷却取用水，是指火力发电企业从江河、湖泊（含水库）、地下等水源取水并引入自建冷却水塔，对机组冷却后返回冷却水塔循环利用的取用水方式。

4. 税收减免。

下列情形，予以免征或者减征水资源税：

（1）规定限额内的农业生产取用水，免征水资源税；

（2）取用污水处理再生水，免征水资源税；

（3）除接入城镇公共供水管网以外，军队、武警部队通过其他方式取用水的，免征水资源税；

（4）抽水蓄能发电取用水，免征水资源税；

（5）采油排水经分离净化后在封闭管道回注的，免征水资源税；

（6）财政部、税务总局规定的其他免征或者减征水资源税情形。

5. 征收管理。

（1）征管模式为"税务征管、水利核量、自主申报、信息共享"。

（2）纳税义务发生时间为纳税人取用水资源的当日。

（3）除农业生产取用水外，水资源税按季或按月征收，由主管税务机关根据实际情况确定。对超过规定限额的农业生产取用水水资源税可按年征收。不能按固定期限计算纳税的，可以按次申报纳税。

（4）纳税人应当自纳税期满或纳税义务发生之日起15日内申报纳税。

（5）由生产经营所在地的主管税务机关征收管理。

【鑫考题1·例题】某油田2019年12月销售原油20 000吨，开具增值税专用发票取得销售额10 000万元、增值税税额1 300万元，按《资源税税目税率幅度表》的规定，其适用的税率为8%。请计算该油田3月应缴纳的资源税。

【答案】销售原油应纳税额 = 10 000 × 8% = 800（万元）

【鑫考题2·例题】某石化企业为增值税一般纳税人，2019年5月发生以下业务：

（1）从国外某石油公司进口原油50 000吨，支付不含税价款折合人民币9 000万元，其中包含包装费及保险费折合人民币10万元。

（2）开采原油10 000吨，并将开采的原油对外销售6 000吨，取得含税销售额2 340万元，同时向购买方收取延期付款利息2.34万元，包装费1.17万元，另外支付运输费用7.02万元。

（3）用开采的原油2 000吨加工生产汽油1 300吨。

原油的资源税税率为10%。

计算该石化公司当月应纳资源税。

【答案】（1）由于资源税仅对在中国境内开采或生产应税产品的单位和个人征收，因此业务（1）中该石化公司进口原油无需缴纳资源税。

（2）业务（2）应缴纳的资源税 =（2 340 + 2.34 + 1.17）÷（1 + 13%）× 10% = 207.39（万元）

（3）业务（3）应缴纳的资源税 = 2 340 ÷ 6 000 ÷（1 + 13%）× 2 000 × 10% = 69.03（万元）

（4）该石化公司当月应纳资源税 = 207.39 + 69.03 = 276.42（万元）

【鑫考题3·例题】某砂石开采企业2019年3月销售砂石3 000立方米，资源税税率为2元/立方米。请计算该企业3月应纳资源税税额。

【答案】销售砂石应纳税额 = 课税数量 × 单位税额 = 3 000 × 2 = 6 000（元）

【鑫考题4·单选题】某煤炭开采企业2019年4月销售洗煤5万吨，开具增值税专用发票注明金额5 000万元。假设洗煤的折算率为80%，资源税税率为10%，该企业销售洗煤应缴纳的资源税为（   ）万元。

A. 400　　　　　B. 404　　　　　C. 505　　　　　D. 625

【答案】A

【解析】洗选煤应纳税额＝洗选煤销售额×折算率×适用税率。该企业销售洗煤应缴纳的资源税＝5 000×80%×10%＝400（万元）。

【鑫考题5·单选题】下列选项中，应缴纳水资源税的有（　　）。

A. 水利工程管理单位为配置或者调度水资源取水

B. 为农业抗旱和维护生态与环境必须临时应急取水

C. 抽取地下水作工业冷却用途

D. 家庭生活用水

【答案】C

【解析】选项A、B、D均不缴纳水资源税。

【鑫考点2】环境保护税法

环境保护税
- 纳税义务人（直接向环境排放应税污染物）
- 税目：大气污染物、水污染物、固体废物、噪声
- 计算
  - 大气污染物：污染物排放量/该污染物的污染当量值×适用税额
  - 水污染物：污染当量数×适用税额
    - 适用抽样测算法：见下图
    - 适用监测数据法：污染当量数＝污染物的排放量/该污染物的污染当量值＝污水排放量×浓度值/该污染物的污染当量值
  - 固体废物：排放量（产生量－综合利用量－储存量－处置量）×适用税额
- 税收优惠
  - 免征
  - 减征
- 征收管理：按月计算，按季申报

适用抽样
- 规模化禽畜养殖业排放的水污染物的污染当量数
  ＝养殖数量/该污染物的污染当量值
- 小型企业和第三产业排放的水污染物的污染当量数
  ＝污染排放量（吨）/该污染物的污染当量值（吨）
- 医院（2选1）：污染当量数＝医院床位数/污染当量值
  污染当量数＝污水排放量/污染当量值

《环境保护税法》自2018年1月1日起实施，同时停征排污费。

一、纳税义务人

环境保护税的纳税义务人是在中华人民共和国领域和中华人民共和国管辖的其他海域直接向环境排放应税污染物的企业事业单位和其他生产经营者。

二、征税范围

应税污染物，是指《环境保护税税目税额表》《应税污染物和当量值表》规定的大

气污染物、水污染物、固体废物和噪声。

有下列情形之一的，不属于直接向环境排放污染物，不缴纳相应污染物的环境保护税：

1. 企业事业单位和其他生产经营者向依法设立的污水集中处理、生活垃圾集中处理场所排放应税污染物的。

2. 企业事业单位和其他生产经营者在符合国家和地方环境保护标准的设施、场所贮存或者处置固体废物的。

3. 达到省级人民政府确定的规模标准并且有污染物排放口的畜禽养殖场，应当依法缴纳环境保护税，但依法对畜禽养殖废弃物进行综合利用和无害化处理的。

三、税目和税率

环境保护税税目包括大气污染物、水污染物、固体废物和噪声（工业），采用定额税率。见表8-3、表8-4。

表8-3 污染物、废物税目税额表

税目		计税单位	税额
大气污染物		每污染当量	1.2～12元
水污染物		每污染当量	1.4～14元
固体废物	煤矸石	每吨	5元
	尾矿	每吨	15元
	危险废物	每吨	1 000元

表8-4 工业噪声税目税额表

	超标1～3分贝	每月350元
工业噪声	超标4～6分贝	每月700元
	超标7～9分贝	每月1 400元
	超标10～12分贝	每月2 800元
	超标13～15分贝	每月5 600元
	超标16分贝	每月11 200元

1. 一个单位边界上有多处噪声超标，根据最高一处超标声级计算应纳税额；当沿边界长度超过100米有2个以上噪声超标，按照两个单位计算应纳税额。

2. 一个单位有不同地点作业场所的，应当分别计算应纳税额，合并计征。

3. 昼、夜均超标的环境噪声，昼、夜分别计算应纳税额，累计计征。

4. 声源一个月内超标不足15天的，减半计算应纳税额。

5. 声源一个月内累计昼间超标不足15昼或者累计夜间超标不足15夜的，分别减半计算应纳税额。

四、应纳税额的计算

1. 应税大气污染物应纳税额的计算。

应税大气污染物的应纳税额＝污染当量数×适用税额

污染当量数＝污染物排放量／该污染物的污染当量值（污染当量数：污染当量的数量，即污染当量的总数）

污染当量值：单位污染当量，即其他污染物相当于每一单位基准污染物污染危害及处理费用时的量值。

假定 A 为基准污染物，B 污染物污染当量值为 0.5 千克，则意味着 0.5 千克的 B 污染物与 1 千克的 A 污染物的污染危害及处理费用基本相等。

2．每一排放口或者没有排放口的应税大气污染物，按照污染当量数从大到小排序，对前三项污染物征税。

3．纳税人有下列情形之一的，以其当期应税大气污染物、水污染物的产生量作为污染物的排放量：

（1）未依法安装使用污染物自动监测设备或者未将污染物自动监测设备与环境保护主管部门的监控设备联网；

（2）损毁或者擅自移动、改变污染物自动监测设备；

（3）篡改、伪造污染物监测数据；

（4）通过暗管、渗井、渗坑、灌注或者稀释排放以及不正常运行防治污染设施等方式违法排放应税污染物；

（5）进行虚假纳税申报。

4．应税水污染物应纳税额的计算。

应税大气污染物的应纳税额＝污染当量数×适用税额

每一排放口的应税水污染物，第一类水污染物按照前五项征税，其他类水污染物按照前三项征税。

（1）适用监测数据法的水污染物的污染当量数＝该污染物的排放总量×浓度值÷该污染物的污染当量值。

（2）适用抽样测算法的水污染物的污染当量数。

规模化禽畜养殖业排放的水污染物的污染当量数＝养殖数量÷该污染物的污染当量值

小型企业和第三产业排放的水污染物的污染当量数＝污水排放量（吨）÷该污染物的污染当量值（吨）

医院排放的水污染物的污染当量数＝污水排放量÷该污染物的污染当量值成＝医院床位数÷该污染物的污染当量值

5．应税固体废物。

应纳税额＝固体废物排放量×适用税额

固体废物排放量＝当期固体废物的产生量－当期固体废物的综合利用量－当期固体废物的贮存量－当期固体废物的处置量。

纳税人有下列情形之一的，以其当期应税固体废物的产生量作为固体废物的排放量：

（1）非法倾倒应税固体废物；

（2）进行虚假纳税申报。

6. 应税噪声的应纳税额为超过国家规定标准分贝数对应的具体适用税额。

7. 计税依据确定时遵循的方法和顺序。

应税大气污染物、水污染物、固体废物的排放量和噪声的分贝数，按照下列方法和顺序计算：

（1）纳税人安装使用符合国家规定和监测规范的污染物自动监测设备的，按照污染物自动监测数据计算；

（2）纳税人未安装使用污染物自动监测设备的，按照监测机构出具的符合国家有关规定和监测规范的监测数据计算；

（3）因排放污染物种类多等原因不具备监测条件的，按照国务院环境保护主管部门规定的排污系数、物料衡算方法计算；

（4）不能按照上述第（1）项至第（3）项规定的方法计算的，按照省、自治区、直辖市人民政府环境保护主管部门规定的抽样测算的方法核定计算。

五、税收减免

《环境保护税法》规定的税收减免项目见表8-5。

表8-5　税收减免项目

暂免征税项目	减征税额项目
1. 农业生产（不包括规模化养殖）排放应税污染物的； 2. 机动车、铁路机车、非道路移动机械、船舶和航空器等流动污染源排放应税污染物的； 3. 依法设立的城乡污水集中处理、生活垃圾集中处理场所排放相应应税污染物，不超过国家和地方规定的排放标准的； 4. 纳税人综合利用的固体废物，符合国家和地方环境保护标准的； 5. 国务院批准免税的其他情形。	1. 纳税人排放应税大气污染物或者水污染物的浓度值低于国家和地方规定的污染物排放标准30%的，减按75%征收环境保护税； 2. 纳税人排放应税大气污染物或者水污染物的浓度值低于国家和地方规定的污染物排放标准50%的，减按50%征收环境保护税。

六、征收管理

1. 征管方式为"企业申报、税务征收、环保协同、信息共享"。

2. 数据传递和比对。

环境保护主管部门应当将排污单位的排污许可、污染物排放数据、环境违法和受行政处罚情况等环境保护相关信息，定期交送税务机关。

税务机关应当将纳税人的纳税申报、税款入库、减免税额、欠缴税款以及风险疑点等环境保护税涉税信息，定期交送环境保护主管部门。

税务机关应当将纳税人的纳税申报数据资料与环境保护主管部门交送的相关数据资料进行比对。纳税人申报的污染物排放数据与环境保护主管部门交送的相关数据不一致的，按照环境保护主管部门交送的数据确定应税污染物的计税依据。

3. 复核。

税务机关发现纳税人的纳税申报数据资料异常或纳税人未按照规定期限办理纳税申报的,可提请环境保护主管部门进行复核,环境保护主管部门应当自收到税务机关的数据资料之日起 15 日内向税务机关出具复核意见。税务机关应当按照环境保护主管部门复核的数据资料调整纳税人的应纳税额。

纳税人的纳税申报数据资料异常,包括但不限于下列情形:

(1) 纳税人当期申报的应税污染物排放量与上一年同期相比明显偏低,且无正当理由;

(2) 纳税人单位产品污染物排放量与同类型纳税人相比明显偏低,且无正当理由。

4. 纳税时间。

(1) 纳税义务发生时间为纳税人排放应税污染物的当日。

(2) 环境保护税按月计算,按季申报缴纳。不能按固定期限计算缴纳的,可以按次申报缴纳。

(3) 纳税人按季申报缴纳的,应当自季度终了之日起 15 日内,向税务机关办理纳税申报并缴纳税款。纳税人按次申报缴纳的,应当自纳税义务发生之日起 15 日内,向税务机关办理纳税申报并缴纳税款。

5. 纳税地点。

纳税人应当向应税污染物排放地的税务机关申报缴纳环境保护税。

(1) 应税大气污染物、水污染物排放口所在地;

(2) 应税固体废物产生地;

(3) 应税噪声产生地。

纳税人跨区域排放应税污染物,税务机关对税收征收管辖有争议的,由争议各方按有利于征收管理的原则协商解决。

纳税人从事海洋工程向中华人民共和国管辖海域排放应税大气污染物、水污染物或固体废物,申报缴纳环境保护税的具体办法,由国务院税务主管部门会同国务院海洋主管部门规定。

【鑫考题1·单选题】下列应税污染物中,在确定计税依据时只对超过规定标准的部分征收环境保护税的是( )。(2019 年)

A. 工业噪音　　B. 固体废物　　C. 水污染物　　D. 大气污染物

【答案】A

【解析】应税污染物的计税依据,按照下列方法确定:(1) 应税大气污染物按照污染物排放量折合的污染当量数确定;(2) 应税水污染物按照污染物排放量折合的污染当量数确定;(3) 应税固体废物按照固体废物的排放量确定;(4) 应税噪声按照超过国家规定标准的分贝数确定。

【鑫考题2·计算题】某企业 2018 年 3 月向大气直接排放二氧化硫、氟化物各 100

千克,一氧化碳200千克、氯化氢80千克,假设当地大气污染物每污染当量税额1.2元,该企业只有一个排放口。计算其应纳税额。

【答案】(1) 各污染物的污染当量数为:

二氧化硫污染当量数 = 100/0.95 = 105.26

氟化物污染当量数 = 100/0.87 = 114.94

一氧化碳污染当量数 = 200/16.7 = 11.98

氯化氢污染当量数 = 80/10.75 = 7.44

(2) 氟化物污染当量数(114.94) > 二氧化硫污染当量数(105.26) > 一氧化碳污染当量数(11.98) > 氯化氢污染当量数(7.44)

该企业只有一个排放口,排序选取计税前三项污染物为:氟化物、二氧化硫、一氧化碳。

(3) 应纳税额 = (114.94 + 105.26 + 11.98) × 1.2 = 278.62 (元)

【鑫考题3·单选题】某企业为环境保护税的纳税人,该企业2018年4月直接向河流排放总铅5 000千克,已知总铅污染当量值0.025千克,假设其所在省公布的环境保护税税额为每污染当量4元。甲企业当月应缴纳环境保护税( )元。

A. 800 000   B. 500 000   C. 824 000   D. 850 000

【答案】A

【解析】污染当量数 = 该污染物的排放量 ÷ 该污染物的污染当量值 = 5 000 ÷ 0.025 = 200 000。

应缴纳环境保护税 = 污染当量数 × 适用税额 = 200 000 × 4 = 800 000 (元)

【鑫考题4·多选题】下列应税污染物中,按污染物排放量折合的污染当量数作为环境保护税计税依据的有( )。(2019年)

A. 噪声   B. 水污染物   C. 大气污染物   D. 煤矸石

【答案】BC

【解析】应税污染物的计税依据,按照下列方法确定:(1) 应税大气污染物按照污染物排放量折合的污染当量数确定;(2) 应税水污染物按照污染物排放折合的污染当量数确定;(3) 应税固体废物按照固体废物的排放量确定;(4) 应税噪声按照超过国家规定标准的分贝数确定。

【鑫考题5·单选题】下列情形中,属于直接向环境排放污染物从而应缴纳环境保护税的是( )。

A. 企业在符合国家和地方环境保护标准的场所处置固体废物的

B. 事业单位向依法设立的生活垃圾集中处理场所排放应税污染物的

C. 企业向依法设立的污水集中处理场所排放应税污染物的

D. 依法设立的城乡污水集中处理场所超过国家和地方规定的排放标准排放应税污染物的

【答案】D

【解析】依法设立的城乡污水集中处理、生活垃圾集中处理场所排放相应应税污染物，不超过国家和地方规定的排放标准的，暂免征收环境保护税。超过国家和地方排放标准的，应按照相关规定征收税款。

第九章

城镇土地使用税法和耕地占用税法

考情分析

多为选择题,城镇土地使用税法涉及 1~2 分,耕地占用税法涉及 1~2 分。

知识框架

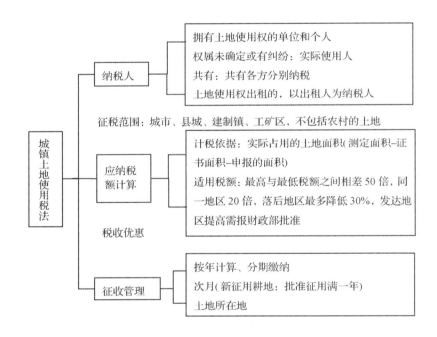

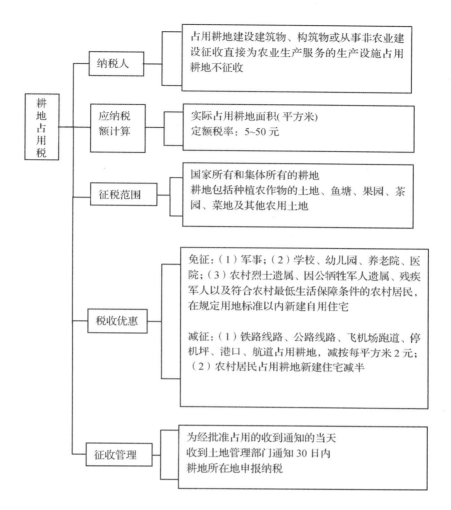

【鑫考点1】城镇土地使用税法

一、纳税义务人

城镇土地使用税是以国有土地或集体土地为征税对象，对拥有土地使用权的单位和个人征收的一种税。

在城市、县城、建制镇、工矿区范围内使用土地的单位和个人，为城镇土地使用税的纳税人。

1. 拥有土地使用权的单位和个人；
2. 拥有土地使用权的单位和个人不在土地所在地的，其土地的实际使用人和代管人为纳税人；
3. 土地使用权未确定或权属纠纷未解决的，其实际使用人为纳税人；
4. 土地使用权共有的，共有各方都是纳税人，由共有各方分别纳税；
5. 在城镇土地使用税征税范围内，承租集体所有建设用地的，由直接从集体经济组织承租土地的单位和个人，缴纳城镇土地使用税。

二、征税范围

城镇土地使用税的征税范围是：城市、县城、建制镇和工矿区内属于国家所有和集体所有的土地，不包括农村的土地。

三、税率——定额税率

1. 城镇土地使用税单位税额有较大差别。最高与最低税额之间相差50倍，同一地区最高与最低税额之间相差20倍。大城市1.5～30元，中等城市1.2～24元，小城市0.9～18元，县城、建制镇、工矿区0.6～12元。

2. 经济落后地区，税额可适当降低，但降低额不得超过税率表中规定的最低税额的30%。经济发达地区的适用税额可适当提高，但需报财政部批准。

四、计税依据——实际占用的土地面积

1. 由省、自治区、直辖市人民政府确定的单位组织测定土地面积的，以测定的面积为准。

2. 尚未组织测量，但纳税人持有政府部门核发的土地使用证书的，以证书确认的土地面积为准。

3. 尚未核发土地使用证书的，应由纳税人申报土地面积，据以纳税，待核发土地使用证以后再作调整。

4. 对单独建造的地下建筑用地——暂按应纳税款的50%征收土地使用税。

（1）取得土地使用证，按证书面积；

（2）未取得土地使用证或证书未标明土地面积，按地下建筑物垂直投影面积。

五、应纳税额的计算

（全年）应纳税额 = 实际占用应税土地面积（平方米）× 适用税额

【鑫考题1·单选题】某企业2018年初占用土地20 000平方米，其中幼儿园占地400平方米，其余为生产经营用地，6月购置一栋办公楼，占地300平方米，该企业所在地城镇土地使用税年税额6元/平方米，则该企业2018年应缴纳城镇土地使用税为（　　）。（2019年）

A. 118 500元　　　　　　　　B. 118 350元
C. 119 400元　　　　　　　　D. 118 650元

【答案】A

【解析】(20 000 - 400) × 6 + 300 × 6 × 6 ÷ 12 = 118 500（元）

【鑫考题2·单选题】某企业在市区拥有一块地，尚未由有关部门组织测量面积，但持有政府部门核发的土地使用证书。下列关于该企业履行城镇土地使用税纳税义务的表述中，正确的是（　　）。

A. 暂缓履行纳税义务

B. 自行测量土地面积并履行纳税义务

C. 待将来有关部门测定完土地面积后再履行纳税义务

D. 以证书确认的土地面积作为计税依据履行纳税义务

【答案】D

【解析】尚未组织测量，但纳税人持有政府部门核发的土地使用证书的，以证书确认的土地面积为准。

六、税收优惠

1. 法定免税项目：

（1）国家机关、人民团体、军队自用的土地。

（2）由国家财政部门拨付事业经费的单位自用的土地。

（3）宗教寺庙、公园、名胜古迹自用的土地。

（4）市政街道、广场、绿化地带等公共用地。

（5）直接用于农、林、牧、渔业的生产用地。直接从事于种植养殖、饲养的专业土地。不包括农副产品加工场地和生活办公用地。

（6）经批准开山填海整治的土地和改造的废弃土地，从使用的月份起免缴土地使用税5年至10年。

（7）对非营利性医疗机构、疾病控制机构和妇幼保健机构等卫生机构自用的土地，免征城镇土地使用税。

（8）企业办的学校、医院、托儿所、幼儿园，其用地能与企业其他用地明确区分的，免征城镇土地使用税。

（9）免税单位无偿使用纳税单位的土地（如公安、海关等单位使用铁路、民航等单位的土地），免征城镇土地使用税。纳税单位无偿使用免税单位的土地，纳税单位应照章缴纳城镇土地使用税。

纳税单位与免税单位共同使用、共有使用权土地上的多层建筑，对纳税单位可按其占用的建筑面积占建筑总面积的比例计征城镇土地使用税。

（10）对行使国家行政管理职能的中国人民银行总行（含国家外汇管理局）所属分支机构自用的土地，免征城镇土地使用税。

（11）下列暂免征收城镇土地使用税：

① 石油天然气生产建设中用于地质勘探、钻井、井下作业、油气田地面工程等施工的临时用地；

② 企业的铁路专用线、公路等用地，在厂区以外、与社会公用地段未加隔离的；

③ 企业厂区以外的公共绿化用地和向社会开放的公园用地；

④ 盐场的盐滩、盐矿的矿井用地。

（12）自2019年1月1日至2021年12月31日，对专门经营农产品的农产品批发市场、农贸市场使用（包括自有和承租，下同）的房产、土地，暂免征收城镇土地使用税。对同时经营其他产品的农产品批发市场和农贸市场使用的房产、土地，按其他产品与农产品交易场地面积的比例确定征免城镇土地使用税。

（13）至2019年12月31日止（含当日），对物流企业自有的（包括自用和出租）大宗商品仓储设施用地和物流企业承租用于大宗商品仓储设施的土地，减按所属土地等级适用税额标准的50%计征城镇土地使用税。物流企业的办公、生活区域用地及其他非直接从事大宗商品仓储的用地，不属于优惠范围，应按规定征收城镇土地使用税。

（14）自2018年10月1日至2020年12月31日，对按照去产能和调结构政策要求停产停业、关闭的企业，自停产停业次月起，免征城镇土地使用税。企业享受免税政策的期限累计不得超过两年。

（15）自2019年1月1日至2021年12月31日，对国家级、省级科技企业孵化器、大学科技园和国家备案众创空间自用以及无偿或通过出租等方式提供给在孵对象使用的土地，免征城镇土地使用税。

（16）自2019年1月1日至2021年12月31日，对城市公交站场、道路客运站场、城市轨道交通系统运营用地，免征城镇土地使用税。

（17）自2019年1月1日至2020年12月31日，对向居民供热收取采暖费的供热企业，为居民供热所使用的厂房及土地免征城镇土地使用税；对供热企业其他厂房及土地，应当按照规定征收城镇土地使用税。

2. 由省、自治区、直辖市税务局确定的减免税项目。

（1）个人所有的居住房屋及院落用地。

（2）房产管理部门在房租调整改革前经租的居民住房用地。

（3）免税单位职工家属的宿舍用地。

（4）集体和个人办的各类学校、医院、托儿所、幼儿园用地。

【鑫考题1·多选题】 下列土地中，属于法定免缴城镇土地使用税的有（　　）。

A. 名胜古迹自用土地

B. 个人所有的居住房屋用地

C. 免税单位无偿使用纳税单位的土地

D. 国家财政部门拨付事业经费的学校用地

【答案】ACD

【解析】选项B，属于省、自治区、直辖市税务局确定的土地使用税减免优惠的范围。

【鑫考题2·单选题】 某企业2019年度拥有位于市郊的一宗地块，其地上面积为1万平方米，单独建造的地下建筑面积为4 000平方米（已取得地下土地使用权证）。该市规定的城镇土地使用税税率为2元/平方米。则该企业2019年度就此地块应缴纳的城镇土地使用税为（　　）。

A. 0.8万元　　B. 2万元　　C. 2.8万元　　D. 2.4万元

【答案】D

【解析】该企业2019年度此地块应缴纳的城镇土地使用税 = 1×2 + 0.4×2×50% = 2.4（万元）。

【鑫考题3·单选题】下列土地中，免征城镇土地使用税的是（　　）。
A. 营利性医疗机构自用的土地
B. 公园内附设照相馆使用的土地
C. 生产企业使用海关部门的免税土地
D. 公安部门无偿使用铁路企业的应税土地
【答案】D
【解析】选项A、B为经营性用地，不免征城镇土地使用税；选项C，纳税单位无偿使用免税单位的土地，纳税单位应照章缴纳城镇土地使用税。

七、征收管理

1. 纳税期限。

城镇土地使用税实行按年计算、分期缴纳的征收方法，具体纳税期限由省、自治区、直辖市人民政府确定。

2. 纳税义务发生时间。

（1）纳税人购置新建商品房，自房屋交付使用之次月起，缴纳城镇土地使用税。

（2）纳税人购置存量房，自办理房屋权属转移、变更登记手续，房地产权属登记机关签发房屋权属证书之次月起，缴纳城镇土地使用税。

（3）纳税人出租、出借房产，自交付出租、出借房产之次月起，缴纳城镇土地使用税。

（4）以出让或转让方式有偿取得土地使用权的，应由受让方从合同约定交付土地时间的次月起缴纳城镇土地使用税；合同未约定交付时间的，由受让方从合同签订的次月起缴纳城镇土地使用税。

（5）纳税人新征用的耕地，自批准征用之日起满1年时开始缴纳城镇土地使用税。

（6）纳税人新征用的非耕地，自批准征用次月起缴纳城镇土地使用税。

（7）纳税人因土地的权利发生变化而依法终止城镇土地使用税纳税义务的，其应纳税款的计算应截止到土地权利发生变化的当月末。

【鑫考题1·多选题】下列关于城镇土地使用税纳税义务发生时间的表述中，正确的有（　　）。
A. 纳税人新征用的非耕地，自批准征用次月起缴纳城镇土地使用税
B. 纳税人购置新建商品房，自房屋交付使用之次月起缴纳城镇土地使用税
C. 纳税人新征用的耕地，自批准征用之日起满6个月时开始缴纳城镇土地使用税
D. 纳税人出租房产，自合同约定应付租金日期的次月起缴纳城镇土地使用税
【答案】AB
【解析】选项C，纳税人新征用的耕地，自批准征用之日起满1年时开始缴纳城镇土

地使用税；选项D，纳税人出租、出借房产，自交付出租、出借房产之次月起缴纳城镇土地使用税。

3. 纳税地点和征收机构。

城镇土地使用税在土地所在地缴纳。

纳税人使用的土地不属于同一省、自治区、直辖市管辖的，由纳税人分别向土地所在地的税务机关缴纳城镇土地使用税；在同一省、自治区、直辖市管辖范围内，纳税人跨地区使用的土地，其纳税地点由各省、自治区、直辖市税务局确定。

【鑫考题·多选题】下列关于城镇土地使用税的纳税义务发生时间的表述中符合税法规定的有（　　）。（2019年）

A. 纳税人出租房产，自交付出租房产之次月起纳税
B. 纳税人新征用的耕地，自批准征用之次月起纳税
C. 纳税人购置新建商品房，自房屋交付使用之次月起纳税
D. 纳税人出借房产，自出借房产之次月起纳税

【答案】ACD

【解析】本题考察城镇土地使用税纳税义务发生时间，选项A、D，纳税人出租、出借房产，自交付出租、出借房产之次月起，缴纳城镇土地使用税；选项B，纳税人新征用的耕地，自批准征用之日起满1年时开始缴纳城镇土地使用税；选项C，纳税人购置新建商品房，自房屋交付使用之次月起，缴纳城镇土地使税。

【鑫考点2】耕地占用税法

一、纳税人

耕地占用税的纳税义务人，是占用耕地建设建筑物、构筑物或者从事非农业建设的单位和个人。

经批准占用耕地的，纳税人为农用地转用审批文件中标明的建设用地人；农用地转用审批文件中未标明建设用地人的，纳税人为用地申请人，其中用地申请人为各级人民政府的，由同级土地储备中心、自然资源主管部门或政府委托的其他部门、单位履行耕地占用税申报纳税义务。

未经批准占用耕地的，纳税人为实际用地人。

二、征税范围

耕地占用税的征税范围包括纳税人占用耕地建设建筑物、构筑物或者从事非农业建设的国家所有和集体所有的耕地。

耕地占用税所称耕地，是指用于种植农作物的土地，包括菜地、园地。其中，园地包括花圃、苗圃、茶园、果园、桑园和其他种植经济林木的土地。

占用鱼塘及其他农用土地建房或从事其他非农业建设，也视同占用耕地，必须依法

征收耕地占用税。

占用已开发从事种植、养殖的滩涂、草场、水面和林地等从事非农业建设，由省、自治区、直辖市本着有利于保护土地资源和生态平衡的原则，结合具体情况确定是否征收耕地占用税。

三、税率

实行地区差别定额税率：每平方米 5~50 元。

1. 人均耕地不超过 1 亩的地区，每平方米 10~50 元；
2. 人均耕地超过 1 亩但不超过 2 亩的地区，每平方米 8~40 元；
3. 人均耕地超过 2 亩但不超过 3 亩的地区，每平方米 6~30 元；
4. 人均耕地 3 亩以上的地区，每平方米 5~25 元。

人均耕地低于 0.5 亩的地区，省、自治区、直辖市可以根据当地经济发展情况，适当提高耕地占用税的适用税额，但最多不得超过适用税额的 50%。占用基本农田的，应当按照适用税额加按 150%。

四、计税依据及应纳税额的计算

应纳税额 = 实际占用的应税土地面积（平方米）× 定额税率

五、税收优惠

1. 免征。
（1）军事设施占用耕地。
（2）学校、幼儿园、社会福利机构、医疗机构占用耕地。
（3）农村烈士遗属、因公牺牲军人遗属、残疾军人以及符合农村最低生活保障条件的农村居民，在规定用地标准以内新建自用住宅。

2. 减征。
（1）铁路线路、公路线路、飞机场跑道、停机坪、港口、航道、水利工程占用耕地，减按每平方米 2 元的税额征收耕地占用税。
（2）农村居民在规定用地标准以内占用耕地新建自用住宅，按照当地适用税额减半征收耕地占用税；其中农村居民经批准搬迁，新建自用住宅占用耕地不超过原宅基地面积的部分，免征耕地占用税。

免征或者减征耕地占用税后，纳税人改变原占地用途，不再属于免征或者减征耕地占用税情形的，应当按照当地适用税额补缴耕地占用税。

3. 退税。（新增）
（1）因挖损、采矿塌陷、压占、污染等损毁耕地属于税法所称的非农业建设，应依照税法规定缴纳耕地占用税；自自然资源、农业农村等相关部门认定损毁耕地之日起 3 年内依法复垦或修复，恢复种植条件的，办理退税。
（2）纳税人因建设项目施工或者地质勘查临时占用耕地，应当依照本法的规定缴纳耕地占用税。纳税人在批准临时占用耕地期满之日起 1 年内依法复垦，恢复种植条件的，全额退还已经缴纳的耕地占用税。

纳税人临时占用耕地，是指经自然资源主管部门批准，在一般不超过2年内临时使用耕地并且没有修建永久性建筑物的行为。依法复垦应由自然资源主管部门会同有关行业管理部门认定并出具验收合格确认书。

4. 农用地转用环节免征退税规定。

在农用地转用环节，用地申请人能证明建设用地人符合免税情形的，免征用地申请人的耕地占用税；在供地环节，建设用地人使用耕地用途符合免税情形的，由用地申请人和建设用地人共同申请，按退税管理的规定退还用地申请人已经缴纳的耕地占用税。（新增）

六、征收管理

1. 耕地占用税由税务机关负责征收。
2. 纳税义务发生时间为收到自然资源主管部门办理占用耕地手续的书面通知的当日。
3. 获准占用耕地的单位或者个人应当在纳税义务发生之日起30日内缴纳耕地占用税。
4. 纳税人占用耕地，应当在耕地所在地申报纳税。
5. 未经批准占用耕地的，耕地占用税纳税义务发生时间为自然资源主管部门认定的纳税人实际占用耕地的当日。
6. 因挖损、采矿塌陷、压占、污染等损毁耕地的纳税义务发生时间为自然资源、农业农村等相关部门认定损毁耕地的当日。（新增）

【鑫考题1·单选题】 下列单位占用的耕地中，应减征耕地占用税的是（　　）。

A. 幼儿园　　　　　　　　　B. 港口
C. 养老院　　　　　　　　　D. 省政府批准成立的技工学校

【答案】B

【解析】铁路线路、公路线路、飞机场跑道、停机坪、港口、航道占用耕地，减按每平方米2元的税额征收耕地占用税。学校、幼儿园、养老院、医院占用地免征耕地占用税。

【鑫考题2·单选题】 下列占用耕地的行为中，免征耕地占用税的是（　　）。

A. 公立医院占用耕地　　　　　B. 铁路线路占用耕地
C. 农村居民新建住宅占用耕地　D. 民用飞机场跑道占用耕地

【答案】A

【解析】选项B、D，除另有规定外，铁路线路、公路线路、飞机场跑道、停机坪、港口、航道占用耕地，减按每平方米2元的税额征收耕地占用税；选项C，农村居民占用耕地新建住宅，按照当地适用税额减半征收耕地占用税。

【鑫考题3·单选题】 下列耕地占用的情形中，属于免征耕地占用税的是（　　）。

A．医院占用耕地　　　　　　　　B．高尔夫球场占用耕地
C．建厂房占用鱼塘　　　　　　　D．商品房建设占用林地

【答案】A

【解析】选项B、C、D，属于占用耕地从事非农业建设，需要缴纳耕地占用税。

【鑫考题4·单选题】下列项目占用耕地，可以直接免征耕地占用税的是(　　)。(2019年)

A．机场跑道　　　B．军事设施　　　C．铁路线路　　　D．港口码头

【答案】B

【解析】免征耕地占用税的项目有：（1）军事设施占用耕地。（2）学校、幼儿园、社会福利机构、医疗机构占用耕地。（3）农村烈士遗属、因公牺牲军人遗属、残疾军人以及符合农村最低生活保障条件的农村居民，在规定用地标准以内新建自用住宅，免征耕地占用税。

第十章

房产税法、契税法和土地增值税法

考情分析

本章分值大概 8~10 分，其中房产税法 2~3 分、契税法 1~2 分、土地增值税法 5 分。房产税法和契税法以选择题为主，土地增值税法常和其他税种结合出现在计算问答题中。

【鑫考点1】房产税法

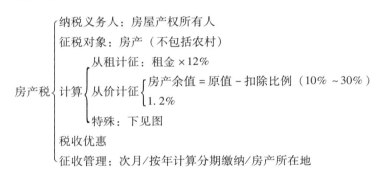

一、纳税义务人

房产税是以房屋为征税对象，按照房屋的计税余值或租金收入，向产权所有人征收的一种财产税。

房产税以在征税范围内的房屋产权所有人为纳税人。其中：

1. 产权属国家所有的，由经营管理单位纳税；产权属集体和个人所有的，由集体单位和个人纳税。

2. 产权出典的，由承典人纳税。

3. 产权所有人、承典人不在房屋所在地的，或者产权未确定及租典纠纷未解决的，由房产代管人或者使用人纳税。

4. 纳税单位和个人无租使用房产管理部门、免税单位及纳税单位的房产，应由使用人代为缴纳房产税。

二、征税范围

房产税以房产为征税对象。房产税的征税范围为城市、县城、建制镇和工矿区，不包括农村。

房地产开发企业建造的商品房，在出售前，不征收房产税；但对出售前房地产开发企业已使用或出租、出借的商品房应按规定征收房产税。

三、税率

1. 从价计征税率为1.2%；

2. 从租计征税率为12%；对个人出租住房，不区分用途，按4%的税率征收房产税。

四、计税依据

1. 从价计征。见表10-1。

表10-1　房产税从价计征规定

一般规定	从价计征特殊问题
1. 计税依据是房产原值一次减除10%~30%的扣除比例后的余值。各地扣除比例由当地省、自治区、直辖市人民政府确定。 2. 房产原值应包括与房屋不可分割的各种附属设备或一般不单独计算价值的配套设施。主要有暖气、卫生、通风、照明、煤气等。 3. 纳税人对原有房屋进行改建、扩建的，要相应增加房屋的原值。 4. 房产原值中均应包含地价的规定：宗地容积率低于0.5的，按房产建筑面积的2倍计算土地面积并据此确定计入房产原值的地价。	1. 以房产联营投资的，房产税计税依据应区别对待：以房产联营投资，共担经营风险的，以房产余值为计税依据计征房产税；以房产联营投资，收取固定收入，不承担经营风险，只收取固定收入的，实际是以联营名义取得房产租金，因此应由出租方按租金收入计征房产税。 2. 融资租赁房屋，以房产余值为计税依据计征房产税。 3. 居民住宅区内业主共有经营性房产，由实际经营的代管人或使用人缴纳房产税。其中：自营的依照房产原值减除10%~30%后的余值计征，没有房产原值或不能将业主共有房产与其他房产的原值准确划分开的，由房产所在地地方税务机关参照同类房产核定房产原值；出租的依照租金收入计征。 4. 独立地下建筑物自用，工业用途房产，以房屋原价的50%~60%作为应税房产原值；商业和其他用途房产，以房屋原价的70%~80%作为应税房产原值。 对于与地上房屋相连的地下建筑，如房屋的地下室、地下停车场、商场的地下部分等，应将地下部分与地上房屋视为一个整体按照地上房屋建筑的有关规定计算征收房产税。 出租的地下建筑，按照出租地上房屋建筑的有关规定计算征收房产税。

2. 从租计征。

计税依据为房产租金收入。

（1）如果是以劳务或者其他形式为报酬抵付房租收入的，应根据当地同类房产的租金水平，确定一个标准租金额从租计征。

（2）对出租房产，租赁双方签订的租赁合同约定有免收租金期限的，免收租金期间由产权所有人按照房产原值缴纳房产税。

五、税收优惠

1. 国家机关、人民团体、军队自用的房产免征房产税。但上述免税单位的出租房产以及非自身业务使用的生产、营业用房，不属于免税范围。

2. 由国家财政部门拨付事业经费的单位，如学校、医疗卫生单位、托儿所、幼儿园、敬老院、文化、体育、艺术这些实行全额或差额预算管理的事业单位所有的，本身业务范围内使用的房产免征房产税。

3. 宗教寺庙、公园、名胜古迹自用的房产免征房产税。

4. 个人所有非营业用的房产免征房产税。

个人所有的非营业用房，主要是指居民住房，不分面积多少，一律免征房产税。

对个人拥有的营业用房或者出租的房产，不属于免税房产，应照章纳税。

5. 经财政部批准免税的其他房产，主要有：

（1）对非营利性医疗机构、疾病控制机构和妇幼保健机构等卫生机构自用的房产，免征房产税。

（2）对按政府规定价格出租的公有住房和廉租住房，免征房产税。

（3）经营公租房的租金收入，免征房产税。

6. 自2018年10月1日至2020年12月31日，对按照去产能和调结构政策要求停产停业、关闭的企业，自停产停业次月起，免征房产税、城镇土地使用税。企业享受免税政策的期限累计不得超过两年。

7. 自2019年1月1日至2021年12月31日，对国家级、省级科技企业孵化器、大学科技园和国家备案众创空间自用以及无偿或通过出租等方式提供给在孵对象使用的房产，免征房产税。

8. 自2019年1月1日至2021年12月31日，对高校学生公寓免征房产税。

9. 自2019年1月1日至2021年12月31日，对农产品批发市场、农贸市场（包括自有和承租，下同）专门用于经营农产品的房产、土地，暂免征收房产税。对同时经营其他产品的农产品批发市场和农贸市场使用的房产、土地，按其他产品与农产品交易场地面积的比例确定征免房产税。

10. 自2019年1月1日至2020年12月31日，对向居民供热收取采暖费的供热企业，为居民供热所使用的厂房及土地免征房产税；对供热企业其他厂房及土地，应当按照规定征收房产税。

六、征收管理

1. 纳税义务发生时间。

（1）纳税人将原有房产用于生产经营，从生产经营之月起缴纳房产税。

（2）纳税人自行新建房屋用于生产经营，从建成之次月起缴纳房产税。

（3）纳税人委托施工企业建设的房屋，从办理验收手续之次月起缴纳房产税。

（4）纳税人购置新建商品房，自房屋交付使用之次月起缴纳房产税。

（5）纳税人购置存量房，自办理房屋权属转移、变更登记手续，房地产权属登记机关签发房屋权属证书之次月起，缴纳房产税。

（6）纳税人出租、出借房产，自交付出租、出借房产之次月起，缴纳房产税。

（7）房地产开发企业自用、出租、出借本企业建造的商品房，自房屋使用或交付之次月起，缴纳房产税。

（8）纳税人因房产的实物或权利状态发生变化而依法终止房产税纳税义务的，其应纳税款的计算应截止到房产的实物或权利状态发生变化的当月末。

2. 纳税期限。

房产税实行按年计算、分期缴纳的征收方法，具体纳税期限由省、自治区、直辖市人民政府确定。

3. 纳税地点。

房产税在房产所在地缴纳。房产不在同一地方的纳税人，应按房产的坐落地点分别向房产所在地的税务机关纳税。

【鑫考题1·单选题】下列房屋及建筑物中，属于房产税征税范围的是（　　）。

A. 农村的居住用房
B. 个人拥有的市区经营性用房
C. 建在室外的露天游泳池
D. 尚未使用或出租而待售的商品房

【答案】B

【解析】只有选项B属于房产税的征税范围，如果是自用的情况则免征房产税。

【鑫考题2·单选题】某企业2016年3月投资1 500万元取得5万平方米的土地使用权，用于建造面积为3万平方米的厂房，建筑成本和费用为2 000万元，2016年底竣工验收并投入使用。对该厂房征收房产税时所确定的房产原值是（　　）。

A. 2 900万元　　C. 5 000万元　　B. 3 500万元　　D. 3 800万元

【答案】B

【解析】计征房产税的房产原值=1 500+2 000=3 500（万元）

【鑫考题3·单选题】某公司2018年购进一处房产，2019年5月1日用于投资联营（收取固定收入，不承担联营风险），投资期3年，当年取得固定收入1 600万元。该房产原值30 000万元，当地政府规定的减除幅度为30%，该公司2019年应缴纳的房产税为（　　）万元。

A. 212　　　　B. 276　　　　C. 297　　　　D. 444

【答案】B

【解析】房产税=1 600×12%+30 000×(1-30%)×4÷12×1.2%=276（万元）

【鑫考题4·计算题】某企业将其与办公楼相连的地下停车场和另一独立的地下建筑物改为地下生产车间，2019年3月办理竣工手续，4月投入使用，停车场原值100万元,地下建筑物原价200万元,该企业所在省财政和地方税务部门确定地下建筑物的房产原价的折算比例为50%,房产原值减除比例为30%。该企业以上两处地下建筑物2019年4月至12月份应缴纳房产税多少?

【答案】该企业以上两处地下建筑物2019年4月至12月份应缴纳房产税=(100+200×50%)×(1-30%)×1.2%×9÷12=1.26(万元)

【鑫考题5·单选题】某上市公司2019年以5 000万元购得一处高档会所,然后加以改建,支出500万元在后院新建一露天泳池,支出500万元新增中央空调系统,拆除200万元的照明设施,再支付500万元安装智能照明和楼宇声控系统,会所于2019年底改建完毕并对外营业。当地规定计算房产余值扣除比例为30%,2020年该会所应缴纳房产税( )万元。

A. 42 B. 48.72 C. 50.4 D. 54.6

【答案】B

【解析】应缴纳房产税=(5 000+500-200+500)×(1-30%)×1.2%=48.72(万元)

【鑫考题6·单选题】下列情形中,应从租计征房产税的是( )。(2019年)

A. 融资租赁租出房产的
B. 以居民住宅区内业主共有的经营性房产进行自营的
C. 接受劳务抵付房租的
D. 具有房屋功能的地下建筑自用的

【答案】C

【解析】选项A、B、D,均属于按照房产余值从价计征房产税的情形。

【鑫考题7·多选题】下列关于房产税纳税义务发生时间的表述中,正确的有( )。

A. 纳税人自行新建房屋用于生产经营,从建成之月起缴纳房产税
B. 纳税人将原有房产用于生产经营,从生产经营之月起缴纳房产税
C. 纳税人出租房产,自交付出租房产之次月起缴纳房产税
D. 房地产开发企业自用本企业建造的商品房,自房屋使用之次月起缴纳房产税

【答案】BCD

【解析】选项A,纳税人自行新建房屋用于生产经营,从建成之次月起缴纳房产税。

【鑫考题8·单选题】某工业企业2016年2月自建的厂房竣工并投入使用。该厂房的原值为8 000万元,其中用于储存物资的地下室为800万元。假设房产原值的减除比例为30%,地下室应税原值为房产原值的60%。该企业2016年应缴纳房产税( )万元。

A. 56 B. 59.14 C. 61.60 D. 53.76

【答案】A

【解析】应纳税额=8 000×(1-30%)×1.2%×10/12=56(万元)

【鑫考点2】契税法

契税是以在中华人民共和国境内转移土地、房屋权属为征税对象，向产权承受人征收的一种财产税。

契税法
- 纳税人：土地房屋产权承受人
- 征税对象
  - 国有土地使用权出让：不得因减免土地出让金而减免契税
  - 国有土地使用权转让：不包括农村集体土地承包经营权的转移房屋买卖、视同买卖（抵债、投资等）、获奖、预购
- 应纳税额计算
  - 计税依据：成交价/税务机关参照市场价格
  - 核定/差额/补交的土地使用权出让费用或者土地收益
  - 税率：3%～5%
- 优惠征税管理：签订合同的当天/10天/土地房屋坐落地

一、纳税义务人

契税的纳税义务人是境内转移土地、房屋权属，承受的单位和个人。境内是指中华人民共和国实际税收行政管辖范围内。土地、房屋权属是指土地使用权和房屋所有权。

二、征税范围

1. 国有土地使用权出让。

国有土地使用权出让是指土地使用者向国家交付土地使用权出让费用，国家将国有土地使用权在一定年限内让与土地使用者的行为。

国有土地使用权出让，受让者应向国家缴纳出让金，以出让金为依据计算缴纳契税。不得因减免土地出让金而减免契税。

2. 土地使用权的转让。

土地使用权的转让是指土地使用者以出售、赠与、交换或者其他方式将土地使用权转移给其他单位和个人的行为。土地使用权的转让不包括农村集体土地承包经营权的转移。

3. 房屋买卖。

即以货币为媒介，出卖者向购买者过渡房产所有权的交易行为。

以下几种特殊情况，视同买卖房屋：

（1）以房产抵债或实物交换房屋。经当地政府和有关部门批准，以房抵债和实物交换房屋，均视同房屋买卖，应由产权承受人，按房屋现值缴纳契税。

对已缴纳契税的购房单位和个人，在未办理房屋权属变更登记前退房的，退还已纳契税；在办理房屋权属变更登记后退房的，不予退还已纳契税。

（2）以房产作投资、入股。视同房屋买卖，由产权承受方按契税税率计算缴纳契税。

（3）买房拆料或翻建新房，应照章征收契税。

（4）房屋赠与缴纳契税。

法定继承人继承土地、房屋权属，不征收契税；非法定继承人根据遗嘱承受死者生前的土地、房屋权属，属于赠与行为，应征收契税。

(5) 房屋交换。由支付差价的一方纳税。

(6) 获奖方式承受土地、房屋权属。

(7) 以预购方式或者预付集资建房款方式承受土地、房屋权属。

三、税率

契税实行3%~5%的幅度比例税率。

四、计税依据

1. 国有土地使用权出让、土地使用权出售、房屋买卖，以成交价格为计税依据。

2. 土地使用权赠与、房屋赠与，由征收机关参照土地使用权出售、房屋买卖的市场价格核定。

3. 土地使用权交换、房屋交换，为所交换的土地使用权、房屋的价格差额。

4. 以划拨方式取得土地使用权，经批准转让房地产时，由房地产转让者补交契税。计税依据为补交的土地使用权出让费用或者土地收益。

对承受国有土地使用权应支付的土地出让金。

5. 为了避免偷、逃税款，税法规定，成交价格明显低于市场价格并且无正当理由的，或者所交换土地使用权、房屋价格的差额明显不合理并且无正当理由的，征收机关可以参照市场价格核定计税依据。

6. 房屋附属设施征收契税的依据。

(1) 不涉及土地使用权和房屋所有权转移变动的，不征收契税。

(2) 采取分期付款方式购买房屋附属设施土地使用权、房屋所有权的，应按合同规定的总价款计征契税。

(3) 承受的房屋附属设施权属如为单独计价的，按照当地确定的适用税率征收契税；如与房屋统一计价的，适用与房屋相同的契税税率。

五、契税优惠

1. 契税优惠的一般规定有9项：

(1) 国家机关、事业单位、社会团体、军事单位承受土地、房屋用于办公、教学、医疗、科研和军事设施的，免征契税。

(2) 城镇职工按规定第一次购买公有住房，免征契税。

(3) 因不可抗力灭失住房而重新购买住房的，酌情减免。

(4) 土地、房屋被县级以上人民政府征用、占用后，重新承受土地、房屋权属的，由省级人民政府确定是否减免。

(5) 承受荒山、荒沟、荒丘、荒滩土地使用权，并用于农、林、牧、渔业生产的，免征契税。

(6) 经外交部确认，依照我国有关法律规定以及我国缔结或参加的双边和多边条约或协定，应当予以免税的外国驻华使馆、领事馆、联合国驻华机构及其外交代表、领事官员和其他外交人员承受土地、房屋权属，免征契税。

（7）公租房经营单位购买住房作为公租房的，免征契税。

（8）对个人购买家庭唯一住房，面积为 90 平方米及以下的，减按 1% 的税率征收契税；面积为 90 平方米以上的，减按 1.5% 的税率征收契税。

（9）对个人购买家庭第二套改善性住房，面积为 90 平方米及以下的，减按 1% 的税率征收契税；面积为 90 平方米以上的，减按 2% 的税率征收契税。

2. 契税优惠的特殊规定有 9 项。

自 2018 年 1 月 1 日至 2020 年 12 月 31 日，符合以下规定的可按以下规定执行：

（1）企业改制。企业按照《中华人民共和国公司法》有关规定整体改制，包括非公司制企业改制为有限责任公司或股份有限公司，有限责任公司变更为股份有限公司，股份有限公司变更为有限责任公司，原企业投资主体存续并在改制（变更）后的公司中所持股权（股份）比例超过 75%，且改制（变更）后公司承继原企业权利、义务的，对改制（变更）后公司承受原企业土地、房屋权属，免征契税。

（2）事业单位改制。事业单位按照国家有关规定改制为企业，原投资主体存续并在改制后企业中出资（股权、股份）比例超过 50% 的，对改制后企业承受原事业单位土地、房屋权属，免征契税。

（3）公司合并。两个或两个以上的公司，依照法律规定、合同约定，合并为一个公司，且原投资主体存续的，对合并后公司承受原合并各方土地、房屋权属，免征契税。

（4）公司分立。公司依照法律规定、合同约定分立为两个或两个以上与原公司投资主体相同的公司，对分立后公司承受原公司土地、房屋权属，免征契税。

（5）企业破产。债权人（包括破产企业职工）承受破产企业抵偿债务的土地、房屋权属，免征契税；对非债权人承受破产企业土地、房屋权属，凡妥善安置原企业全部职工规定，与原企业全部职工签订服务年限不少于三年的劳动用工合同的，对其承受所购企业土地、房屋权属，免征契税；与原企业超过 30% 的职工签订服务年限不少于三年的劳动用工合同的，减半征收契税。

（6）资产划转。对承受县级以上人民政府或国有资产管理部门按规定进行行政性调整、划转国有土地、房屋权属的单位，免征契税。

同一投资主体内部所属企业之间土地、房屋权属的划转，包括母公司与其全资子公司之间，同一公司所属全资子公司之间，同一自然人与其设立的个人独资企业、一人有限公司之间土地、房屋权属的划转，免征契税。母公司以土地、房屋权属向其全资子公司增资，视同划转，免征契税。

（7）债权转股权。经国务院批准实施债权转股权的企业，对债权转股权后新设立的公司承受原企业的土地、房屋权属，免征契税。

（8）划拨用地出让或作价出资。以出让方式或国家作价出资（入股）方式承受原改制重组企业、事业单位划拨地的，不属上述规定的免税范围，对承受方应按规定征收契税。

（9）公司股权（股份）转让。在股权（股份）转让中，单位、个人承受公司股权（股份），公司土地、房屋权属不发生转移，不征收契税。

六、征收管理

1. 契税的纳税义务发生时间是纳税人签订土地、房屋权属转移合同的当天，或者纳税人取得其他具有土地、房屋权属转移合同性质凭证的当天。
2. 纳税期限为纳税义务发生之日起10日内。
3. 纳税地点为土地、房屋所在地的征收机关。

【考题1·单选题】甲企业2016年1月因无力偿还乙企业已到期的债务3 000万元，经双方协商甲企业同意以自有房产偿还债务，该房产的原值5 000万元，净值2 000万元，评估现值9 000万元，乙企业支付差价款6 000万元，双方办理了产权过户手续，则乙企业计缴契税的计税依据是（　　）。

A. 2 000万元　　B. 5 000万元　　C. 6 000万元　　D. 9 000万元

【答案】D

【解析】以房产抵偿债务，按照房屋的折价款作为计税依据缴纳契税，本题中的折价款为9 000万元。

【考题2·单选题】居民乙因拖欠居民甲1 800万元款项无力偿还，2019年6月经当地有关部门调解，以房产抵偿该笔债务，居民甲因此取得该房产的产权并支付给居民乙差价款200万元。假定当地省政府规定的契税税率为5%。下列表述中正确的是（　　）。

A. 居民甲应缴纳契税10万元　　B. 居民乙应缴纳契税10万元
C. 居民甲应缴纳契税100万元　　D. 居民乙应缴纳契税100万元

【答案】C

【解析】以房产抵债，按房产折价款由产权承受人缴纳契税。居民甲应纳契税＝（1 800＋200）×5%＝100（万元）。

【考题3·单选题】下列各项中，契税计税依据可由征收机关核定的是（　　）。

A. 土地使用权出售　　B. 国有土地使用权出让
C. 土地使用权赠与　　D. 以划拨方式取得土地使用权

【答案】C

【解析】土地使用权赠与，没有成交价格，由征收机关核定计税依据。

【考题4·单选题】下列房产转让的情形中，产权承受方免于缴纳契税的是（　　）。（2019年）

A. 以获奖方式承受土地、房屋权属
B. 将房产赠与非法定继承人
C. 以自有房产投资入股本人独资经营的企业
D. 以预付集资建房款方式承受土地、房屋权属

【答案】C

【解析】以自有房产作股投入本人独资经营的企业，免纳契税。

【鑫考题5·多选题】下列取得房产的情形中，免征契税的有（　　）。(2019年)
A. 个人购买家庭唯一非公有住房
B. 公租房经营单位购买住房作为公租房
C. 城镇职工首次取得公有制单位集资建成普通住房
D. 个人购买家庭第二套改善型住房

【答案】BC

【解析】选项A，对个人购买家庭唯一住房（家庭成员范围包括购房人、配偶以及未成年子女，下同），面积为90平方米及以下的，减按1%的税率征收契税；面积为90平方米以上的，减按1.5%的税率征收契税。选项D，对个人购买家庭第二套改善性住房，面积为90平方米及以下的，减按1%的税率征收契税；面积为90平方米以上的，减按2%的税率征收契税。

【鑫考题6·单选题】下列行为中，应当缴纳契税的是（　　）。
A. 个人以自有房产投入本人独资经营的企业
B. 企业将自有房产与另一企业的房产等价交换
C. 公租房经营企业购买住房作为公租房
D. 企业以自有房产投资于另一企业并取得相应的股权

【答案】D

【解析】选项A，以自有房产作股投入本人独资经营的企业，因未发生权属变化，不需办理房产变更手续，故不缴纳契税；选项B，等价交换房屋、土地权属的，免征契税；选项C，公租房经营单位购买住房作为公租房的，免征契税；选项D，应当缴纳契税。

【鑫考点3】 土地增值税法

土地增值税法
- 纳税人：有偿转让方
- 征税范围
  - 继承：不征
  - 赠与
    - 公益性赠与、赠与直系亲属或承担直接赡养义务人：不征
    - 非公益性赠与：征
  - 出租、代建房、重新评估：不征
  - 抵押期间：不征
  - 房地产交换：单位换征，个人换免
  - 合作建房：建成后自用免，转让征
- 应纳税额计算：(1) 确定收入；(2) 确定扣除项目金额；(3) 确定增值额；(4) 确定增值额与扣除项目的比率；(5) 找税率——四级超率累进税率；(6) 应纳税额＝增值额×税率－扣除项目金额×速算扣除系数
- 土地增值税清算：清算后再转让
- 税收优惠
- 征税管理

一、纳税义务人

土地增值税的纳税义务人为转让国有土地使用权、地上的建筑及其附着物（以下简称转让房地产）并取得收入的单位和个人。

二、征税范围

1. 基本征税范围。

土地增值税是对转让国有土地使用权及其地上建筑物和附着物的行为征税，不包括国有土地使用权出让所取得的收入。

2. 特殊征税范围。

(1) 继承：不征（无收入）。

(2) 赠予：公益性赠与、赠与直系亲属或承担直接赡养义务人，不征；非公益性赠与，征。

(3) 出租：不征（无权属转移）。

(4) 房地产抵押：抵押期不征；抵押期满，偿还债务本息不征；抵押期满，不能偿还债务，而以房地产抵债。

(5) 房地产交换：单位之间换房，征；个人之间互换自有住房，免征。

(6) 合作建房：建成后自用，暂免征；建成后转让，征。

(7) 代建房：不征（无权属转移）。

(8) 重新评估：不征（无权属转移，无收入）。

3. 企业改制重组土地增值税政策。

(1) 按照《中华人民共和国公司法》的规定，非公司制企业整体改建为有限责任公司或者股份有限公司，有限责任公司（股份有限公司）整体改建为股份有限公司（有限责任公司）。对改建前的企业将国有土地、房屋权属转移、变更到改建后的企业，暂不征土地增值税。

整体改建是指不改变原企业的投资主体，并承继原企业权利、义务的行为。

(2) 按照法律规定或者合同约定，两个或两个以上企业合并为一个企业，且原企业投资主体存续的，对原企业将国有土地、房屋权属转移、变更到合并后的企业，暂不征土地增值税。

(3) 按照法律规定或者合同约定，企业分设为两个或两个以上与原企业投资主体相同的企业，对原企业将国有土地、房屋权属转移、变更到分立后的企业，暂不征土地增值税。

(4) 单位、个人在改制重组时以国有土地、房屋进行投资，对其将国有土地、房屋权属转移、变更到被投资的企业，暂不征土地增值税。

上述4项有关改制重组土地增值税政策不适用于房地产开发企业。

三、计算步骤

1. 确定收入。

纳税人转让房地产取得的应税收入，应包括转让房地产的全部价款及有关的经济收益。从收入的形式来看，包括货币收入、实物收入和其他收入。

2. 确定扣除项目金额。

具体见表10-2、表10-3。

表10-2　房地产转让土地增值税的确认

对于新建房地产转让	对于存量房地产转让
1. 取得土地使用权所支付的金额——题目给出（含契税）。 2. 房地产开发成本——题目给出。 3. 房地产开发费用。 4. 与转让房地产有关的税金。 5. 房地产企业加计扣除。	1. 房屋及建筑物的评估价格（存量房）。 评估价格＝重置成本价×成新度折扣率 2. 取得土地使用权所支付的地价款和按国家统一规定缴纳的有关费用（存量房地）。 3. 与转让房地产有关的税金（存量房地）（城建税、教育费附加、地方教育附加、印花税）。
	特殊情况： 1. 凡不能取得评估价格但能提供购房发票：旧房及建筑物的评估价格，可按发票所载金额并从购买年度起至转让年度止每年加计5%计算扣除。计算扣除项目时"每年"按购房发票所载日期起至售房发票开具之日止，每满12个月计一年；超过一年，未满12个月但超过6个月的，可以视同为一年。 2. 对纳税人购房时缴纳的契税，凡能提供契税完税凭证的，准予作为"与转让房地产有关的税金"予以扣除，但不作为加计5%的基数。 3. 对于转让旧房及建筑物，既没有评估价格，又不能提供购房发票的，地方税务机关可以实行核定征收。

表10-3　新建房地产转让项目的扣除

新建房地产转让项目的扣除	内容
1. 取得土地使用权所支付的金额	（1）纳税人为取得土地使用权所支付的地价款。 （2）纳税人在取得土地使用权时按国家统一规定缴纳的有关费用（包含契税）。地价减，契税不减。
2. 房地产开发成本	指纳税人房地产开发项目实际发生的成本，包括6项： （1）土地征用及拆迁补偿费（包含耕地占用税）； （2）前期工程费； （3）建筑安装工程费； （4）基础设施费； （5）公共配套设施费； （6）开发间接费用等。

续表

新建房地产转让项目的扣除	内容
3. 房地产开发费用——期间费用，即销售费用、管理费用、财务费用	(1) 纳税人能够按转让房地产项目计算分摊利息支出，并能提供金融机构的贷款证明的，其允许扣除的房地产开发费用 = 利息 +（取得土地使用权所支付的金额 + 房地产开发成本）×5%以内（利息最高不能超过按商业银行同类同期贷款利率计算的金额）； (2) 纳税人不能按转让房地产项目计算分摊利息支出，或不能提供金融机构贷款证明的： 房地产开发费用 =（取得土地使用权所支付的金额 + 房地产开发成本）×10%以内 全部使用自有资金，没有利息支出的，按照以上方法扣除。上述具体适用的比例按省级人民政府此前规定的比例执行。
4. 与转让房地产有关的税金	增值税为价外税，税金不在计税收入中，不得扣除。 (1) 房地产开发企业：扣"一税两费"（城建税、教育费附加、地方教育附加）； 房地产开发企业印花税在开发费用中扣除。 (2) 非房地产开发企业：扣"两税两费"（城建税、教育费附加、地方教育附加、印花税）。
5. 财政部规定的其他扣除项目	从事房地产开发的纳税人可加计20%的扣除： 加计扣除费用 =（取得土地使用权支付的金额 + 房地产开发成本）×20%

3. 确定增值额。
4. 确定增值额与扣除项目的比率。
5. 找税率——四级超率累进税率。
6. 计算税额：

应纳税额 = 增值额 × 税率 - 扣除项目金额 × 速算扣除系数

增值率 = 增值额/扣除项目合计

增值率 0~50%，税率 30%，速算扣除系数 0；

增值率 50%~100%，税率 40%，速算扣除系数 5%；

增值率 100%~200%，税率 50%，速算扣除系数 15%；

增值率 200%以上，税率 60%，速算扣除系数 35%。

四、增值额的确定

纳税人有下列情形之一的，则按照房地产评估价格计算征收土地增值税。

1. 隐瞒、虚报房地产成交价格的；
2. 提供扣除项目金额不实的；
3. 转让房地产的成交价格低于房地产评估价格，又无正当理由的。

五、房地产开发企业土地增值税清算

1. 土地增值税的清算单位。

土地增值税以国家有关部门审批的房地产开发项目为单位进行清算，对于分期开发的项目，以分期项目为单位清算。

开发项目中同时包含普通住宅和非普通住宅的，应分别计算增值额。

2. 土地增值税的清算条件。

（1）符合下列情形之一的，纳税人应当进行土地增值税的清算：

① 房地产开发项目全部竣工、完成销售的；

② 整体转让未竣工决算房地产开发项目的；

③ 直接转让土地使用权的。

（2）符合下列情形之一的，主管税务机关可要求纳税人进行土地增值税清算：

① 已竣工验收的房地产开发项目，已转让的房地产建筑面积占整个项目可售建筑面积的比例在85%以上，或未超85%，但剩余可售建筑面积已经出租或自用；

② 取得销售（预售）许可证满3年仍未销售完毕的；

③ 纳税人申请注销税务登记但未办理土地增值税清算手续的。

3. 非直接销售和自用房地产的收入确定。

（1）房地产开发企业将开发的产品用于职工福利、奖励、对外投资、分配给股东或投资人、抵偿债务、换取其他单位和个人的非货币资产等，发生所有权转移时应视同销售房地产。

（2）房地产开发企业将开发的部分房地产转为企业自用或用于出租等商业用途时，如果产权未产生转移，不征收土地增值税，在税款清算时不列收入，不扣除相应的成本和费用。

（3）土地增值税清算时，已全额开具商品房销售发票的，按照发票所载金额确认收入；未开具发票或未全额开具发票的，以交易双方签订的销售合同所载的售房金额及其他收益确认收入；销售合同所载商品房面积与有关部门实际测量面积不一致，在清算前已发生补、退房款的，应在计算土地增值税时予以调整。

4. 土地增值税的扣除项目。

（1）须提供合法有效凭证；不能提供合法有效凭证的，不予扣除。

（2）计算扣除：

房地产开发企业办理土地增值税清算所附送的前期工程费、建筑安装工程费、基础设施费、开发间接费用的凭证或资料不符合清算要求或不实的，地方税务机关可参照当地建设工程造价管理部门公布的建安造价定额资料，结合房屋结构、用途、区位等因素，核定上述四项开发成本的单位面积金额标准，并据以计算扣除。

（3）公共设施的扣除：

房地产开发企业开发建造的与清算项目配套的居委会和派出所用房、会所、停车场（库）、物业管理场所、变电站、热力站、水厂、文体场馆、学校、幼儿园、托儿所、医院、邮电通信等公共设施，按以下原则处理：

① 建成后产权属于全体业主所有的，其成本、费用可以扣除；

② 建成后无偿移交给政府、公用事业单位用于非营利性社会公共事业的，其成本、

费用可以扣除；

③ 建成后有偿转让的，应计算收入，并准予扣除成本、费用。

（4）装修费用。房地产开发企业销售已装修的房屋，其装修费用可以计入房地产开发成本。房地产开发企业的预提费用，除另有规定外，不得扣除。

（5）属于多个房地产项目共同的成本费用，应按清算项目可售建筑面积占多个项目可售总建筑面积的比例或其他合理的方法，计算确定清算项目的扣除金额。

（6）建筑安装施工企业就质量保证金对房地产开发企业开具发票的，按发票所载金额予以扣除；未开具发票的，扣留的质保金不得计算扣除。

（7）房企逾期开发缴纳的土地闲置费不得扣除。

（8）为取得土地使用权所支付的契税，计入"取得土地使用权所支付的金额"中扣除。

（9）拆迁安置费的扣除规定：

① 房地产企业用建造的该项目房地产安置回迁户的，安置用房视同销售处理，同时将此确认为房地产开发项目的拆迁补偿费。房地产开发企业支付给回迁户的补差价款，计入拆迁补偿费；回迁户支付给房地产开发企业的补差价款，应抵减本项目拆迁补偿费。

② 开发企业采取异地安置，异地安置的房屋属于自行开发建造的，房屋价值计入本项目的拆迁补偿费；异地安置的房屋属于购入的，以实际支付的购房支出计入拆迁补偿费。

③ 货币安置拆迁的，房地产开发企业凭合法有效凭据计入拆迁补偿费。

5. 清算后再转让房地产的处理。

在土地增值税清算时未转让的房地产，清算后销售或有偿转让的，纳税人应按规定进行土地增值税的纳税申报，扣除项目金额按清算时的单位建筑面积成本费用乘以销售或转让面积计算。

单位建筑面积成本费用 = 清算时的扣除项目总金额 ÷ 清算的总建筑面积

6. 土地增值税清算后应补缴的土地增值税加收滞纳金。

纳税人按规定预缴土地增值税后，清算补缴的土地增值税，在主管税务机关规定的期限内补缴的，不加收滞纳金。

六、税收优惠

1. 建造普通标准住宅的税收优惠。纳税人建造普通标准住宅出售，增值额未超过扣除项目金额 20% 的，免征土地增值税；如果超过 20% 的，应就其全部增值额按规定计税。

2. 因国家建设需要而被政府征用、收回的房地产，免征土地增值税。

3. 因城市规划、国家建设需要而搬迁由纳税人自行转让原房地产的，免征土地增值税。

4. 对企事业单位、社会团体以及其他组织转让旧房作为公租房房源，且增值额未超过扣除项目金额 20% 的，免征土地增值税。

七、征收管理

1. 除保障性住房外，东部地区省份预征率不得低于2%，中部和东北地区省份不得低于1.5%，西部地区省份不得低于1%。

2. 纳税人是法人的纳税地点：

（1）当纳税人转让的房地产的坐落地与其机构所在地或经营所在地同在一地时，可在办理税务登记的原管辖税务机关申报纳税；

（2）纳税人转让的房地产坐落地与其机构所在地或经营所在地不在一地对，应在房地产坐落地的主管税务机关申报纳税；

（3）纳税人转让的房地产坐落在两个或两个以上地区的，应按房地产所在地分别申报纳税。

3. 纳税人是自然人的纳税地点。

（1）当纳税人转让的房地产的坐落地与其居住所在地同在一地时，应在其住所所在地税务机关申报纳税；

（2）纳税人转让的房地产的坐落地与其居住所在地不在一地时，在房地产坐落地的税务机关申报纳税。

纳税人应在转让房地产合同签订后的7日内，到房地产所在地主管税务机关办理纳税申报。

【鑫考题1·单选题】下列房地产交易行为中，应当计算缴纳土地增值税的是（　　）。

A. 县城居民之间互换自有居住用房屋
B. 非营利的慈善组织将合作建造的房屋转让
C. 房地产开发企业代客户进行房地产开发，开发完成后向客户收取代建收入
D. 房地产公司出租高档住宅

【答案】B

【解析】选项A，居民之间互换自有住房，免征；选项C、D，房屋权属未发生转移，不用计算缴纳土地增值税。

【鑫考题2·计算题】某房地产开发公司，2019年3月对一处已竣工的房地产开发项目进行验收，可售建筑面积共计25 000平方米。该项目的开发和销售情况如下：

（1）该公司取得土地使用权应支付的土地出让金为8 000万元，政府减征了10%，该公司按规定缴纳了契税（税率5%）。

（2）该公司为该项目发生的开发成本为12 000万元。

（3）该项目发生开发费用600万元，其中利息支出150万元，但不能按转让房地产项目计算分摊。

（4）4月销售20 000平方米的房屋，共计取得收入40 000万元；另外5 000平方米的房屋出租给他人使用（产权未发生转移），月租金为45万元，租期为8个月。

请回答下列问题：

(1) 计算该公司清算土地增值税时允许扣除的土地使用权支付金额。

(2) 计算该公司清算土地增值税时允许扣除的开发成本。

(3) 计算该公司清算土地增值税时允许扣除的开发费用。

【答案】(1) [8 000×5%+8 000×(1-10%)]×(20 000÷25 000)=6 080（万元）

(2) 12 000×(20 000÷25 000)=9 600（万元）

(3) (6 080+9 600)×10%=1 568（万元）

【鑫考题3·单选题】位于县城的某商贸公司2019年12月销售一栋旧办公楼，取得不含增值税收入1 000万元，缴纳印花税0.5万元，因无法取得评估价格，公司提供了购房发票，该办公楼购于2012年8月，购价为600万元，缴纳契税18万元。该公司销售办公楼计算土地增值税时，可扣除项目金额的合计数为（　　）万元。

A. 738.7　　　　B. 740.41　　　　C. 740.5　　　　D. 760.1

【答案】C

【解析】销售旧的办公楼需要交增值税=(1 000-600)×5%=20（万元），附加税费=20×(5%+3%+2%)=2（万元）；因为无法取得评估价格，按照购房发票所载金额从购买年度起至转让年度止每年加计5%扣除，600×(1+4×5%)=720（万元）；对纳税人购房时缴纳的契税，凡能提供契税完税凭证的，准予作为"与转让房地产有关的税金"予以扣除，但不作为加计5%的基数，所以可以扣除的金额合计数为720+18+2+0.5=740.5（万元）。

【鑫考题4·单选题】2019年某房地产开发公司销售其新建商品房一幢，取得不含增值税销售收入14 000万元，已知该公司支付与商品房相关的土地使用费及开发成本合计为4 800万元；该公司没有按房地产项目计算分摊银行借款利息；该商品房所在地的省政府规定计征土地增值税时房地产开发费用扣除比例为最高比例；准予扣除的有关税金770万元。该商品房应缴纳的土地增值税为（　　）万元。

A. 2 256.5　　　　B. 2 445.5　　　　C. 3 070.5　　　　D. 3 080.5

【答案】B

【解析】(1) 计算扣除金额=4 800+4 800×10%+770+4 800×20%=7 010（万元）；

(2) 计算土地增值额=14 000-7 010=6 990（万元）；

(3) 计算增值率=6 990÷7 010×100%=99.71%，适用税率为第二档，税率40%、速算扣除系数5%；

(4) 应纳土地增值税=6 990×40%-7 010×5%=2 445.5（万元）。

【鑫考题5·单选题】下列情形中，纳税人应当进行土地增值税清算的是（　　）。

A. 取得销售许可证满1年仍未销售完毕的

B. 转让未竣工结算房地产开发项目50%股权的

C. 直接转让土地使用权的

D. 房地产开发项目尚未竣工但已销售面积达到50%的

【答案】C

【解析】纳税人应进行土地增值税清算的情况：

（1）房地产开发项目全部竣工、完成销售的；

（2）整体转让未竣工决算房地产开发项目的；

（3）直接转让土地使用权的。本题所考察的知识点是房地产开发企业土地增值税清算。

【鑫考题6·单选题】房地产开发企业进行土地增值税清算时，下列各项中，允许在计算增值额时扣除的是（　　）。

A. 加罚的利息

B. 已售精装修房屋的装修费用

C. 逾期开发土地缴纳的土地闲置费

D. 未取得建筑安装施工企业开具发票的扣留质量保证金

【答案】B

【解析】房地产开发企业销售已装修的房屋，其装修费用可以计入房地产开发成本扣除；选项A、C、D均属于土地增值税清算时不能扣除的项目。

第十一章

车辆购置税法、车船税法和印花税法

考情分析

本章为非重点章。分值为 5~8 分。题型以客观题为主,每个税种 1~2 小题。

【鑫考点 1】 车辆购置税

车辆购置税
- 纳税义务人:取得并自用
- 征税范围:汽车、有轨电车、汽车挂车、排气量超过 150 毫升的摩托车
- 应纳税额
  - 计税依据
    - 购买自用:支付的全部价款和价外费用
    - 进口自用:组成计税价格 = 关税完税价格 + 关税 + (消费税)
    - 自产自用:纳税人生产的同类应税车辆的销售价格/组成计税价格
    - 其他自用(受赠、获奖等):购置应税车辆时相关凭证载明的价格
  - 税率:10%
- 税收优惠
- 征收管理:一车一申报、一次性征收、车辆登记地/纳税人所在地、纳税人购置应税车辆的当日/60 日

新的车辆购置税法于 2019 年 7 月 1 日起实施。

车辆购置税是以在中国境内购置规定车辆为课税对象、在特定的环节向车辆购置者征收的一种税。就其性质而言,属于直接税的范畴。

一、纳税义务人和征税范围

车辆购置税的纳税人是指在中华人民共和国境内购置汽车、有轨电车、汽车挂车、排气量超过 150 毫升的摩托车(以下统称应税车辆)的单位和个人。其中购置是指以购买、进口、自产、受赠、获奖或者其他方式取得并自用应税车辆的行为。

车辆购置税实行一次性征收。购置已征车辆购置税的车辆,不再征收车辆购置税。

【鑫考题 1·多选题】下列各项中,属于车辆购置税应税行为的有( )。
A. 受赠自用应税车辆　　　　　　　B. 进口自用应税车辆
C. 经销商经销应税车辆　　　　　　D. 债务人以应税车辆抵债
【答案】AB
【解析】选项 C、D,经销商、债务人未发生自用行为,不征收车辆购置税。

【鑫考题2·单选题】下列人员中，属于车辆购置税纳税义务人的是（　　）。
A. 应税车辆的捐赠者　　　　　　　B. 应税车辆的获奖者
C. 应税车辆的出口者　　　　　　　D. 应税车辆的销售者
【答案】B
【解析】车辆购置税的纳税人是指在我国境内购置应税车辆的单位和个人。车辆购置税的应税行为包括：购买自用行为；进口自用行为；受赠自用行为；自产自用行为；获奖自用行为以及以拍卖、抵债、走私、罚没等方式取得并自用的行为。

【鑫考题3·多选题】车辆购置税的征税范围包括（　　）。
A. 汽车　　　　　　　　　　　　　B. 有轨电车
C. 汽车挂车　　　　　　　　　　　D. 排气量100毫升的摩托车
【答案】ABC
【解析】车辆购置税的征税范围包括汽车、有轨电车、汽车挂车、排气量超过150毫升的摩托车。

二、税率

车辆购置税实行统一比例税率，税率为10%。

三、计税依据

1. 购买自用。

（1）计税依据为纳税人实际支付给销售者的全部价款，依据纳税人购买应税车辆时相关凭证载明的价格确定，不含增值税款。

在应纳税额的计算当中，应注意以下费用的计税规定：

购买者随购买车辆支付的工具件、零部件、车辆装饰费价款应作为购车价款的一部分，并入计税依据中征收车辆购置税。

（2）代收款项应区别征税。代收单位（受托方）开票应视作代收单位价外收费，委托方开票不征税。

（3）销售单位开展优质销售活动所开票收取的有关费用，应作为价外收入计算征税。

2. 进口自用。

组成计税价格＝关税完税价格＋关税（＋消费税）

该组价也是进口消费税、增值税的计税依据。

3. 自产自用。

纳税人自产自用应税车辆的计税价格，按照纳税人生产的同类应税车辆的销售价格确定，不包括增值税税款。没有同类应税车辆销售价格的，按照组成计税价格确定。组成计税价格计算公式如下：

组成计税价格＝成本×(1＋成本利润率)＋消费税

4. 纳税人以受赠、获奖或者其他方式取得自用应税车辆的计税价格，按照购置应税车辆时相关凭证载明的价格确定，不包括增值税税款。

5. 纳税人自产自用、受赠使用、获奖使用和以其他方式取得并自用应税车辆的，凡不能取得该型车辆的购置价格，或者低于最低计税价格的，以国家税务总局核定的最低计税价格作为计税依据计算征收车辆购置税。

应纳税额 = 最低计税价格 × 税率

【鑫考题1·例题】某客车制造厂将自产的一辆某型号的客车，用于本厂后勤服务，该厂在办理车辆上牌落籍前，出具该车的发票，注明金额65 000元，并按此金额向主管税务机关申报纳税。经审核，国家税务总局对该车同类型车辆核定的最低计税价格为80 000元。计算该车应纳车辆购置税。

【答案】应纳税额 = 80 000 × 10% = 8 000（元）

【鑫考题2·单选题】下列税费中，应计入车辆购置税计税依据的是（　　）。（2019年）

A. 购车时随购车款同时支付的车辆装饰费
B. 购车时支付的增值税
C. 购车时支付的已取得公安交管部门票据的临时牌照费
D. 购车时支付的已取得保险公司票据的保险费

【答案】A

【解析】支付的车辆装饰费应作为价外费用并入计税依据中计税。

四、补税

已经办理免税、减税手续的车辆因转让、改变用途等原因不再属于免税、减税范围，需要补税。

1. 发生转让行为的，受让人为车辆购置税纳税人；未发生转让行为的，车辆所有人为车辆购置税纳税人。
2. 纳税义务发生时间为车辆转让或者用途改变等情形发生之日。
3. 应纳税额计算公式为：

应纳税额 = 初次办理纳税申报时确定的计税价格 × (1 - 使用年限 × 10%) × 10% - 已纳税额

应纳税额不得为负数。

使用年限的计算方法是，自纳税人初次办理纳税申报之日起，至不再属于免税、减税范围的情形发生之日止。使用年限取整计算，不满一年的不计算在内。

【鑫考题1·多选题】某机关2019年4月购车一辆，随购车支付的下列款项中，应并入计税依据征收车辆购置税的有（　　）。

A. 以保险公司的票据为保险公司代收的保险费
B. 增值税税款
C. 零部件价款

D. 车辆装饰费

【答案】CD

【解析】选项A、B，用委托方票据收取的代收款项、增值税税款均不并入车辆购置税款缴纳车辆购置税。

【鑫考题2·多选题】 某旅游公司2019年12月从游艇生产企业购进一艘游艇，取得的增值税专用发票注明价款120万元；从汽车贸易公司购进一辆小汽车，取得增值税机动车统一销售发票注明价款40万元；游艇的消费税税率为10%，小汽车消费税税率为5%。下列关于上述业务相关纳税事项的表述中，正确的有（　　）。

A. 汽车贸易公司应缴纳消费税2万元

B. 游艇生产企业应缴纳消费税12万元

C. 旅游公司应缴纳游艇车辆购置税12万元

D. 旅游公司应缴纳小汽车的车辆购置税4万元

【答案】BD

【解析】除超豪华小汽车在零售环节加征一道消费税外，小汽车在生产、委托加工和进口环节缴纳消费税。汽车贸易公司销售小汽车不缴纳消费税；游艇生产企业应纳消费税=120×10%=12（万元）；游艇不属于车辆购置税征税范围；旅游公司应纳小汽车的车辆购置税=40×10%=4（万元）。

【鑫考题3·计算题】 某外贸进出口公司2019年12月份，从国外进口10辆宝马公司生产的某型号小轿车。该公司报关进口这批小轿车时，经报关地海关对有关报关资料的审查，确定关税完税价格为每辆185 000元人民币，海关按关税政策规定每辆征收了关税37 000元，并按消费税、增值税有关规定分别代征了每辆小轿车的进口消费税74 000元和增值税38 480元。由于联系业务需要，该公司将一辆小轿车留在本单位使用。根据以上资料，计算应纳车辆购置税。

【答案】（1）计税依据=185 000+37 000+74 000=296 000（元）

（2）应纳税额=296 000×10%=29 600（元）

【鑫考题4·单选题】 某企业2019年12月进口载货汽车1辆；12月在国内市场购置载货汽车2辆，支付全部价款和价外费用为75万元（不含增值税），另支付车辆购置税7.5万元，车辆牌照费0.1万元，代办保险费2万元；12月受赠小汽车1辆。上述车辆全部为企业自用。下列关于该企业计缴车辆购置税依据的表述中，正确的是（　　）。

A. 国内购置载货汽车的计税依据为84.5万元

B. 进口载货汽车的计税依据为关税完税价格加关税

C. 受赠小汽车的计税依据为同类小汽车的市场价格加增值税

D. 国内购置载货汽车的计税依据为77万元

【答案】B

【解析】车辆购置税的计税依据不包括代收的保险费、车辆牌照费和车辆购置税，所以计税依据是75万元，因此选项A、D错误；选项C，受赠小汽车的计税依据按照受赠应税车辆时相关凭证载明的价格确定，不包括增值税税款。

五、税收优惠

1. 外国驻华使馆、领事馆和国际组织驻华机构及其外交人员自用车辆免税。
2. 中国人民解放军和中国人民武装警察部队列入军队武器装备订货计划的车辆免税。
3. 悬挂应急救援专用号牌的国家综合性消防救援车辆免税。
4. 设有固定装置的非运输车辆免税。
5. 城市公交企业购置的公共汽电车辆免税。
6. 回国服务的在外留学人员用现汇购买1辆个人自用国产小汽车和长期来华定居专家进口1辆自用小汽车免征车辆购置税。
7. 防汛部门和森林消防部门用于指挥、检查、调度、报汛（警）、联络的由指定厂家生产的设有固定装置的指定型号的车辆免征车辆购置税。
8. 自2018年1月1日至2020年12月31日，对购置的新能源汽车免征车辆购置税。
9. 自2018年7月1日至2021年6月30日，对购置挂车减半征收车辆购置税。
10. 中国妇女发展基金会"母亲健康快车"项目的流动医疗车免征车辆购置税。
11. 北京2022年冬奥会和冬残奥会组织委员会新购置车辆免征车辆购置税。
12. 原公安现役部队和原武警黄金、森林、水电部队改制后换发地方机动车牌证的车辆（公安消防、武警森林部队执行灭火救援任务的车辆除外），一次性免征车辆购置税。

六、征收管理

1. 车辆购置税的纳税义务发生时间为纳税人购置应税车辆的当日，以纳税人购置应税车辆所取得的车辆相关凭证上注明的时间为准。
2. 纳税人应当自纳税义务发生之日起60日内申报缴纳车辆购置税。
3. 纳税人应当在向公安机关交通管理部门办理车辆注册登记前，缴纳车辆购置税。
4. 纳税人应到下列地点办理车辆购置税纳税申报：
（1）需要办理车辆登记注册手续的纳税人，向车辆登记地的主管税务机关申报纳税；
（2）不需要办理车辆登记注册手续的纳税人，单位纳税人向其机构所在地的主管税务机关申报纳税，个人纳税人向其户籍所在地或者经常居住地的主管税务机关申报纳税。
5. 车辆购置税实行一车一申报制度。
6. 退税。已征车辆购置税的车辆退回车辆生产或销售企业，纳税人申请退还车辆购置税的，应退税额计算公式如下：

应退税额 = 已纳税额 × (1 - 使用年限 × 10%)

使用年限的计算方法是，自纳税人缴纳税款之日起，至申请退税之日止。

【鑫考题1·单选题】某公司购置一辆国产车自用，购置时因符合免税条件而未缴纳车辆购置税。购置使用4年后免税条件消失，若该车辆初次办理纳税申报时计税价格是25万元，则该公司应缴纳车辆购置税为（　　）万元。

A．1.5　　　　B．2.28　　　　C．2.5　　　　D．3.8

【答案】A

【解析】应纳税额=25×(1-4×10%)×10%=1.5（万元）

【鑫考题2·多选题】已经缴纳车辆购置税的车辆，准予纳税人申请退税的是（　　）。

A．被盗的车辆　　　　　　　　B．因自然灾害被毁的车辆

C．车辆退回销售企业　　　　　D．车辆退回生产企业

【答案】CD

【解析】已经缴纳车辆购置税的车辆，车辆退回生产企业或经销商时，准予纳税人申请退税。

【鑫考点2】车船税

车船税 {
　纳税义务人：境内车辆船舶的所有人或者管理人
　征税范围：机动车辆和船舶（不论是否需要在车船管理部门登记）
　计算（年固定税额） {
　　载客：每辆
　　载货/客货两用：整备质量每吨（挂车优惠50%）
　　船舶：净吨位（拖船、非机动驳船优惠50%）
　　游艇：艇身长度
　}
　优惠：法定减免、特定减免
　征收管理：当月、登记地/所有人或管理人所在地/扣缴义务人所在地、按年申报、分月计算、一次性缴纳
}

一、纳税义务人

所谓车船税，是指在中华人民共和国境内的车辆、船舶的所有人或者管理人按照中华人民共和国车船税法应缴纳的一种税。车船税的纳税义务人，是指在中华人民共和国境内，车船、船舶的所有人或管理人，应当按照《车船税法》的规定缴纳车船税。

二、征税范围

1. 依法应当在车船管理部门登记的机动车辆和船舶；
2. 依法不需要在车船管理部门登记、在单位内部场所行驶或者作业的机动车辆和船舶。

三、税目与税率

车船税税目与税率见表11-1。

表 11-1　车船税税目与税率

适用范围	计税单位	备注
载客：乘用车、客车（包括电车）、摩托车	辆	
载货/客货两用（除纯载客车以外的车）：货车（包括半挂牵引车、挂车、客货两用汽车、三轮汽车、低速货车）、专用作业车、轮式专用机械车（不包括拖拉机）	整备质量每吨	挂车按照货车税额的50%计算
机动船舶和非机动驳船	净吨位每吨	拖船和非机动驳船分别按机动船舶税额的50%计算，拖船按照发动机功率每1千瓦折合净吨位0.67吨计算征收车船税
游艇	长度（米）	

车辆整备质量、净吨位、艇身长度等计税单位，有尾数的一律按照含尾数的计税单位据实计算应纳税额，税额计算到分。

车船税法所涉及的整备质量、净吨位艇身长度等，以车船管理部门核发的车船登记证书或者行驶证相应项目所载数据为准。

【鑫考题1·单选题】 下列关于车船税计税单位确认的表述中，正确的是（　　）。

A．摩托车按"排气量"作为计税单位
B．游艇按"净吨位每吨"作为计税单位
C．专业作业车按"整备质量每吨"作为计税单位
D．商用货车按"每辆"作为计税单位

【答案】C

【解析】选项A，摩托车按"每辆"作为计税单位；选项B，游艇按"艇身长度每米"作为计税单位；选项D，商用货车按"整备质量每吨"作为计税单位。

【鑫考题2·多选题】 下列各项中，属于车船税征税范围的有（　　）。（2019年）

A．拖拉机　　　　　　　　B．非机动驳船
C．纯电动乘用车　　　　　D．节能汽车

【答案】BD

【解析】选项A，拖拉机不需要缴纳车船税；选项C，纯电动乘用车不属于车船税征税范围，对其不征车船税。

四、应纳税额的计算

车辆应纳税额的计算公式如下：

（年）应纳税额＝计税单位×（年）固定税额

1．购置的新车船，购置当年的应纳税额自纳税义务发生的当月起按月计算。

应纳税额＝（年应纳税额÷12）×应纳税月份数

应纳税月份数 = 12 - 纳税义务发生时间（取得月份）+ 1

2. 在一个纳税年度内，已完税的车船被盗抢、报废、灭失的，纳税人可以凭有关管理机关出具的证明和完税证明，向纳税所在地的主管税务机关申请退还自被盗抢、报废、灭失月份起至该纳税年度终了期间的税款。

3. 已办理退税的被盗抢车船，失而复得的，纳税人应当从公安机关出具相关证明的当月起计算缴纳车船税。

4. 保险机构代收车船税的，不再向税务机关缴税。

5. 已税车船当年办理转让过户，不另纳税也不退税。

【鑫考题1·单选题】某机械制造厂 2019 年拥有货车 3 辆，每辆货车的整备质量均为 1.499 吨；挂车 1 部，其整备质量为 1.2 吨；小汽车 2 辆。已知货车车船税税率为整备质量每吨年基准税额 16 元，小汽车车船税税率为每辆年基准税额 360 元。该厂 2019 年度应纳车船税为（　　）元。

A. 441.6　　　　B. 792　　　　C. 801.55　　　　D. 811.2

【答案】C

【解析】挂车按照货车税额的 50% 计算纳税。车船税法及其实施条例涉及的整备质量、净吨位等计税单位，有尾数的一律按照含尾数的计税单位据实计算车船税应纳税额。该机械制造厂 2019 年应纳的车船税 = 1.499 × 3 × 16 + 1.2 × 16 × 50% + 2 × 360 = 801.55（元）。

【鑫考题2·计算题】某公司 2019 年度拥有拖船 2 艘，每艘发动机功率 1 500 千瓦。当年 8 月新购置机动船 4 艘，每艘净吨位 2 000 吨。该公司船舶适用的年税额为：净吨位 201～2 000 吨的，每吨 4 元。计算该公司应缴纳的车船税。

【答案】1 千瓦 = 净吨位 0.67 吨，拖船按照船舶税额的 50% 计算。该公司应缴纳的车船税 = 2 × 1 500 × 0.67 × 4 × 50% + 4 × 2 000 × 4 ÷ 12 × (12 - 8 + 1) = 4 020 + 13 333.33 = 17 353.33（元）。

【鑫考题3·单选题】某企业 2019 年 1 月缴纳了 5 辆客车车船税，其中一辆 9 月被盗，已办理车船税退还手续；11 月由公安机关找回并出具证明，企业补缴车船税，假定该类型客车年基准税额为 480 元，该企业 2019 年实际缴纳的车船税总计为（　　）元。

A. 1 920　　　　B. 2 280　　　　C. 2 400　　　　D. 2 320

【答案】D

【解析】已办理退税的被盗抢车船，失而复得的，纳税人应当从公安机关出具相关证明的当月起计算缴纳车船税。实际缴纳的车船税 = 4 × 480 + 480 ÷ 12 × 10 = 2 320（元）。

五、税收优惠

1. 法定减免情形：

（1）捕捞、养殖渔船。
（2）军队、武警专用的车船。
（3）警用车船。
（4）依照法律规定应当予以免税的外国驻华使馆、领事馆和国际组织驻华机构及其有关人员的车船。
（5）对节约能源车辆，减半征收车船税。
（6）对新能源车船，免征车船税。
纯电动商用车、插电式（含增程式）混合动力汽车、燃料电池商用车，免征车船税；纯电动乘用车和燃料电池乘用车不属于车船税征税范围，对其不征车船税。
（7）省、自治区、直辖市人民政府根据当地实际情况，可以对公共交通车船、农村居民拥有并主要在农村地区使用的摩托车、三轮汽车和低速载货汽车定期减征或者免征车船税。
（8）国家综合性消防救援车辆由部队号牌改挂应急救援专用号牌的，一次性免征改挂当年车船税。

2. 特定减免情形：
（1）经批准临时入境的外国车船和港澳台地区的车船，不征收车船税；
（2）按照规定缴纳船舶吨税的机动车船，自车船税法实施之日起5年内免征车船税；
（3）依法不需要在车船登记管理部门登记的机场、港口、铁路站场内部行驶或作业的车船，自车船税法实施之日起5年内免征车船税。

【考题1·多选题】下列车船属于法定免税的有（   ）。
A. 专项作业车   B. 警用车船
C. 非机动驳船   D. 捕捞、养殖渔船
【答案】BD
【解析】非机动驳船、专项作业车不在免税范围之内，选项A、C不正确。

【考题2·单选题】下列车船中，享受减半征收车船税优惠的是（   ）。
A. 纯电动汽车   B. 插电式混合动力汽车
C. 燃料电池汽车   D. 符合规定标准的节约能源乘用车
【答案】D
【解析】对节约能源的车船，减半征收车船税；纯电动商用车、插电式（含增程式）混合动力汽车、燃料电池商用车免征车船税。纯电动乘用车和燃料电池乘用车不属于车船税征税范围，对其不征车船税。

【考题3·单选题】下列车船中，免征车船税的是（   ）。
A. 辅助动力帆艇   B. 半挂牵引车   C. 客货两用汽车   D. 武警专用车船
【答案】D
【解析】军队、武装警察部队专用的车船，免征车船税。

六、征收管理

1. 纳税期限。

车船税纳税义务发生时间为取得车船所有权或者管理权的当月。以购买车船的发票或其他证明文件所载日期的当月为准。

2. 纳税地点。

扣缴义务人代收代缴车船税的,纳税地点为扣缴义务人所在地。

纳税人自行申报缴纳车船税的,纳税地点为车船登记地的主管税务机关所在地。

依法不需要办理登记的车船,纳税地点为车船所有人或者管理人主管税务机关所在地。

3. 纳税申报。

(1) 车船税按年申报,分月计算,一次性缴纳。

(2) 从事机动车第三者责任强制保险的保险机构,为机动车车船税的扣缴义务人,应当在收取保险费时依法代收车船税,并出具代收税款凭证。

(3) 不需购买交强险的车辆,纳税人向主管税务机关申报缴纳车船税。

【鑫考点3】印花税法

印花税是以经济活动和经济交往中,书立、领受应税凭证的行为为征税对象征收的一种税。

印花税因其采用在应税凭证上粘贴印花税票的方法缴纳税款而得名。

印花税
- 纳税人:境内书立、使用、领受列举凭证
- 税目税率
  - 合同
    - 购销/建筑安装工程承包/技术:0.3‰
    - 加工承揽/建设工程勘察设计/货物运输:0.5‰
    - 财产租赁/仓储保管/财产保险:1‰
    - 借款:0.05‰
  - 产权转移书据
    - 财产所有权和版权、商标专用权、专利权、专有技术使用权等转移书据和专利实施许可合同、土地使用权出让合同、土地使用权转让合同、商品房销售合同等权利转移合同:0.5‰
  - 营业账簿
    - 记载资金的0.5‰减半,不记载资金的免征
    - 权利、许可证照:房屋产权证、工商营业执照、商标注册证、专利证、土地使用证,每件5元
- 计税依据、税收优惠、征收管理

一、纳税义务人

印花税的纳税人,是在中国境内书立、使用、领受印花税法所列举的凭证,并应依法履行纳税义务的单位和个人。

1. 立合同人,指合同的当事人,不包括合同的担保人、证人、鉴定人。
2. 立据人。
3. 立账簿人。营业账簿的纳税人是立账簿人。

4. 领受人。权利、许可证照的纳税人是领受人。

5. 使用人。在国外书立、领受,但在国内使用的应税凭证,其纳税人是使用人。

6. 各类电子应税凭证的签订人。

印花税应税凭证,凡由两方或两方以上当事人共同书立应税凭证的,其当事人各方都是印花税的纳税人,应各就其所持凭证的计税金额履行纳税义务。

证券交易印花税单边征收,即只对卖出方(或继承、赠与的出让方)征收证券交易印花税,对买入方(受让方)不再征税。

【鑫考题·多选题】下列属于印花税纳税人的有( )。

A. 借款合同的担保人

B. 发放商标注册证的国家商标局

C. 在国外书立,在国内使用技术合同的单位

D. 签订加工承揽合同的两家中外合资企业

【答案】CD

【解析】选项A,印花税立合同人,指合同的当事人,不包括合同的担保人、证人、鉴定人;选项B,发放单位不属于印花税纳税人。

二、税目与税率

1. 合同的印花税税目与税率见表11-2。

表11-2　合同的印花税税目与税率

税目	税率形式
1. 购销合同	购销金额0.3‰
2. 加工承揽合同	加工或承揽收入0.5‰
3. 建设工程勘察设计合同	收取费用0.5‰
4. 建筑安装工程承包合同	承包金额0.3‰
5. 财产租赁合同	租赁金额1‰
6. 货物运输合同	收取的运输费用0.5‰
7. 仓储保管合同	仓储保管费用1‰
8. 借款合同(包括融资租赁合同)	借款金额0.05‰
9. 财产保险合同	收取的保险费收入1‰
10. 技术合同(开发、转让、咨询、服务):包括专利申请权转让和非专利技术转让,不包括法律、会计、审计咨询合同	所载金额0.3‰

2. 产权转移书据(纳税人:立据人)。

包括财产所有权和版权、商标专用权、专利权、专有技术使用权等转移书据和专利实施许可合同、土地使用权出让合同、土地使用权转让合同、商品房销售合同等权利转移合同。

证券交易印花税属于产权转移书据，按1‰税率计算税额。

香港市场投资者通过沪港通、深港通买卖、继承、赠与上交所、深交所上市A股，按内地现行税制规定缴纳证券（股票）交易印花税；内地投资者通过沪港通、深港通买卖、继承、赠与联交所上市股票，按香港特别行政区现行税法规定缴纳印花税。

3. 营业账簿（纳税人：立账簿人）。

表11-3 账簿的印花税征收标准

非营业账簿（内部备查账，如空白重要凭证登记簿、现金收付登记簿）	不征		
营业账簿（日记账、明细账、总账）	征	记载资金	按实收资本和资本公积的合计0.5‰，2018年5月1日后减半
		其他账簿（包括日记账簿和各明细分类账簿）	2018年5月1日之后免

4. 权利、许可证照（纳税人：领受人）。

包括房屋产权证、土地使用证、商标注册证、专利证、工商营业执照，按件贴花5元。

【鑫考题1·多选题】下列各项，应按照"产权转移书据"税目缴纳印花税的有（　　）。

A. 股权转让合同　　　　　　　　B. 专利实施许可合同
C. 商品房销售合同　　　　　　　D. 专利申请权转让合同

【答案】ABC

【解析】产权转移书据包括财产所有权和版权、商标专用权、专利权、专有技术使用权等转移书据和专利实施许可合同、土地使用权出让合同、土地使用权转让合同、商品房销售合同等权利转移合同。选项D，专利申请权转让合同，按照"技术合同"税目缴纳印花税。

【鑫考题2·多选题】下列合同中，应按照"技术合同"税目征收印花税的是（　　）。

A. 工程项目论证合同　　　　　　B. 会计制度咨询合同
C. 税务筹划咨询合同　　　　　　D. 经济法律咨询合同

【答案】A

【解析】选项B、C、D所立合同不征收印花税。

【鑫考题3·多选题】下列合同中，按照印花税产权转移书据税目计征印花税的有（　　）。

A. 土地使用权出让合同　　　　　B. 土地使用权转让合同

C. 非专利技术转让合同　　　　D. 版权转移书据出让合同

【答案】ABD

【解析】选项C，非专利技术转让合同属于技术合同。

三、应纳税额的计算方法

1. 适用比例税率的应税凭证，以凭证上所记载的金额为计税依据，计税公式为：

应纳税额 = 计税金额 × 比例税率

适用定额税率的应税凭证，以凭证件数为计税依据，计税公式为：

应纳税额 = 凭证件数 × 固定税额（5元）

2. 计税依据的一般规定。

印花税的计税依据为各种应税凭证上所记载的计税金额。计税金额为凭证上的金额全额；特殊情况，如货物运输合同（纯运费部分征税）、技术开发合同（纯劳务费部分征税），差额计税。具体规定如下：

（1）购销合同，计税依据为购销金额。

如果是以物易物方式签订的购销合同，计税金额为合同所载的购、销金额合计数，适用税率0.3‰。

（2）加工承揽合同，计税依据为加工或承揽收入。

① 受托方提供原材料：分别记载加工费与原材料，加工费金额按加工承揽合同金额的0.5‰，原材料金额按购销合同金额的0.3‰；未分别记载，全部金额依照加工承揽合同金额的0.5‰。

② 委托方提供原材料：原材料不计税，计税依据为加工费和辅料的合计数，按加工承揽合同金额的0.5‰。

（3）建设工程勘察设计合同，计税依据为收取的费用。

（4）建筑安装工程承包合同，计税依据为承包金额。

施工单位将自己承包的建设项目分包或转包给其他施工单位所签订的分包合同或转包合同，应以新的分包合同或转包合同所载金额为依据计算应纳税额。

（5）财产租赁合同，计税依据为租赁金额，税额不足1元的按照1元贴花。

需注意的是，印花税应纳税额不足0.1元的，免纳印花税；0.1元以上的，四舍五入；合同在签订时无法确定计税金额，可在签订时先按定额5元贴花，以后结算时再按实际金额计税，补贴印花。

（6）货物运输合同。

货物运输取得的运输费金额（即运费收入），不包括所运货物的金额、装卸费和保险费等。

【考题1·计算题】某企业与货运公司签订运输合同，载明运输费用8万元（其中含装卸费0.5万元）。计算货运合同应纳印花税。

【答案】货运合同应纳印花税 = (80 000 − 5 000) × 0.5‰ = 37.5（元）

【鑫考题2·单选题】甲企业与运输公司签订货物运输合同,记载装卸费20万元,保险费10万元,运输费30万元,则甲企业按"货物运输合同"税目计算缴纳印花税的计税依据为(   )。(2019年)

A. 40万元　　　　B. 30万元　　　　C. 60万元　　　　D. 50万元

【答案】B

【解析】货物运输合同的计税依据为取得的运输费金额(即运费收入),不包括所运货物的金额、装卸费和保险费等。

(7)仓储保管合同,计税依据为仓储保管费用。

(8)借款合同,计税依据为借款金额(即借款本金)。

① 凡是一项信贷业务既签订借款合同,又一次或分次填开借据的,只以借款合同所载金额为计税依据计税贴花;凡是只填开借据并作为合同使用的,应以借据所载金额为计税依据计税贴花。

② 借贷双方签订的流动资金周转性借款合同,一般按年(期)签订,规定最高限额,借款人在规定的期限和最高限额内随借随还,为避免加重借贷双方的负担,对这类合同只以其规定的最高限额为计税依据,在签订时贴花一次,在限额内随借随还不签订新合同的,不再贴花。

③ 对借款方以财产作抵押,从贷款方取得一定数量抵押贷款的合同,应按借款合同贴花;在借款方因无力偿还借款而将抵押财产转移给贷款方时,应再就双方书立的产权书据,按产权转移书据的有关规定计税贴花。

④ 对银行及其他金融组织的融资租赁业务签订的融资租赁合同,应按合同所载租金总额,暂按借款合同计税。

【鑫考题·单选题】某钢铁公司与机械进出口公司签订购买价值2 000万元设备合同,为购买此设备向商业银行签订借款2 000万元的借款合同。后因故购销合同作废,改签融资租赁合同,租赁费1 000万元。根据上述情况,该公司一共应缴纳印花税为(   )。

A. 1 500元　　　　B. 6 500元　　　　C. 7 000元　　　　D. 7 500元

【答案】D

【解析】(1)购销合同应纳税额=2 000×0.3‰=0.6(万元),产生纳税义务后合同作废不能免税;(2)借款合同应纳税额=2 000×0.05‰=0.1(万元);(3)融资租赁合同属于借款合同,应纳税额=1 000×0.05‰=0.05(万元)。该公司应纳税额=0.6+0.1+0.05=0.75(万元)=7 500(元)。

(9)财产保险合同,计税依据为支付(收取)的保险费,不包括所保财产的金额。

(10)技术合同,计税依据为合同所载的价款、报酬或使用费。技术开发合同研究开发经费不作为计税依据。

【鑫考题·计算题】甲公司作为受托方签订技术开发合同一份,合同约定技术开发金额共计1 000万元,其中研究开发费用与报酬金额之比为3:1。计算甲公司该笔业务应缴纳的印花税。

【答案】公司签订的技术合同应缴纳的印花税 = 1 000 ÷ 4 × 0.3‰ × 10 000 = 750(元)

(11) 产权转移书据,计税依据为所载金额。

【鑫考题·计算题】某企业购置房屋,产权转移书据上注明的交易价格为1 200万元,在企业"固定资产"科目上记载的原值为1 250万元,取得了房屋权属证书。计算该企业应缴纳的印花税。

【答案】应纳印花税 = 1 200 × 10 000 × 0.5‰ + 1 × 5 = 6 005(元)

(12) 营业账簿。

① 记载资金的营业账簿计税依据为实收资本和资本公积的两项合计金额。(2018年5月1日起,减半征收)

凡"资金账簿"在次年度的实收资本和资本公积未增加的,对其不再计算贴花。

② 其他营业账簿,计税依据为应税凭证件数。(2018年5月1日起,免征)

(13) 权利、许可证照,计税依据为应税凭证件数,每件5元。

【鑫考题·单选题】某企业2019年期初营业账簿记载的实收资本和资本公积余额为500万元,当年该企业增加实收资本120万元,新建其他账簿12本,领受专利局发给的专利证1件、税务机关重新核发的税务登记证1件。该企业上述凭证2019年应纳印花税为( )。

A. 65元 B. 70元 C. 305元 D. 365元

【答案】C

【解析】应纳印花税 = 120 × 0.5‰ × 10 000 × 50% + 1 × 5 = 305(元)。

注意:

1. 同一凭证,载有两个或两个以上经济事项而适用不同税目税率,分别记载金额的,分别计算;未分别记载金额的,按税率高的计税。

2. 按金额比例贴花的应税凭证,未标明金额的,应按照凭证所载数量及国家牌价计算金额;没有国家牌价的,按市场价格计算金额,然后按规定税率计算应纳税额。

3. 应税凭证所载金额为外国货币的,应按书立当日外汇牌价折合成人民币,计算应纳税额。

【鑫考题·单选题】甲公司1月将闲置厂房出租给乙公司,合同约定每月租金2 500元,租期未定。签订合同时,预收租金5 000元,双方已按定额贴花。5月底合同解除,甲公司收到乙公司补交租金7 500元。甲公司5月份应补缴印花税( )。

A. 7.5元　　　　B. 8元　　　　C. 9.5元　　　　D. 12.5元

【答案】A

【解析】应补缴印花税=（5 000+7 500）×1‰-5=7.5（元）。

4. 应税合同在签订时纳税义务即已产生，不论合同是否兑现或是否按期兑现，均应贴花完税。对已履行并贴花的合同，所载金额与合同履行后实际结算金额不一致的，只要双方未修改合同金额，一般不再办理完税手续。

5. 对各种形式的国内货物联运，凡在起运地统一结算全程运费的，应以全程运费作为计税依据，由起运地运费结算双方缴纳印花税；凡分程结算运费的，应以分程的运费作为计税依据，分别由办理运费结算的各方缴纳印花税。

6. 对国际货运，凡由我国运输企业运输的，不论在我国境内、境外起运或中转分程运输，我国运输企业所持的一份运费结算凭证，均按本程运费计算应纳税额；由外国运输企业运输进出口货物的，外国运输企业所持的一份运费结算凭证免纳印花税。

【考题·多选题】我国运输企业甲与国外运输企业乙根据我国境内托运方企业丙的要求签订了一份国际货运合同，合同规定由甲负责起运，乙负责境外运输，甲乙丙分别持有全程运费结算凭证。下列关于计算缴纳印花税的表述正确的有（　　）。

A. 甲按本程运费贴花　　　　　　B. 乙按本程运费贴花
C. 乙按全程运费贴花　　　　　　D. 丙按全程运费贴花

【答案】AD。选项A，对国际货运，凡由我国运输企业运输的，不论在我国境内、境外起运或中转分程运输，我国运输企业所持的一份运费结算凭证，均按本程运费计算应纳税额；选项D，托运方所持的一份运费结算凭证，按全程运费计算应纳税额；选项B、C，由外国运输企业运输进出口货物的，外国运输企业所持的一份运输结算凭证免纳印花税，所以乙是免税的。

四、税收优惠

对印花税的减免优惠主要有：

1. 对已缴纳印花税凭证的副本或者抄本免税。

凭证的正式签署本已按规定缴纳了印花税，其副本或者抄本对外不发生权利义务关系，只是留存备查。但以副本或者抄本视同正本使用的，则应另贴印花。

2. 对无息、贴息贷款合同免税。
3. 对房地产管理部门与个人签订的用于生活居住的租赁合同免税。
4. 对农牧业保险合同免税。
5. 自2019年1月1日至2021年12月31日，对与高校学生签订的高校学生公寓租赁合同，免征印花税。
6. 对公租房经营管理单位建造管理公租房涉及的印花税予以免征。
7. 对改造安置住房经营管理单位、开发商与改造安置住房相关的印花税以及购买安置住房的个人涉及的印花税自 2013 年 7 月 4 日起予以免征。

8. 对全国社会保障基金理事会、全国社会保障基金投资管理人管理的全国社会保障基金转让非上市公司股权，免征全国社会保障基金理事会、全国社会保障基金投资管理人应缴纳的印花税。

【鑫考题·多选题】下列各项中，不属于印花税免税应税凭证的是（　　）。
A. 无息、贴息贷款合同
B. 发电厂与电网之间签订的电力购销合同
C. 保险公司与牧民签订的牧业保险合同
D. 银行因内部管理需要设置的现金收付登记簿
【答案】BD
【解析】选项 B，要缴纳印花税；选项 D，属于非应税凭证。

五、征收管理

1. 纳税方法。

印花税纳税办法有自行贴花、汇贴或汇缴、委托代征三种。

（1）自行贴花办法。

自行计算应纳税额、自行购买印花税票、自行一次贴足印花税票并加以注销或划销。

（2）汇贴或汇缴办法。

① 此种方法一般适用于应纳税额较大或者贴花次数频繁的纳税人。

② 汇贴纳税法。当一份凭证应纳税额超过 500 元时，应向税务机关申请填写缴款书或者完税凭证。

③ 汇缴纳税法。同一种类应税凭证需要频繁贴花的，可申请按期汇总缴纳印花税。汇总缴纳的期限，由当地税务机关确定，但最长不得超过 1 个月。

（3）委托代征办法。

这一办法主要是通过税务机关的委托，经由发放或者办理应纳税凭证的单位代为征收印花税税款。

2. 纳税环节。

书立或领受时贴花。如果合同是在国外签订，并且不便在国外贴花的，应在将合同带入境时办理贴花纳税手续。

3. 纳税地点。

一般实行就地纳税。

对于全国性商品物资订货会上所签订合同应纳的印花税，由纳税人回其所在地后及时办理贴花完税手续。

对地方主办，不涉及省际关系的订货会、展销会上所签合同的印花税，纳税地点由各省、自治区、直辖市人民政府自行确定。

第十二章

国际税收税务管理实务

考情分析

本章内容较多,不仅可能会考客观题,而且存在着较大的考主观题的可能性。

知识框架

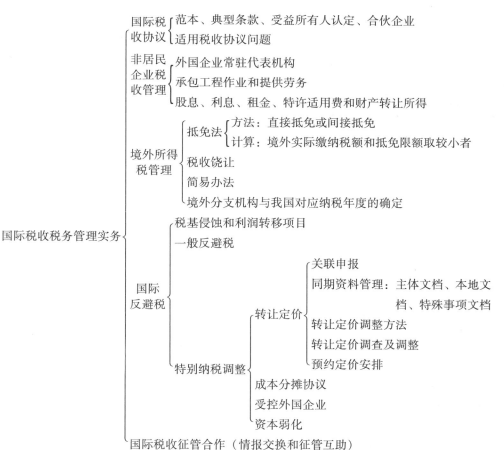

【鑫考点1】国际税收

一、国际税收协定范本

1.《经合组织范本》（或称《OECD 范本》），强调居民税收管辖权，主要是为了促进经合组织成员国之间国际税收协定的签订。

2.《联合国范本》（或称《UN 范本》），强调收入来源国税收管辖权的同时兼顾缔约国双方的利益，主要在于促进发达国家和发展中国家之间国际税收协定的签订，同时也促进发展中国家相互间国际税收协定的签订。

发展中国家在谈判和缔结国际税收协定时较多地参照《联合国范本》。截至 2018 年 12 月，我国已对外正式签署 107 个避免双重征税协定，其中 100 个协定已生效。

二、国际税收协定典型条款

1. 缔约国一方居民是在该缔约国负有纳税义务的人，也包括该缔约国、地方当局或法定机构。

2. 双重居民身份下最终居民身份的判定按照以下先后顺序判定：（1）永久性住所；（2）重要利益中心；（3）习惯性居住；（4）国籍；（5）缔约国双方主管当局协商解决。

3. 除个人以外（即公司和其他团体），同时为缔约国双方居民的人，应认定其是"实际管理机构"所在国的居民。

三、国际税收协定管理

1. 受益所有人。

（1）"受益所有人"是指对所得或所得据以产生的权利或财产具有所有权和支配权的人。"受益所有人"一般从事实质性的经营活动。代理人、导管公司等不属于"受益所有人"。

（2）下列因素不利于对申请人"受益所有人"身份的判定：

① 申请人有义务在收到所得的 12 个月内将所得的 50% 以上支付给第三国（地区）居民，"有义务"包括约定义务和虽未约定义务但已形成支付事实的情形；

② 申请人从事的经营活动不构成实质性经营活动；

③ 缔约对方国家（地区）对有关所得不征税或免税，或征税但实际税率极低；

④ 在利息据以产生和支付的贷款合同之外，存在债权人与第三人之间在数额、利率和签订时间等方面相近的其他贷款或存款合同；

⑤ 在特许权使用费据以产生和支付的版权、专利、技术等使用权转让合同之外，存在申请人与第三人之间在有关版权、专利、技术等的使用权或所有权方面的转让合同。

（3）下列申请人从中国取得的所得为股息时，可不根据上述规定的因素进行综合分析，直接判定申请人具有"受益所有人"身份：

① 缔约对方政府；

② 缔约对方居民且在缔约对方上市的公司；

③ 缔约对方居民个人；

④ 申请人被第①至②项中的一人或多人直接或间接持有100%股份，且间接持有股份的中间层为中国居民或缔约对方居民。

2. 合伙企业适用税收协定问题。

有关合伙企业及其他类似实体（以下简称合伙企业）适用税收协定的问题，应按以下原则执行：

（1）依照中国法律在中国境内成立的合伙企业，其合伙人为税收协定缔约对方居民的，该合伙人在中国负有纳税义务的所得被缔约对方视为其居民的所得的部分，可以在中国享受协定待遇。

（2）依照外国（地区）法律成立的合伙企业，其实际管理机构不在中国境内，但在中国境内设立机构、场所的，或者在中国境内未设立机构、场所，但有来源于中国境内所得的，是中国企业所得税的非居民企业纳税人。除税收协定另有规定的以外，只有当该合伙企业是缔约对方居民的情况下，其在中国负有纳税义务的所得才能享受协定待遇。

3. 非居民享受税收协定待遇的税务管理。（新增）

非居民纳税人享受协定待遇，采取"自行判断、申报享受、相关资料留存备查"的方式办理。非居民纳税人自行判断符合享受协定待遇条件的，可在纳税申报时，或通过扣缴义务人在扣缴申报时，自行享受协定待遇，同时按规定归集并留存相关资料备查，并接受税务机关后续管理。

4. 居民享受税收协定待遇的税务管理。

（1）企业或者个人（以下统称申请人）为享受中国政府对外签署的税收协定、航空协定税收条款、海运协定税收条款等，可以向税务机关申请开具《中国税收居民身份证明》。

（2）申请人向主管其所得税的县税务局申请开具《中国税收居民身份证明》。中国居民企业的境内、外分支机构应当通过其总机构向总机构主管税务机关提出申请。合伙企业应当以其中国居民合伙人作为申请人，向中国居民合伙人主管税务机关提出申请。

（3）主管税务机关在受理申请之日起10个工作日内，由负责人签发《中国税收居民身份证明》并加盖公章或者将不予开具的理由书面告知申请人。主管税务机关无法准确判断居民身份的，应当及时报告上级税务机关。需要报告上级税务机关的，主管税务机关应当在受理申请之日起20个工作日内办结。

【鑫考题·单选题】下列关于双重居民身份下最终居民身份判定标准的排序中，正确的是（　　）。

A. 永久性住所、重要利益中心、习惯性居处、国籍
B. 重要利益中心、习惯性居处、国籍、永久性住所
C. 国籍、永久性住所、重要利益中心、习惯性居处
D. 习惯性居处、国籍、永久性住所、重要利益中心

【答案】A

【鑫考点2】非居民企业税收管理

一、外国企业常驻代表机构

1. 代表机构应当自领取工商登记证件（或有关部门批准）之日起 30 日内，向其所在地主管税务机关申报办理税务登记。

2. 代表机构应当按照有关法律、行政法规和国务院财政、税务主管部门的规定设置账簿，根据合法、有效凭证记账，进行核算。

3. 代表机构应按照实际履行的功能和承担的风险相配比的原则，准确计算其应税收入和应纳税所得额，并在季度终了之日起 15 日内向主管税务机关据实申报缴纳企业所得税。

4. 增值税等其他税种从其规定。

二、承包工程作业和提供劳务

境外单位或者个人在境内发生应税行为，在境内未设有经营机构的，以购买方为增值税扣缴义务人。财政部和国家税务总局另有规定的除外。

应扣缴增值税税款 = 购买方支付的价款 ÷ (1 + 税率) × 税率

三、股息、利息、租金、特许权使用费和财产转让所得

应纳税额计算方法同企业所得税。

1. 对境外投资者从中国境内居民企业分配的利润，直接投资于所有非禁止外商投资的项目和领域，凡符合规定条件的，实行递延纳税政策，暂不征收预提所得税。

直接投资包括境外投资者以分得利润进行的增资、新建、股权收购等权益性投资行为，但不包括新增、转增、收购上市公司股份（符合条件的战略投资除外）。

2. 境外投资者按规定可以享受暂不征收预提所得税政策但未实际享受的，可在实际缴纳相关税款之日起三年内申请追补享受该政策，退还已缴纳的税款。

3. 境外投资者通过股权转让、回购、清算等方式实际收回享受暂不征收预提所得税政策待遇的直接投资，在实际收取相应款项后 7 日内，按规定程序向税务部门申报补缴递延的税款。

4. 境外投资者享受暂不征收预提所得税政策待遇后，被投资企业发生重组符合特殊性重组条件，并实际按照特殊性重组进行税务处理的，可继续享受暂不征收预提所得税政策待遇，不补缴递延的税款。

四、中国境内机构和个人对外付汇的税收管理

1. 对外付汇需要进行税务备案的情形：

境内机构和个人向境外单笔支付等值 5 万美元以上（不含等值 5 万美元）下列外汇资金，除无需进行税务备案的情形外，均应向所在地主管税务机关进行税务备案：

（1）境外机构或个人从境内获得的包括运输、旅游、通信、建筑安装及劳务承包、保险服务、金融服务、计算机和信息服务、专有权利使用和特许、体育文化和娱乐服务、

其他商业服务、政府服务等服务贸易收入；

（2）境外个人在境内的工作报酬，境外机构或个人从境内获得的股息、红利、利润、直接债务利息、担保费以及非资本转移的捐赠、赔偿、税收、偶然性所得等收益和经常转移收入；

（3）境外机构或个人从境内获得的融资租赁租金、不动产的转让收入、股权转让所得以及外国投资者其他合法所得；

外国投资者以境内直接投资合法所得在境内再投资单笔5万美元以上的，也应该按照规定进行税务备案。

2. 对外付汇无需进行税务备案的情形（共15项）：

（1）境内机构在境外发生的差旅、会议、商品展销等各项费用。

（2）境内机构在境外代表机构的办公经费，以及境内机构在境外承包工程的工程款。

（3）境内机构发生在境外的进出口贸易佣金、保险费、赔偿款。

（4）进口贸易项下境外机构获得的国际运输费用。

（5）保险项下保费、保险金等相关费用。

（6）从事运输或远洋渔业的境内机构在境外发生的修理、油料、港杂等各项费用。

（7）境内旅行社从事出境旅游业务的团费以及代订、代办的住宿、交通等相关费用。

（8）亚洲开发银行和世界银行集团下属的国际金融公司从我国取得的所得或收入，包括投资合营企业分得的利润和转让股份所得、在华财产（含房产）出租或转让收入以及贷款给我国境内机构取得的利息。

（9）外国政府和国际金融组织向我国提供的外国政府（转）贷款（含外国政府混合（转）贷款）和国际金融组织贷款项下的利息。本项所称国际金融组织是指国际货币基金组织、世界银行集团、国际开发协会、国际农业发展基金组织、欧洲投资银行等。

（10）外汇指定银行或财务公司自身对外融资如境外借款、境外同业拆借、海外代付以及其他债务等项下的利息。

（11）我国省级以上国家机关对外无偿捐赠援助资金。

（12）境内证券公司或登记结算公司向境外机构或境外个人支付其依法获得的股息、红利、利息收入及有价证券卖出所得收益。

（13）境内个人境外留学、旅游、探亲等因私用汇。

（14）境内机构和个人办理服务贸易收益和经常转移项下退汇。

（15）国家规定的其他情形。

【考题1·单选题】境内机构对外支付下列外汇资金时，须办理和提交《服务贸易等项目对外支付税务备案表》的是（　　）。

A. 境内机构在境外发生的商品展销费用

B. 进口贸易项下境外机构获得的国际运输费用

C. 境内机构在境外承包工程的工程款

D. 我国区县级国家机关对外无偿捐赠援助资金

【答案】D

【解析】选项D，我国省级以上国家机关对外无偿捐赠援助资金，支付外汇资金时，无须办理和提交《服务贸易等项目对外支付税务备案表》。

【鑫考题2·单选题】境内机构对外付汇的下列情形中，需要进行税务备案的是（　　）。（2019年）

A. 境内机构在境外发生差旅费10万美元以上的

B. 境内机构发生在境外的进出口贸易佣金5万美元以上的

C. 境内机构在境外发生会议费10万美元以上的

D. 境内机构向境外支付旅游服务费5万美元以上的

【答案】D

【解析】境内机构和个人向境外单笔支付等值5万美元以上（不含等值5万美元）下列外汇资金，除无须进行税务备案的情形外，均应向所在地主管国税机关进行税务备案：（1）境外机构或个人从境内获得的包括运输、旅游、通信、建筑安装及劳务承包、保险服务、金融服务、计算机和信息服务、专有权利使用和特许、体育文化和娱乐服务、其他商业服务、政府服务等服务贸易收入。（2）境外个人在境内的工作报酬，境外机构或个人从境内获得的股息、红利、利润、直接债务利息、担保费以及非资本转移的捐赠、赔偿、税收、偶然性所得等收益和经常转移收入。（3）境外机构或个人从境内获得的融资租赁租金、不动产的转让收入、股权转让所得以及外国投资者其他合法所得。

【鑫考点3】境外所得税收管理

一、适用范围

1. 纳税人境外所得的范围。

（1）居民企业（包括按境外法律设立但实际管理机构在中国，被判定为中国税收居民的企业）可以就其取得的境外所得直接缴纳和间接负担的境外所得税性质的税额进行抵免；

（2）非居民企业（外国企业）在中国境内设立的机构（场所）可以就其取得的发生在境外，但与其有实际联系的所得直接缴纳的境外企业所得税性质的税额进行抵免。

2. 抵免办法。

（1）直接抵免。直接抵免适用于企业就来源于境外的营业利润所得在境外所缴纳的企业所得税，以及就来源于或发生于境外的股息、红利等权益性投资所得、利息、租金、特许权使用费、财产转让等所得在境外被源泉扣缴的预提所得税。

（2）间接抵免。间接抵免适用于居民企业从符合规定的境外子公司取得的股息、红利等权益性投资收益所得（母子公司之间）。

二、境外所得税额抵免计算的基本项目

企业应按照税法的有关规定准确计算下列当期与抵免境外所得税有关的项目后，确

定当期实际可抵免分国（地区）别的境外所得税税额和抵免限额：

1. 境内所得的应纳税所得额和分国（地区）别的境外所得的应纳税所得额；
2. 分国（地区）别的可抵免境外所得税税额；
3. 分国（地区）别的境外所得税的抵免限额。

企业不能准确计算上述项目实际可抵免分国（地区）别的境外所得税税额的，在相应国家（地区）缴纳的税收均不得在该企业当期应纳税额中抵免，也不得结转以后年度抵免。

自2017年7月1日起，企业可以选择按国（地区）别分别计算，或者不按国（地区）别汇总计算，其来源于境外的应纳税所得额，并按照有关规定分别计算其可抵免境外所得税税额和抵免限额。上述方式一经选择，5年内不得改变。

企业选择采用不同于以前年度的方式（以下简称新方式）计算可抵免境外所得税税额和抵免限额时，对该企业以前年度按照有关规定没有抵免完的余额，可在税法规定结转的剩余年限内，按新方式计算的抵免限额中继续结转抵免。

三、境外应纳税所得额的计算

1. 根据境外所得，在计算适用境外税额直接抵免的应纳税所得额时，应为将该项境外所得直接缴纳的境外所得税税额还原计算后的境外税前所得。

上述直接缴纳税额还原后的所得中属于股息、红利所得的，在计算适用境外税额间接抵免的境外所得时，应再将该项境外所得间接负担的税额还原计算，即该境外股息、红利所得应为境外股息、红利税后净所得与就该项所得直接缴纳和间接负担的税额之和。

2. 对上述税额还原后的境外税前所得，应再就计算企业应纳税所得总额时已按税法规定扣除的有关成本费用中与境外所得有关的部分进行对应调整扣除后，计算为境外应纳税所得额。

3. 居民企业在境外投资设立不具有独立纳税地位的分支机构，其来源于境外的所得，以境外收入总额扣除与取得境外收入有关的各项合理支出后的余额为应纳税所得额。

（1）在境外设立不具有独立纳税地位的分支机构取得的境外所得，无论是否汇回中国境内，均应计入该企业所属纳税年度的境外应纳税所得额；

（2）（境内）企业已在计算（境内）应纳税所得总额时扣除的，但属于应由各分支机构合理分摊的总部管理费等有关成本费用应作出合理的对应调整分摊。

4. 企业应当根据税法的有关规定确认境外所得的实现年度及其税额抵免年度。

（1）企业来源于境外的股息、红利等权益性投资收益所得，若实际收到所得的日期与境外被投资方作出利润分配决定的日期不在同一纳税年度的，应按被投资方作出利润分配日所在的纳税年度确认境外所得。

企业来源于境外的利息、租金、特许权使用费、转让财产等收入，若未能在合同约定的付款日期当年收到上述所得，仍应按合同约定付款日期所属的纳税年度确认境外所得。

（2）企业收到某一纳税年度的境外所得已纳税凭证时，凡是迟于次年5月31日汇算清缴终止日的,可以对该所得境外税额抵免追溯计算。

5. 亏损抵减。

(1) 企业在境外同一国家(地区)设立不具有独立纳税地位的分支机构,按照《企业所得税法》及其实施条例的有关规定计算的亏损,不得抵减其境内或他国(地区)的应纳税所得额,但可以用同一国家(地区)其他项目或以后年度的所得按规定弥补[即不同国家(地区)的分支机构发生的亏损不得相互弥补];

(2) 企业在同一纳税年度的境内外所得加总为正数的,其境外分支机构发生的亏损,由于上述结转弥补的限制而发生的未予弥补的部分,今后在该分支机构的结转弥补期限不受5年期限制。

四、可予抵免境外所得税额的确认

1. 不应作为可抵免境外所得税税额的情形。

(1) 按照境外所得税法律及相关规定属于错缴或错征的境外所得税税款(企业应申请退还)。

(2) 按照税收协定规定不应征收的境外所得税税款(企业应申请退还)。

(3) 因少缴或迟缴境外所得税而追加的利息、滞纳金或罚款。

(4) 境外所得税纳税人或者其利害关系人从境外征税主体得到实际返还或补偿的境外所得税税款。

(5) 按照我国《企业所得税法》及其实施条例规定,已经免征我国企业所得税的境外所得负担的境外所得税税款。

(6) 按照国务院财政、税务主管部门有关规定已经从企业境外应纳税所得额中扣除的境外所得税税款。

2. 可抵免的境外所得税税额的基本条件。

(1) 企业来源于中国境外的所得依照境外税法及相关规定计算而缴纳的税额。

(2) 缴纳的属于企业所得税性质的税额。

(3) 限于企业应当缴纳且已实际缴纳的税额。

(4) 可抵免的企业所得税税额,若是税收协定非适用所得税项目,或来自非协定国家的所得,无法判定是否属于对企业征收的所得税税额的,应层报国家税务总局裁定。

3. 可抵免境外所得税税额的换算。

若企业取得的境外所得已直接缴纳和间接负担的税额为人民币以外货币的,在以人民币计算可予抵免的境外税额时,凡企业记账本位币为人民币的,应按企业就该项境外所得记入账内时使用的人民币汇率进行换算;凡企业以人民币以外其他货币作为记账本位币的,应统一按实现该项境外所得对应的我国纳税年度最后一日的人民币汇率中间价进行换算。

五、境外所得间接负担税额的计算

1. 居民企业从其根据直接或间接方式合计持股20%及以上的规定层级的外国企业取

得的股息、红利等权益性投资所得。

2. 从最低一层外国企业起逐层计算属于由上一层企业负担的税额。

本层企业所纳税额属于由一家上一层企业负担的税额＝（本层企业就利润和投资收益所实际缴纳的税额＋符合规定的由本层企业间接负担的税额）×本层企业向一家上一层企业分配的股息（红利）÷本层企业所得税后利润额

本层企业是指实际分配股息（红利）的境外被投资企业。

境外第二层及以下层级企业归属不同国家的，在计算居民企业负担境外税额时，均以境外第一层企业所在国（地区）为国别划分进行归集计算，而不论该第一层企业的下层企业归属何国（地区）。

3. 适用间接抵免的外国企业持股比例的计算。

除另有规定外，由居民企业直接或间接持有20%以上股份的外国企业，限于符合以下持股方式的五层外国企业：

（1）第一层，企业直接持有20%以上股份的外国企业；

（2）第二至第五层，单一上一层外国企业直接持有20%以上股份，且由该企业直接持有或通过一个或多个符合规定持股方式的外国企业间接持有总和达到20%以上股份的外国企业。

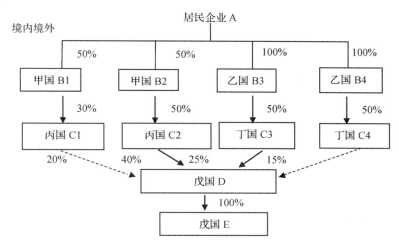

六、税收饶让抵免的应纳税额的确定

居民企业从与我国政府订立税收协定（或安排）的国家（地区）取得的所得，按照该国（地区）税收法律享受了免税或减税待遇，且该免税或减税的数额按照税收协定规定应视同已缴税额在中国的应纳税额中抵免的，该免税或减税数额可作为企业实际缴纳的境外所得税额用于办理税收抵免。

企业取得的境外所得根据来源国税收法律法规不判定为所在国应税所得，而按中国税收法律法规规定属于应税所得的，不属于税收饶让抵免范畴，应全额按中国税收法律法规规定缴纳企业所得税。

境外所得采用规定的简易办法计算抵免额，不适用饶让抵免。

七、抵免限额的计算

某一国家或地区所得税抵免限额的计算公式如下:

某国(地区)所得税抵免限额 = 中国境内、境外所得依照企业所得税法及实施条例的规定计算的应纳税总额 × 来源于某国(地区)的应纳税所得额 ÷ 中国境内、境外应纳税所得总额

1. 适用税率。境外税额抵免适用的税率为25%。高新技术企业在计算境外抵免限额时,可按照15%的优惠税率计算境外应纳税总额。

2. 境内、境外所得之间的亏损弥补。

企业按照税法的有关规定计算的当期境内、境外应纳税所得总额 < 0,则当期境内、境外应纳税所得总额 = 0,其当期境外所得税的抵免限额 = 0。

若企业境内所得为亏损,境外所得为盈利,且企业已使用同期境外盈利全部或部分弥补了境内亏损,则境内已用境外盈利弥补的亏损不得再用以后年度境内盈利重复弥补。

境外盈利在境外已纳的可予抵免但未能抵免的税额可以在以后5个纳税年度内进行结转抵免。

企业境内为亏损,境外盈利分别来自多个国家,则弥补境内亏损时,企业可以自行选择弥补境内亏损的境外所得来源国家(地区)顺序。

八、实际抵免境外税额的计算

1. 企业在境外一国(地区)当年缴纳和间接负担的符合规定的所得税税额 ≤ 该国(地区)抵免限额,据实抵免;

2. 企业在境外一国(地区)当年缴纳和间接负担的符合规定的所得税税额 > 该国(地区)抵免限额,以抵免限额进行抵免;

3. 超过抵免限额的余额允许从次年起在连续5个纳税年度内,用每年度抵免限额抵免当年应抵税额后的余额进行抵补。

九、简易办法计算抵免

采用简易办法须遵循"分国(地区)不分项"原则。适用简易办法计算抵免的两种情况:

1. 企业从境外取得营业利润所得以及符合境外税额间接抵免条件的股息所得,虽有所得来源国(地区)政府机关核发的具有纳税性质的凭证或证明,但因客观原因无法真实、准确地确认应当缴纳并已经实际缴纳的境外所得税税额的,除就该所得直接缴纳及间接负担的税额在所得来源国(地区)的实际有效税率低于12.5%以上的外,可按境外应纳税所得额的12.5%作为抵免限额,企业按该国(地区)税务机关或政府机关核发具有纳税性质凭证或证明的金额,其不超过抵免限额的部分,准予抵免;超过的部分不得抵免。

"从所得来源国(地区)政府机关取得具有纳税性质的凭证或证明"是指向境外所在国家政府实际缴纳了具有综合税额(含企业所得税)性质的款项的有效凭证。

2. 企业从境外取得营业利润所得以及符合境外税额间接抵免条件的股息所得，凡就该所得缴纳及间接负担的税额在所得来源国（地区）的法定税率且其实际有效税率明显高于我国的，可直接以按本通知规定计算的境外应纳税所得额和《企业所得税法》规定的税率计算的抵免限额作为可抵免的已在境外实际缴纳的企业所得税税额。"实际有效税率"是指实际缴纳或负担的企业所得税税额与应纳税所得额的比率。

法定税率明显高于我国的境外所得来源国（地区）名单：美国、阿根廷、布隆迪、喀麦隆、古巴、法国、日本、摩洛哥、巴基斯坦、赞比亚、科威特、孟加拉国、叙利亚、约旦、老挝。

十、境外分支机构与我国对应纳税年度的确定

1. 企业在境外投资设立不具有独立纳税地位的分支机构，其计算生产、经营所得的纳税年度与我国规定的纳税年度不一致的，与我国纳税年度当年度相对应的境外纳税年度，应为该境外分支机构所在国纳税年度结束日所在的我国纳税年度。

2. 企业取得除第1点规定以外的境外所得实际缴纳或间接负担的境外所得税，应在该项境外所得实现日所在的我国对应纳税年度的应纳税额中计算抵免。

企业取得境外股息所得实现日为被投资方做出利润分配决定的日期，不论该利润分配是否包括以前年度未分配利润，均应作为该股息所得实现日所在的我国纳税年度所得计算抵免。

【鑫考题·计算题】我国居民企业甲在境外进行了投资，相关投资结构及持股比例如下：

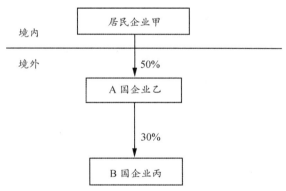

2019年经营及分配状况：

（1）B国企业所得税税率为30%，预提所得税税率为12%，丙企业应纳税所得总额800万元，丙企业将部分税后利润按持股比例进行了分配。

（2）A国企业所得税税率为20%，预提所得税税率为10%。乙企业应纳税所得总额（该应纳税所得总额已包含投资收益还原计算的间接税款）1 000万元，其中来自丙企业的投资收益100万元，按照12%的税率缴纳B国预提所得税12万元；乙企业在A国享受税收抵免后实际缴纳的税款180万元，乙企业将全部税后利润按持股比例进行了分配。

（3）居民企业甲适用的企业所得税税率25%，其来自境内的应纳税所得额为2 400

万元。

回答下列问题，如有计算需计算出合计数。

问题（1）：简述居民企业可适用境外所得税收抵免的税额范围。

问题（2）：判断企业丙分配给企业甲的投资收益能否适用间接抵免优惠政策并说明理由。

问题（3）：判断企业乙分配给企业甲的投资收益能否适用间接抵免优惠政策并说明理由。

问题（4）：计算企业乙所纳税额属于由企业甲负担的税额。

问题（5）：计算企业甲取得来源于企业乙投资收益的抵免限额。

问题（6）：计算企业甲取得来源于企业乙投资收益的实际抵免额。

【答案】（1）居民企业可以就其取得的境外所得直接缴纳和间接负担的境外企业所得税性质的税额进行抵免。

（2）不适用间接抵免优惠政策。甲持有丙的比例＝50%×30%＝15%，低于20%。

（3）适用间接抵免优惠政策。甲持有乙的比例为50%，大于20%。

（4）乙所纳税额属于企业甲负担的税额＝［乙企业就利润和投资收益所实际缴纳的税额（180＋12）＋乙企业间接负担的税额0］×乙向一家上一层企业分配的股息404（808×50%）÷本层企业所得税后利润额808（1 000－180－12）＝96（万元）

（5）企业甲应纳税总额＝［2 400＋（404＋96）］×25%＝（2 400＋500）×25%＝725（万元）抵免限额＝725×500÷（2 400＋500）＝125（万元）

（6）可抵免境外税额＝（1 000－180－12）×50%×10%（直接缴纳）＋96（间接负担）＝136.4（万元）；136.4＞125，实际抵免额为125万元。

【鑫考点4】 国际反避税

一、税基侵蚀和利润转移项目

《税基侵蚀和利润转移行动计划》（简称BEPS行动计划）是二十国集团（简称G20）领导人背书并委托经济合作与发展组织（简称OECD）推进的国际税改项目，是各国携手打击国际逃避税，共同建立有利于全球经济增长的国际税收规则体系和行政合作机制的重要举措。

1. BEPS行动计划的分类。

BEPS行动计划共分5类、15项。见表12-1。

表 12-1 BEPS 行动计划分类表

类别（5类）	行动计划（15项）
应对数字经济带来的挑战	数字经济
协调各国企业所得税税制	混合错配、受控外国公司规则、利息扣除、有害税收实践
重塑现行税收协定和转让定价国际规则	税收协定滥用、常设机构、无形资产、风险和资本、其他高风险交易
提高税收透明度和确定性	数据统计分析、强制披露原则、转让定价同期资料、争端解决
开发多边工具促进行动计划实施	多边工具

2. 税基侵蚀和利润转移项目的影响。

此项工作的重点是消除双重不征税。

二、一般反避税

1. 一般反避税。

企业实施其他不具有合理商业目的的安排（以减少、免除或者推迟缴纳税款为主要目的）而减少其应纳税收入或者所得额的，税务机关有权按照合理方法调整。下列情形不适用：一是与跨境交易或支付无关的安排；二是涉嫌逃避缴纳税款、逃避追缴欠税、骗税、抗税以及虚开发票等税收违法行为。

(1) 税务机关应当根据实质重于形式的原则实施特别纳税调整，调整方法包括：

① 对安排的全部或部分交易重新定性；

② 在税收上否定交易方的存在，或将交易方与其他交易方视为同一实体；

③ 对相关所得、扣除、税收优惠、境外税收抵免等重新定性或者在交易各方间重新分配；

④ 其他合理方法。

(2) 企业的安排属于转让定价、成本分摊、受控外国企业、资本弱化等其他特别纳税调整范围的，应当首先适用其他特别纳税调整的相关规定。企业的安排属于受益所有人、利益限制等税收协定执行范围的，应当首先适用税收协定执行的相关规定。

(3) 被调查企业认为其安排不属于《一般反避税管理办法（试行）》所称避税安排的，应当自收到《税务检查通知书》之日起 60 日内提供相关资料。因特殊情况不能按期提供的，可以向主管税务机关提交书面延期申请，经批准可以延期提供，但是最长不得超过 30 日。主管税务机关应当自收到企业延期申请之日起 15 日内书面回复。逾期未回复的，视同税务机关同意企业的延期申请。

2. 间接转让财产。

非居民企业通过实施不具有合理商业目的的安排，间接转让中国居民企业股权等财产，规避企业所得税纳税义务的，应按照《企业所得税法》的有关规定，重新定性该间接转让交易，确认为直接转让中国居民企业股权等财产。

三、特别纳税调整

1. 转让定价。

转让定价也称划拨定价，即交易各方之间确定的交易价格，它通常是指关联企业之间内部转让交易所确定的价格，这种内部交易价格通常不同于一般市场价格。转让定价是现代企业特别是跨国公司进行国际避税所借用的重要工具，主要是利用各国税收差别来实现的。

2. 成本分摊协议。

企业与其关联方签署成本分摊协议，共同开发、受让无形资产，或共同提供、接受劳务，应符合独立交易、成本与收益相匹配的原则。

（1）成本分摊协议的参与方对开发、受让的无形资产或参与的劳务活动享有受益权，并承担相应的活动成本。关联方承担的成本应与非关联方在可比条件下为获得上述受益权而支付的成本相一致；参与方使用成本分摊协议所开发或受让的无形资产不需另支付特许权使用费。

（2）企业对成本分摊协议所涉及无形资产或劳务的受益权应有合理的、可计量的预期收益，且以合理商业假设和营业常规为基础。

（3）涉及劳务的成本分摊协议一般适用于集团采购和集团营销策划。

（4）企业应自与关联方签订（变更）成本分摊协议之日起30日内，向主管税务机关报送成本分摊协议副本。税务机关对不符合独立交易原则和成本与收益相匹配原则的成本分摊协议，实施特别纳税调查调整。

（5）已经执行并形成一定资产的成本分摊协议，参与方发生变更或协议终止执行的处理：

新参与方加入支付；原参与方退出补偿；参与方变更后，应对各方受益和成本分摊情况作出相应调整；协议终止时，各参与方应对已有协议成果作出合理分配。企业不按独立交易原则对上述情况作出处理而减少其应纳税所得额的，税务机关有权作出调整。

（6）企业执行成本分摊协议期间，参与方实际分享的收益与分摊的成本不配比的，应当根据实际情况做出补偿调整，参与方未做补偿调整的，税务机关应当实施特别纳税调查调整。

（7）符合独立交易原则的成本分摊协议税务处理。

企业按照协议分摊的成本，应在协议规定的各年度税前扣除；涉及补偿调整的，应在补偿调整的年度计入应纳税所得额；涉及无形资产的成本分摊协议，加入支付、退出补偿或终止协议时对协议成果分配的，应按资产购置或处置的有关规定处理。

（8）有下列情形之一，自行分摊的成本不得税前扣除：

不具有合理商业目的和经济实质；不符合独立交易原则；没有遵循成本与收益配比原则；未按规定备案或准备、保存和提供有关成本分摊协议的同期资料；自签署成本分摊协议之日起经营期限少于20年。

3. 受控外国企业。

（1）由居民企业，或居民企业和居民个人（统称中国居民股东）控制的设立在实际税负低于25%的企业所得税税率水平50%的国家（地区），并非出于合理经营需要对利润不作分配或减少分配的外国企业。对于受控外国企业的上述利润中应归属于该居民企业股东的部分，应当视同分配计入该居民企业的当期收入。

控制是指在股份、资金、经营、购销等方面构成实质控制。股份控制是指：①由中国居民股东在纳税年度任何一天单层直接或多层间接单一持有外国企业10%以上有表决权股份，且共同持有该外国企业50%以上股份；②中国居民股东多层间接持有股份按各层持股比例相乘计算，中间层持有股份超过50%的，按100%计算。

（2）计入中国居民企业股东当期的视同受控外国企业股息分配的所得，计算公式：

中国居民企业股东当期所得＝视同股息分配额×实际持股天数÷受控外国企业纳税年度天数×股东持股比例

中国居民股东多层间接持有股份的，股东持股比例按各层持股比例相乘计算。

（3）中国居民企业股东能够提供资料证明其控制的外国企业满足以下条件之一的，可免将外国企业不作分配或减少分配的利润视同股息分配额，计入中国居民企业股东的当期所得：

① 设立在国家税务总局指定的非低税率国家（地区）；

② 主要取得积极经营活动所得；

③ 年度利润总额低于500万元人民币。

4. 资本弱化。

企业从其关联方接受的债权性投资与权益性投资的比例超过规定标准而发生的利息支出，不得在计算应纳税所得额时扣除。

【鑫考题1·多选题】OECD于2015年10月发布税基侵蚀和利润转移项目全部15项产出成果。下列各项中，属于该产出成果的有（　　）。

A.《防止税收协定优惠的不当授予》

B.《金融账户涉税信息自动交换标准》

C.《消除混合错配安排的影响》

D.《确保转让定价结果与价值创造相匹配》

【答案】ACD

【鑫考题2·多选题】以下各项中，属于税基侵蚀和利润转移项目（BEPS）行动计划的有（　　）。

A. 数字经济　　　　　　　　　B. 有害税收实践

C. 数据统计分析　　　　　　　D. 实际管理机构规则

【答案】ABC。

【解析】BEPS的15项行动计划的分类中，没有实际管理机构规则，只有常设机构规则。

【鑫考题 3·多选题】 甲企业与其关联方签署了成本分摊协议，共同开发无形资产，并约定退出补偿时协议成果转让给关联方，该成本分摊协议符合独立交易原则。下列关于甲企业成本分摊的税务处理中，正确的有（　　）。

A. 协议停止时，应与关联方对已有协议成果作出合理分配
B. 按照协议分摊的成本，应在协议规定的各年度税前扣除
C. 退出协议时，该无形资产应按资产处置的税务规定处理
D. 涉及补偿调整的，应调整成本发生年度的应纳税所得额

【答案】ABC

【解析】选项 D，涉及补偿调整的，应在补偿调整的年度计入应纳税所得额。

【鑫考点5】转让定价税务管理

对不符合独立交易原则而减少应纳税收入或所得额的关联交易，税务机关有权选择合理方法实施转让定价纳税调整。转让定价（划拨定价）指关联企业之间内部转让交易所确定的价格。

一、关联申报

1. 关联方。

（1）关联方指与企业有下列关联关系之一的企业、其他组织或个人：

① 在资金、经营、购销等方面存在直接或者间接的控制关系；
② 直接或者间接地同为第三者控制；
③ 在利益上具有相关联的其他关系。

（2）以下构成关联关系：

① 持股达到25%以上：一方直接或者间接持有另一方的股份总和达到25%以上；双方直接或者间接同为第三方所持有的股份达到25%以上。两个以上具有夫妻、直系血亲、兄弟姐妹以及其他抚养、赡养关系的自然人共同持股同一企业，在判定关联关系时持股比例合并计算。

② 双方存在持股关系或者同为第三方持股，虽持股比例未达到第①项规定，但双方之间借贷资金总额占任一方实收资本比例达到50%以上，或者一方全部借贷资金总额的10%以上由另一方担保（与独立金融机构之间的借贷或者担保除外）。

③ 双方存在持股关系或者同为第三方持股，虽持股比例未达到第①项规定，但一方的生产经营活动必须由另一方提供专利权、非专利技术、商标权、著作权等特许权才能正常进行.

④ 双方存在持股关系或同为第三方持股，虽持股比例未达到第①项规定，但一方的购买、销售、接受劳务、提供劳务等经营活动由另一方控制。

⑤ 一方半数以上董事或者半数以上高级管理人员（包括上市公司董事会秘书、经理、副经理、财务负责人和公司章程规定的其他人员）由另一方任命或者委派，或者同

时担任另一方的董事或者高级管理人员；或者双方各自半数以上董事或者半数以上高级管理人员同为第三方任命或者委派。

⑥ 具有夫妻、直系血亲、兄弟姐妹以及其他抚养、赡养关系的两个自然人分别与双方具有第①至第⑤项关系之一。

（3）仅因国家持股或者由国有资产管理部门委派董事、高级管理人员而存在第①至第⑤项关系的，不构成此处所称的关联关系。

2. 关联交易类型。

（1）有形资产使用权或所有权的转让；

（2）金融资产的转让；

（3）无形资产使用权或所有权的转让；

（4）资金融通；

（5）劳务交易。

3. 国别报告主要披露最终控股企业所属跨国企业集团所有成员实体的全球所得、税收和业务活动的国别分布情况。

（1）存在下列情形之一的居民企业，应当在报送《年度关联业务往来报告表》时，填报国别报告：

① 该居民企业为跨国企业集团的最终控股企业，且其上一会计年度合并财务报表中的各类收入金额合计超过55亿元；

② 该居民企业被跨国企业集团指定为国别报告的报送企业。

（2）最终控股企业为中国居民企业的跨国企业集团，其信息涉及国家安全的，可以按照国家有关规定，豁免填报部分或者全部国别报告。

（3）企业不属于填报范围，但其所属跨国集团按照其他国家有关规定应当准备国别报告，且符合下列条件之一，税务机关可以在实施特别纳税调查时要求企业提供国别报告的：

① 跨国企业集团未向任何国家提供国别报告；

② 虽然跨国企业集团已向其他国家提供国别报告，但我国与该国尚未建立国别报告信息交换机制；

③ 虽然跨国企业集团已向其他国家提供国别报告，且我国与该国已建立国别报告信息交换机制，但国别报告实际未成功交换至我国。

二、同期资料管理

1. 主体文档。

（1）符合下列条件之一，应当准备主体文档：

年度发生跨境关联交易，且合并该企业财务报表的最终控股企业所属企业集团已准备主体文档；

年度关联交易总额超过10亿元。

（2）主体文档包括：组织架构；企业集团业务；无形资产；融资活动；财务与税务

状况。

2. 本地文档。

（1）符合下列条件之一，应当准备本地文档：

有形资产所有权转让金额（来料加工业务按照年度进出口报关价格计算）超过2亿元；

金融资产转让金额超过1亿元；

无形资产所有权转让金额超过1亿元；

其他关联交易金额合计超过4 000万元。

企业执行预约定价安排的，预约定价安排涉及的关联交易金额不计入上述规定的关联交易金额范围。

（2）本地文档包括：企业概况；关联关系；关联交易；可比性分析；转让定价方法的选择和使用。

3. 特殊事项文档。

应当准备特殊事项文档的情形：

企业关联债资比例超过标准比例需要说明符合独立交易原则的，应当准备资本弱化特殊事项文档，在关联交易发生年度次年6月30日之前准备完毕，自税务机关要求之日起30日内提供。

企业签订或执行成本分摊协议的，应当准备成本分摊特殊事项文档，在关联交易发生年度次年6月30日之前准备完毕，自税务机关要求之日起30日内提供。

4. 同期资料豁免情形。

（1）企业仅与境内关联方发生关联交易的，可以不准备主体文档、本地文档和特殊事项文档；

（2）企业执行预约定价安排的，可以不准备预约定价安排涉及关联交易的本地文档和特殊事项文档。

5. 同期资料时限及其他要求。

（1）准备时限：

① 主体文档应当在企业集团最终控股企业会计年度终了之日起12个月内准备完毕；

② 本地文档和特殊事项文档应当在关联交易发生年度次年6月30日之前准备完毕。

（2）自税务机关要求之日起30日内提供，企业因不可抗力无法按期提供同期资料的，应当在不可抗力消除后30日内提供。

（3）同期资料应当使用中文，并标明引用信息资料的出处来源；应当加盖企业印章，并由法定代表人或法定代表人授权的代表签章。

（4）同期资料应当自税务机关要求的准备完毕之日起保存10年。企业合并、分立的，应当由合并、分立后的企业保存同期资料。

（5）税务机关实施特别纳税调查补征税款时，可以按照税款所属纳税年度中国人民银行公布的与补税期间同期的人民币贷款基准利率加收利息。

三、转让定价调整方法

选用合理的转让定价方法应进行可比性分析。

1. 可比非受控价格法。

此方法按照没有关联关系的交易各方进行相同或者类似业务往来的价格进行定价。

适用于所有类型的关联交易。

2. 再销售价格法。

公平成交价格 = 再销售给非关联方的价格 × (1 - 可比非关联交易毛利率)

可比非关联交易毛利率 = 可比非关联交易毛利 ÷ 可比非关联交易收入净额 × 100%

此方法适用于再销售者未对商品进行改变外形、性能、结构或更换商标等实质性增值加工的简单加工或单纯购销业务。

3. 成本加成法。

公平成交价格 = 关联交易的合理成本 × (1 + 可比非关联交易成本加成率)

可比非关联交易成本加成率 = 可比非关联交易成本毛利 ÷ 可比非关联交易成本 × 100%

此方法适用于有形资产购销、转让和使用，劳务提供或资金融通的关联交易。

4. 交易净利润法。

此方法按照没有关联关系的交易各方进行相同或者类似业务往来取得的净利润水平确定利润。

适用于有形资产的购销、转让和使用，无形资产的转让和使用以及劳务提供等关联交易。

5. 利润分割法。

此方法将企业与其关联方的合并利润或者亏损在各方之间采用合理标准进行分配。

适用于各参与方关联交易高度整合且难以单独评估各方交易结果的情况。

四、转让定价调查及调整

1. 转让定价调查。

转让定价重点调查企业：

（1）关联交易数额较大或类型较多的企业；

（2）长期亏损、微利或跳跃性盈利的企业；

（3）低于同行业利润水平的企业；

（4）利润水平与其所承担的功能风险明显不相匹配的企业；

（5）与避税港关联方发生业务往来的企业；

（6）未按规定进行关联申报或准备同期资料的企业；

（7）其他明显违背独立交易原则的企业。

实际税负相同的境内关联方之间的交易，只要该交易没有直接或间接导致国家总体税收收入的减少，原则上不做转让定价调查、调整。

2. 转让定价调整。

税务机关分析、评估企业关联交易时，因企业与可比企业营运资本占用不同而对营业利润产生的差异原则上不作调整。确需调整的，须层报国家税务总局批准。

3. 跟踪管理。

税务机关对企业实施转让定价纳税调整后，应自企业被调整的最后年度的下一年度起5年内实施跟踪管理。在跟踪管理期内，企业应在跟踪年度的次年6月20日之前向税务机关提供跟踪年度的同期资料。

4. 向境外关联方支付费用的转让定价管理。

企业以融资上市为主要目的的，在境外成立控股公司或融资公司，因融资上市活动产生的附带利益向境外关联方支付的特许权使用费，在计算企业应纳税所得额时不得扣除。

企业向境外关联方支付费用不符合独立交易原则的，税务机关可以在该业务发生的纳税年度起10年内，实施特别纳税调整。

五、预约定价安排

预约定价安排是指企业就其未来年度关联交易的定价原则和计算方法，向税务机关提出申请，与税务机关按照独立交易原则协商、确认后达成的协议。按照参与的国家税务主管当局的数量，预约定价安排可以分为单边、双边和多边三种类型。

适用范围：

1. 主管税务机关向企业送达接收其谈签意向的《税务事项通知书》之日所属纳税年度起3至5个年度的关联交易；

2. 企业以前年度的关联交易与预约定价安排适用年度相同或者类似的，经企业申请，税务机关可以将预约定价安排确定的定价原则和计算方法追溯适用于以前年度该关联交易的评估和调整。追溯期最长为10年。

3. 预约定价安排一般适用于主管税务机关向企业送达接收其谈签意向的《税务事项通知书》之日所属纳税年度前3个年度每年度发生的关联交易金额4 000万元人民币以上的企业。

【考题1·单选题】发生下列关联交易的企业，可免于准备关联交易同期资料的是（　　）。

A. 企业仅与境内关联方发生关联交易的

B. 外资股份低于50%且与境外关联方发生关联交易

C. 除成本分摊和预约定价安排外，年度发生的关联购销金额在2亿元人民币以上

D. 除成本分摊和预约定价安排外，年度发生的除关联购销外的其他关联交易金额在4 000万元人民币以上

【答案】A

【解析】选项A，企业仅与境内关联方发生关联交易的，可以不准备主体文档、本地文档和特殊事项文档。

【鑫考题2·单选题】关联交易同期资料中的主体文档，应当在企业集团最终控股企业会计年度终了之日起一定期限内准备完毕。这一期限为（ ）。
A. 15个月　　　　B. 18个月　　　　C. 12个月　　　　D. 24个月
【答案】C
【解析】主体文档应当在企业集团最终控股企业会计年度终了之日起12个月内准备完毕。

【鑫考点6】国际税收征管合作

一、情报交换

情报交换在税收协定规定的权利和义务范围内进行。我国享有从缔约国取得税收情报的权利，也负有向缔约国提供税收情报的义务。

1. 情报交换的种类：专项情报交换、自动情报交换、自发情报交换以及同期税务检查、授权代表访问和行业范围情报交换等。
2. 情报交换的范围。
（1）国家范围。仅限于与我国正式签订含有情报交换条款的税收协定并生效执行的国家。
（2）税种范围。仅限于税收协定规定的税种，主要为具有所得（和财产）性质的税种。
（3）人的范围。仅限于税收协定缔约国一方或双方的居民。
（4）地域范围。仅限于缔约国双方有效行使税收管辖权的区域。
3. 我国从缔约国主管当局获取的税收情报可以作为税收执法行为的依据，并可以在诉讼程序中出示。
4. 税收情报的保密。
（1）一般税收情报为秘密级，保密10年；
（2）税收情报事项涉及偷税、骗税或其他严重违反税收法律法规的行为和缔约国主管当局对税收情报有特殊保密要求的为机密级，保密20年；
（3）涉及最重要的国家秘密，泄露会使国家的安全和利益遭受特别严重的损害为绝密级，保密30年。

二、海外账户税收遵从法案：美国《海外账户税收遵从法案》（FATCA）

该法案的主要目的是追查全球范围内美国富人的逃避缴纳税款行为。
若外国机构不遵守FATCA，美国将对外国机构来源于美国的所得和收入扣缴30%的惩罚性预提所得税。

1. 实施模式。
模式一为通过政府开展信息交换（互惠型和非互惠型）；
模式二为金融机构直接向美国税务机关报送信息。

2. 外国（此处指美国以外）金融机构的义务。

外国金融机构必须与美国财政部签订合作协议，承诺就其掌握的美国纳税人账户信息向美国税务机关履行尽职调查与信息报告义务，从而取得"参与合作的外国金融机构"资格。参与合作的外国金融机构必须安排其关联企业在美国税务机关注册，成为视同参与合作的外国金融机构。

3. 账户分级管理。区分存量账户与新设账户、个人账户与实体账户、高价值账户与中低价值账户。

4. 纳税人承担举证责任。

5. 中国按照模式一中的互惠型子模式与美国签订政府间协议。

【鑫考题1·单选题】下列关于《海外账户税收遵从法案》的表述中，正确的是（   ）。

A. 《海外账户税收遵从法案》设定举证责任最终由纳税人承担

B. 《海外账户税收遵从法案》的主要目的是追查全球企业避税情况

C. 《海外账户税收遵从法案》仅适用于美国境内

D. 根据《海外账户税收遵从法案》被认定为"不合作账户持有人"将被扣缴40%的预提所得税

【答案】A

【解析】选项B，《海外账户税收遵从法案》的主要目的是追查全球范围内美国富人的逃避缴纳税款行为；选项C，《海外账户税收遵从法案》适用范围远远超出美国辖区；选项D，《海外账户税收遵从法案》被认定为"不合作账户持有人"将被扣缴30%的预提所得税。

【鑫考题2·单选题】下列国际组织或机构中，发布了《金融账户涉税信息自动交换标准》的是（   ）。

A. 联合国 B. 世界银行
C. 经济合作与发展组织 D. 世界贸易组织

【答案】C

【解析】受G20委托，经济合作与发展组织（OECD）于2014年7月发布了《金融账户涉税信息自动交换标准》（AEOI标准）。

第十三章 税收征收管理法

考情分析

本章为非重点章，主要为单选题、多选题，可能会与实体法的内容结合出计算问答题或综合题。一般 2~3 分。

知识框架

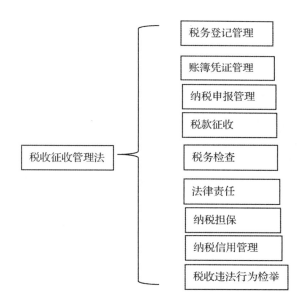

【鑫考点1】税收征收管理法

一、税收征收管理法的适用范围

凡依法由税务机关征收的各种税收的征收管理，均适用本法。

由税务机关征收的费，如教育费附加，不适用《税收征收管理法》（以下简称《征管法》）。海关征收和代征的税种也不适用《征管法》。

二、税收征收管理法的遵守主体

1. 税务行政主体——税务机关。包括各级税务局、税务分局、税务所和省以下税务局的稽查局。

2. 税务行政管理相对人，包括纳税人、扣缴义务人和其他有关单位。

3. 有关单位和部门，包括地方各级人民政府在内的有关单位和部门。

【鑫考题1·单选题】下列税费征收管理，符合《中华人民共和国税收征收管理法》的是（　　）。

A. 关税
B. 房产税
C. 教育费附加
D. 海关代征增税

【答案】B

【解析】关税由海关征收，不适用《征管法》；教育费附加属于费用，不适用《征管法》；海关征收的增值税和关税不适用《征管法》。

【鑫考题2·单选题】下列税费的征收管理，适用《中华人民共和国税收征收管理法》的是（　　）。

A. 房产税
B. 地方教育附加
C. 关税
D. 海关代征消费税

【答案】A

【解析】《征管法》的适用范围是税务机关征收的各种税收。由海关征收的关税及代征的增值税、消费税，不属于《征管法》的适用范围。本题所考察的知识点是税收征收管理法的适用范围。

【鑫考点2】税务管理

一、税务登记管理

包括设立（开业）、变更、注销、停业复业、外出经营报验登记等。

1. 设立税务登记。

(1) 设立税务登记的对象。

① 领取营业执照从事生产、经营的纳税人。

② 除国家机关、个人和无固定生产、经营场所的流动性农村小商贩外，其他纳税人也应办理税务登记。

(2) 设立税务登记的时间和地点（先工商、后税务；30日）。

① 从事生产、经营的纳税人，应当自领取工商营业执照、有关部门批准设立或纳税义务发生之日起30日内，办理税务登记；

② 有独立的生产经营权、在财务上独立核算并定期向发包人或出租人上缴承包费或租金的承包承租人，应当自承包承租合同签订之日起30日内，办理税务登记；

③ 境外企业在中国境内承包建筑、安装、装配、勘探工程和提供劳务的，应当自项目合同或协议签订之日起30日内，向项目所在地税务机关办理税务登记；

④ 其他纳税人，除国家机关、个人和无固定生产、经营场所的流动性农村小商贩

外，均应自纳税义务发生之日起 30 日内，向纳税义务发生地税务机关申报办理税务登记；

⑤ 扣缴义务人应当自扣缴义务发生之日起 30 日内，申报办理扣缴税款登记。

税务机关对纳税人税务登记地点发生争议的，由其共同的上级税务机关指定管辖。（新增）

（3）税务登记证的核发。

五证合一：工商营业执照、组织机构代码证、税务登记证、社会保险登记证、统计登记证。

2. 变更、注销税务登记。

（1）变更税务登记（先工商，后税务；30 日）。

① 已在工商行政管理机关办理变更登记的，应当自工商行政管理机关变更登记之日起 30 日内；

② 按照规定不需要在工商行政管理机关办理变更登记，或者其变更登记的内容与工商登记内容无关的，应当自税务登记内容实际发生变化之日起 30 日内，或者自有关机关批准或者宣布变更之日起 30 日内；

③ 符合规定的，税务机关应于受理当日办理变更税务登记。

（2）注销税务登记（一般情况，先税务，后工商；特殊情况，15 日）。

① 解散、破产、撤销以及其他情形，依法终止纳税义务，在向工商行政管理机关或其他机关办理注销登记前；

② 按规定不需要在工商行政管理机关或其他机关办理注册登记的，自有关机关批准或者宣告终止之日起 15 日内；

③ 被工商机关吊销营业执照或被其他机关予以撤销登记的，自营业执照被吊销之日起 15 日内；

④ 境外企业在中国境内承包建筑、安装、装配、勘探工程和提供劳务的，项目完工、离开中国前 15 日内；

⑤ 因住所、经营地点变动，涉及改变税务登记机关的，应当在向工商行政管理机关或其他机关申请办理变更、注销登记前，或者住所、经营地点变动前，向原税务登记机关申报办理注销税务登记，并自注销税务登记之日起 30 日内向迁达地税务机关申报办理税务登记；

⑥ 仍由同一主管税务机关管辖的，变更登记。

（3）进一步优化办理企业税务注销程序。（新增）

对向市场监管部门申请简易注销的纳税人，符合下列情形之一的，可免予到税务机关办理清税证明，直接向市场监管部门申请办理注销登记；

未办理过涉税事宜的纳税人，主动到税务机关办理清税的，税务机关可根据纳税人提供的营业执照即时出具清税文书。

办理过涉税事宜但未领用发票、无欠税（滞纳金）及罚款的纳税人，主动到税务机关办理清税，资料齐全的，税务机关即时出具清税文书；资料不齐的，可采取"承诺制"容缺办理，在其作出承诺后，即时出具清税文书。

经人民法院裁定宣告破产的纳税人，持人民法院终结破产程序裁定书向税务机关申请税务注销的，税务机关即时出具清税文书，按照有关规定核销"死欠"。

处于非正常状态纳税人在办理税务注销前，需先解除非正常状态，补办纳税申报手续。符合以下情形的，税务机关可打印相应税种和相关附加的《批量零申报确认表》，经纳税人确认后，进行批量处理：（新增）

非正常状态期间增值税、消费税和相关附加需补办的申报均为零申报的；

非正常状态期间企业所得税月（季）度预缴需补办的申报均为零申报，且不存在弥补前期亏损情况的。

（4）纳税人办理税务注销前，无需向税务机关提出终止"委托扣款协议书"申请。税务机关办结税务注销后，委托扣款协议自动终止。（新增）

3．停业、复业登记。

（1）实行定期定额征收方式的个体工商户需要停业的，应当在停业前向税务机关申报办理停业登记。纳税人的停业期限不得超过一年。

（2）纳税人在申报办理停业登记时，应结清应纳税款、滞纳金、罚款，税务机关应收存其税务登记证件及副本、发票领购簿、未使用完的发票和其他税务证件。

（3）纳税人停业期间发生纳税义务的，应当依法申报缴纳税款。

（4）纳税人应当于恢复生产经营之前，办理复业登记。

（5）纳税人停业期满不能及时恢复生产、经营的，应当在停业期满前向税务机关办理延长停业登记。

4．外出经营报验登记。

（1）纳税人跨省经营的，应在外出生产经营以前，持税务登记证向主管税务机关申请开具《外管证》；纳税人在省税务机关管辖区域内跨县（市）经营的，是否开具《外管证》由省级税务机关自行确定。

（2）税务机关按照一地一证的原则，核发《外管证》，《外管证》有效期限一般为30日，最长不得超过180天；但建筑安装行业项目合同期限超过180天的，按照合同期限确定有效期限。

（3）纳税人应当在《外管证》注明地进行生产经营前向当地税务机关报验登记。

（4）纳税人应当在《外管证》有效期届满后10日内，办理《外管证》的缴销手续。

5．税务登记证的作用和管理。

除按照规定不需要发给税务登记证件的外，纳税人办理下列事项时，必须持税务登记证件：

（1）开立银行账户；

（2）申请减税、免税、退税；

（3）申请办理延期申报、延期缴纳税款；

（4）领购发票；

（5）申请开具外出经营活动税收管理证明；

（6）办理停业、歇业；

（7）其他有关税务事项。

纳税人遗失税务登记证件的，应当在15日内书面报告主管税务机关，并登报声明作废。

6. 非正常户处理。

纳税人被列入非正常户超过3个月的，税务机关可以宣布其税务登记证件失效，其应纳税款的追征仍按规定执行。

二、账簿、凭证管理

1. 账簿、凭证管理。

（1）对账簿、凭证设置的管理。从事生产、经营的纳税人应当自领取营业执照或者发生纳税义务之日起15日内设置账簿。

（2）对财务会计制度的备案制度。自领取税务登记证件之日起15日内，及时报送主管税务机关备案。

（3）账簿、凭证等涉税资料的保管期限为10年。

2. 发票管理。

（1）税务机关是发票的主管机关。在全国范围内统一式样的发票，由国家税务总局确定；在省、自治区、直辖市范围内统一式样的发票，由省、自治区、直辖市税务局（以下简称省税务局）确定。

（2）增值税专票由国务院税务主管部门指定的企业印制，其他发票由省、自治区、直辖市税务局指定企业印制。未经规定的税务机关指定，不得印制发票。

（3）发票领购管理。

① 依法办理税务登记的单位和个人，领取税务登记证，可以申请领用发票。提出购票申请时，提供经办人身份证明、税务登记证件或其他有关证明、以及财务印章或发票专用章的印模，向主管税务机关办理发票领购手续。

② 需要临时使用发票的单位和个人，可以直接向税务机关申请办理。

③ 临时到本省、自治区、直辖市以外从事经营活动的单位和个人，应凭所在地税务机关的证明，向经营地税务机关申请领购经营地发票。

④ 税务机关对外省、自治区、直辖市来本辖区从事临时经营活动的单位和个人申请领购发票的，可以要求其提供保证人或者根据所领购发票的票面限额及数量交纳不超过1万元的保证金，并限期缴销发票。

（4）发票开具、使用、取得的管理。

① 收购单位和扣缴义务人支付个人款项时等特殊情况下，由付款方向收款方开具发票。

② 发票不得跨省、直辖市、自治区使用。发票限于领购单位和个人在本省、自治

区、直辖市内开具。发票领购单位未经批准不得跨规定使用区域携带、邮寄、运输空白发票，禁止携带、邮寄或运输空白发票出入境。

（5）发票保管管理。

已开具的发票存根联和发票登记簿，应当保存5年。保存期满，报经税务机关查验后销毁。

（6）税务机关在发票管理中有权对发票进行检查，税务人员进行检查时，应当出示税务检查证。

（7）《关于创新税收服务和管理的意见》对发票发放领用的服务与监管提出新的要求：

① 申领普通发票原则上取消实地核查，统一在办税服务厅即时办结；

② 一般纳税人申请增值税专用发票最高开票限额不超过10万元的，主管税务机关不需事前进行实地查验。

（8）增值税电子普通发票的推广与应用。

增值税电子普通发票的开票方和受票方需要纸质发票的，可以自行打印增值税电子普通发票的版式文件，其法律效力、基本用途、基本使用规定等与税务机关监制的增值税普通发票相同。

3. 税控管理。

不能按照规定安装、使用税控装置，损毁或者擅自改动税控装置的，由税务机关责令限期改正，可以处以2 000元以下的罚款；情节严重的，处2 000元以上1万元以下的罚款。

三、纳税申报管理

1. 纳税申报的对象。

纳税人和扣缴义务人。在纳税期内没有应纳税款的纳税人，享受减税、免税待遇的纳税人均要纳税申报。

2. 纳税申报的期限。

（1）法律、行政法规明确规定的；

（2）税务机关按照法律、行政法规的原则规定，结合纳税人生产经营的实际情况及其所应缴纳的税种等相关问题予以确定的。

两种期限具有同等的法律效力。

3. 纳税申报方式。

纳税申报方式主要有直接申报、邮寄申报、数据电文。除上述方式外，实行定期定额缴纳税款的纳税人，可以实行简易申报、简并征期等申报纳税方式。

4. 延期申报管理。

纳税人因有特殊情况，不能按期进行纳税申报的，经县以上税务机关核准，可以延期申报。

【鑫考题1·多选题】在办理税务注销时,对处于税务检查状态,欠款罚款、已缴销增值税专用发票及税控专用设备,且符合下列情形之一的纳税人,可采用"承诺制"容缺办理的有(　　)。(2019年)

A. 纳税信用等级为B级的纳税人

B. 省人民政府引进人才创办的企业

C. 控股母公司的纳税信用级别为B级的M级纳税人

D. 未达到增值税起征点的纳税人

【答案】ABD

【解析】对向市场监管部门申请一般注销的纳税人,税务机关在为期理税务注销时,进一步落实限时办结规定。对未处于税务检查状态、无欠税(滞纳金)及罚款、已缴销增值税专用发票及税控专用设备,且符合下列情形之一的纳税人,优化即时办结服务,采取"承诺制"容缺办理,即纳税人在办理税务注销时,若资料不齐,可在其作出承诺后,税务机关即时出具清税文书:(1)纳税信用级别为A级和B级的纳税人。(2)控股母公司纳税信用级别为A级的M级纳税人。(3)省级人民政府引进人才或经省级以上行业协会等机构认定的行业领军人才等创办的企业。(4)未纳入纳税信用级别评价的定期定额个体工商户。(5)未达到增值税纳税起征点的纳税人主。

选项C,不符合条件。纳税人应按承诺的时限补齐资料并办结相关事项。若未履行承诺的,税务机关将对其法定代表人、财务负责人纳入纳税信用D级管理。

【鑫考题2·单选题】下列情形中,纳税人应当注销税务登记的是(　　)。

A. 纳税人改变生产经营方式的

B. 纳税人被工商行政管理部门吊销营业执照的

C. 纳税人改变名称的

D. 纳税人改变住所和经营地点未涉及改变原主管税务机关的

【答案】B

【解析】注销税务登记的适用范围:(1)纳税人因经营期限届满而自动解散;(2)企业由于改组、分立、合并等原因而被撤销;(3)企业资不抵债而破产;(4)纳税人住所、经营地址迁移而涉及改变原主管税务机关;(5)纳税人被工商行政管理部门吊销营业执照;(6)纳税人依法终止履行纳税义务的其他情形。本题所考察的知识点是税务登记管理。

【鑫考题3·单选题】下列各项关于纳税申报管理的表述中,正确的是(　　)。

A. 扣缴人不得采取邮寄申报的方式

B. 纳税人在纳税期内没有应纳税款的,不必办理纳税申报

C. 实行定期定额缴纳税款的纳税人可以实行简易申报、简并征期等申报纳税方式

D. 主管税务机关根据纳税人实际情况及其所纳税种确定的纳税申报期限不具有法律效力

【答案】C

【解析】选项 A，扣缴人可以采取邮寄申报的方式；选项 B，纳税人在纳税期内没有应纳税款的，应办理纳税申报；选项 D，主管税务机关根据纳税人实际情况及其所纳税种确定的纳税申报期限具有法律效力。

【鑫考点3】税款征收

一、税款征收原则

1. 税务机关是征税的唯一行政主体。
2. 税务机关只能依照法律、行政法规的规定征收税款。
3. 税务机关不得违反法律、行政法规的规定开征、停征、多征、少征、提前征收或者延缓征收税款，不能任意征收，只能依法征收。
4. 税务机关征收税款必须遵守法定权限和法定程序。
5. 税务机关征收税款或扣押、查封商品、货物或其他财产时，必须向纳税人开具完税凭证或开付扣押、查封的收据或清单。
6. 税款、滞纳金、罚款统一由税务机关上缴国库。
7. 税款优先。
（1）税收优先于无担保债权。
（2）纳税人发生欠税在前的，税收优先于抵押权、质权和留置权的执行。
（3）税收优先于罚款、没收非法所得。

二、税款征收制度

1. 代扣代缴、代收代缴税款制度。

税务机关按照规定付给扣缴义务人代扣、代收手续费。代扣、代收税款手续费只能由县（市）以上税务机关统一办理退库手续，不得在征收税款过程中坐支。

2. 延期缴纳税款制度。

基本规定：纳税人因有特殊困难，不能按期缴纳税款的，经省、自治区、直辖市税务局批准，可以延期缴纳税款，但最长不得超过3个月。

（1）特殊困难的主要内容：一是因不可抗力；二是当期货币资金在扣除应付职工工资、社会保险费后，不足以缴纳税款的。

（2）税款的延期缴纳。必须经省、自治区、直辖市税务局批准，方为有效。

（3）延期期限最长不得超过3个月，同一笔税款不得滚动审批。

（4）批准延期内免予加收滞纳金。

3. 税收滞纳金征收制度。

纳税人未按照规定期限缴纳税款的，扣缴义务人未按照规定期限解缴税款的，税务机关除责令限期缴纳外，从滞纳税款之日起，按日加收滞纳税款万分之五的滞纳金。

法律、行政法规规定或者税务机关依照法律、行政法规的规定确定的税款缴纳期限届满次日起至纳税人、扣缴义务人实际缴纳或者解缴税款之日止。

对纳税人、扣缴义务人、纳税担保人应缴纳的欠税及滞纳金不再要求同时缴纳，可以先行缴纳欠税，再依法缴纳滞纳金。（新增）

4. 减免税收制度。

（1）纳税人申请减免税，应向主管税务机关提出书面申请，并按规定附送有关资料。

（2）减免税分为核准类减免税和备案类减免税。纳税人享受核准类减免税，未按规定申请或申请但未经有批准权限的税务机关核准确认的，纳税人不得享受减免税。

（3）纳税人可以向主管税务机关申请减免税，也可以直接向有权审批的税务机关申请。

（4）减免税期限超过1个纳税年度的，进行一次性审批。

5. 税额核定制度。

（1）依照法律、行政法规规定可以不设置账簿的；

（2）依照法律、行政法规规定应当设置但未设置账簿的；

（3）擅自销毁账簿或者拒不提供纳税资料的；

（4）虽设置账簿，但账目混乱或成本资料、收入凭证、费用凭证残缺不全，难以查账的；

（5）发生纳税义务，未按照规定的期限办理纳税申报，经税务机关责令限期申报，逾期仍不申报的；

（6）纳税人申报的计税依据明显偏低，又无正当理由的。

6. 未办理税务登记的从事生产、经营的纳税人，以及临时从事经营纳税人的税款征收制度。

（1）核定应纳税额。

（2）责令缴纳。

（3）扣押商品、货物。

（4）解除扣押或者拍卖、变卖所扣押的商品、货物。

（5）抵缴税款。

7. 税收保全措施。

税收保全措施是指税务机关对可能由于纳税人的行为或者某种客观原因，致使以后税款的征收不能保证或难以保证的案件，采取限制纳税人处理或转移商品、货物或其他财产的措施。

（1）税收保全措施的前提是从事生产、经营的纳税人有逃避纳税义务的行为采取税收保全措施时，应符合下列两个条件：

① 纳税人有逃避纳税义务的行为；

② 必须是在规定的纳税期之前和责令期限缴纳应纳税款的期限内。

（2）税收保全措施的两种主要形式：

① 书面通知纳税人开户银行或其他金融机构冻结纳税人相当于应纳税款的存款。

② 扣押、查封纳税人的价值相当于应纳税款的商品、货物或其他财产。

个人及其所扶养家属维持生活必需的住房和用品，不在税收保全措施的范围之内。

生活必需的住房和用品不包括机动车辆、金银饰品、古玩字画、豪华住宅或者一处以外的住房。税务机关对单价 5 000 元以下的其他生活用品，不采取税收保全措施和强制执行措施。

（3）税务机关确定应扣押、查封的商品、货物或者其他财产的价值时，还应当包括滞纳金和扣押、查封、保管、拍卖、变卖所发生的费用。

（4）税务机关扣押商品、货物或者其他财产时，必须开付收据；查封商品、货物或者其他财产时，必须开付清单。

（5）税收保全措施期限一般不超过 6 个月；重大案件需要延长的，应当报国家税务总局批准。

8. 税收强制执行措施。

税收强制执行措施是指当事人不履行法律、行政法规规定的义务，有关国家机关采用法定的强制手段，强迫当事人履行义务的行为。

从事生产、经营的纳税人、扣缴义务人未按照规定的期限缴纳或者解缴税款，纳税担保人未按照规定的期限缴纳所担保的税款，由税务机关责令限期缴纳，逾期仍未缴纳的，经县以上税务局局长批准，税务机关可以采取以下强制执行措施：

（1）书面通知其开户银行或其他金融机构从其存款中扣缴税款；

（2）扣押、查封、拍卖或者变卖其价值相当于应纳税款的商品、货物或其他财产，以拍卖或者变卖所得抵缴税款。

对纳税人、扣缴义务人、纳税担保人未缴纳的滞纳金必须同时强制执行。对纳税人已缴纳税款，但拒不缴纳滞纳金的，税务机关可以单独对纳税人应缴未缴的滞纳金采取强制执行措施。

继续使用被查封的财产不会减少其价值的，税务机关可以允许被执行人继续使用；因被执行人保管或者使用的过错造成的损失，由被执行人承担。

拍卖或者变卖所得抵缴税款、滞纳金、罚款以及扣押、查封、保管、拍卖、变卖等费用后，剩余部分应当在 3 日内退还被执行人。

9. 欠税清缴制度。

（1）严格控制欠缴税款的审批权限，权限集中在省、自治区、直辖市国家税务局、地方税务局。

（2）由税务机关发出限期缴纳税款通知书，责令缴纳或者解缴税款的最长期限不得超过 15 日。

（3）建立欠税清缴制度。

① 欠缴税款的纳税人及其法定代表需要出境的，应当在出境前向税务机关结清应纳税款或者提供担保。未结清税款，又不提供担保的，需要阻止出境的，税务机关应当书

面通知出境管理机关阻止其出境。

② 欠缴税款数额在 5 万元以上的纳税人，在处分其不动产或者大额资产之前，应当向税务机关报告。

10. 税款的退还和追征制度。

（1）纳税人多缴纳税款的退还：税务机关发现后应当立即退还（无限期），纳税人自结算缴纳税款之日起 3 年内发现的，可以向税务机关要求退还多缴纳的税款并加算银行同期存款利息，税务机关及时查实后应当立即退还。

（2）纳税人少缴纳税款。

① 税务机关责任，税务机关在 3 年内可要求纳税人、扣缴义务人补缴税款，但是不得加收滞纳金。

② 纳税人、扣缴义务人计算失误，税务机关在 3 年内可以追征税款、滞纳金；有特殊情况的追征期可以延长到 5 年。

③ 纳税人偷税、抗税、骗税，税务机关无限期追征其未缴或者少缴的税款、滞纳金或者骗取的税款。

11. 企业破产清算程序中的税收征管。（新增）

自 2020 年 3 月 1 日起，税务机关在人民法院公告的债权申报期限内，向管理人申报企业所欠税款（含教育费附加、地方教育附加，下同）、滞纳金及罚款。因特别纳税调整产生的利息，也应一并申报。

企业所欠税款、滞纳金、罚款，以及因特别纳税调整产生的利息，以人民法院裁定受理破产申请之日为截止日计算确定。

在人民法院裁定受理破产申请之日至企业注销之日期间，企业应当接受税务机关的税务管理，履行税法规定的相关义务。破产程序中如发生应税情形，应按规定申报纳税。

从人民法院指定管理人之日起，管理人以企业名义办理纳税申报等涉税事宜。

企业因继续履行合同、生产经营或处置财产需要开具发票的，管理人可以以企业名义按规定申领开具发票或者代开发票。

企业所欠税款、滞纳金、因特别纳税调整产生的利息，税务机关按照企业破产法相关规定进行申报，其中，企业所欠的滞纳金、因特别纳税调整产生的利息按照普通破产债权申报。

12.《无欠税证明》开具服务。（新增）

（1）《无欠税证明》是指税务机关依纳税人申请，根据税收征管信息系统所记载的信息，为纳税人开具的表明其不存在欠税情形的证明。

（2）所称"不存在欠税情形"，是指纳税人在税收征管信息系统中，不存在应申报未申报记录且无下列应缴未缴的税款：

① 办理纳税申报后，纳税人未在税款缴纳期限内缴纳的税款；

② 经批准延期缴纳的税款期限已满，纳税人未在税款缴纳期限内缴纳的税款；

③ 税务机关检查已查定纳税人的应补税额，纳税人未缴纳的税款；

④ 税务机关核定纳税人的应纳税额，纳税人未在税款缴纳期限内缴纳的税款；

⑤ 纳税人的其他未在税款缴纳期限内缴纳的税款。

（3）纳税人因境外投标、企业上市等需要，确需开具《无欠税证明》的，可以向主管税务机关申请办理。

（4）已实行实名办税的纳税人到主管税务机关申请开具《无欠税证明》的，办税人员持有效身份证件直接申请开具，无需提供登记证照副本或税务登记证副本。

未办理实名办税的纳税人到主管税务机关申请开具《无欠税证明》的，区分以下情况提供相关有效证件：

① 单位纳税人和个体工商户，提供市场监管部门或其他登记机关发放的登记证照副本或税务登记证副本，以及经办人有效身份证件。

② 自然人纳税人，提供本人有效身份证件；委托他人代为申请开具的，还需一并提供委托书、委托人及受托人有效身份证件。

（5）对申请开具《无欠税证明》的纳税人，证件齐全的，主管税务机关应当受理其申请。经查询税收征管信息系统，符合开具条件的，主管税务机关应当即时开具《无欠税证明》；不符合开具条件的，不予开具并向纳税人告知未办结涉税事宜。

（6）纳税人办结相关涉税事宜后，符合开具条件的，主管税务机关应当即时开具《无欠税证明》。

【鑫考题1·单选题】根据《税收征收管理法》中延期缴纳税款制度的规定，下列表述中正确的是（　　）。

A．批准的延期期限内加收滞纳金

B．延期缴纳的同一笔税款不得滚动审批

C．延期缴纳税款的期限最长不得超过30天

D．延期缴纳税款必须经县级税务机关批准

【答案】B

【解析】选项A，税务机关不予批准的延期纳税，从缴纳税款期限届满次日起加收滞纳金。经批准的延期纳税，在批准的延期期限内免予加收滞纳金。选项B，同一笔税款不得滚动审批。选项C、D，纳税人因特殊困难不能按期缴纳税款的，经省、自治区、直辖市税务局批准，可延期缴纳税款，但最长不得超过3个月。

【鑫考题2·多选题】下列关于税务机关实施税收保全措施的表述中，正确的有（　　）。

A．税收保全措施仅限于从事生产、经营的纳税人

B．只有在事实全部查清，取得充分证据的前提下才能进行

C．冻结纳税人的存款时，其数额要以相当于纳税人应纳税款的数额为限

D．个人及其抚养家属维持生活必需的住房和用品，不在税收保全措施的范围之内

【答案】ACD

【解析】选项B，税收保全措施是针对纳税人即将转移、隐匿应税的商品、货物或其他财产的紧急情况下采取的一种紧急处理措施，不可能等到事实全部查清，取得充分的证据以后再采取行动，如果这样，纳税人早已将其收入和财产转移或隐匿完毕，到时再想采取税收保全措施就晚了。

【鑫考题3·单选题】下列关于退还纳税人多缴税款的表述中，正确的是（　　）。
A．纳税人发现多缴税款但距缴款日期已超过3年的，税务机关不再退还多缴税款
B．税务机关发现多缴税款的，在退还税款的同时，应一并计算银行同期存款利息
C．税务机关发现多缴税款但距缴款日期已超过3年的，税务机关不再退还多缴税款
D．纳税人发现当年预缴企业所得税款超过应缴税额的，可要求退款并加计银行同期存款利息

【答案】A

【解析】选项B，税务机关发现的，没有加算银行同期存款利息的规定。选项C，税务机关发现的多缴税款，《征管法》没有规定多长时间内可以退还；法律没有规定期限的，推定为无限期。因此，税务机关发现的多缴税款，无论多长时间，都应当退还给纳税人。选项D，不得加算银行同期存款利息。

【鑫考点4】税务检查

税务机关有权进行下列税务检查：

1．查账权。经县以上税务局（分局）局长批准，可以将纳税人、扣缴义务人以前会计年度的账簿、记账凭证、报表和其他有关资料调回税务机关检查，但是税务机关必须向纳税人、扣缴义务人开付清单，并在3个月内完整退还。

2．税务机关有权到纳税人的生产、经营场所和货物存放地检查，但不得进入纳税人生活区进行检查。

3．责成提供资料权。

4．询问权。

5．在交通要道和邮政企业的查证权。

6．查核存款账户权。经县以上税务局（分局）局长批准，凭全国统一格式的检查存款账户许可证明，查核从事生产、经营的纳税人、扣缴义务人在银行或者其他金融机构的存款账户；税务机关在调查税收违法案件时，经设区的市、自治州以上税务局（分局）局长批准，可以查询案件涉案人员的储蓄存款。

7．税务机关调查税务违法案件时，对与案件有关的情况和资料，可以记录、录音、录像、照相和复制。

8．税务机关对纳税人、扣缴义务人及其他当事人处以罚款或者没收违法所得时，应当开付罚没凭证；未开付罚没凭证的，纳税人、扣缴义务人以及其他当事人有权拒绝给付。

【鑫考题1·多选题】 下列关于税务机关行使税务检查权的表述中，符合税法规定的有（　　）。

A. 到纳税人的住所检查应纳税的商品、货物和其他财产

B. 责成纳税人提供与纳税有关的文件、证明材料和有关资料

C. 到车站检查纳税人托运货物或者其他财产的有关单据、凭证和资料

D. 经县税务局长批准，凭统一格式的检查存款账户许可证，查询案件涉嫌人员的储蓄存款

【答案】BC

【解析】选项A，不得到纳税人的住所进行检查；选项D，税务机关在调查税收违法案件时，经设区的市、自治州以上税务局（分局）局长批准，可以查询案件涉案人员的储蓄存款。

【鑫考点5】法律责任

违反税务管理基本规定行为的处罚主要有以下几种。

1. 纳税人有下列行为之一的，由税务机关责令限期改正，可以处2 000元以下的罚款；情节严重的，处2 000元以上1万元以下的罚款。

（1）未按照规定的期限申报办理税务登记、变更或者注销登记的。

（2）未按照规定设置、保管账簿或者保管记账凭证和有关资料的。

（3）未按照规定将财务、会计制度或者财务、会计处理办法和会计核算软件报送税务机关备查的。

（4）未按照规定将其全部银行账号向税务机关报告。

（5）未按照规定安装、使用税控装置，或损毁或擅自改动税控装置。

（6）未按照规定办理税务登记证件验证或者换证手续的。

2. 纳税人有下列行为的，税务机关可向纳税人处以少缴税款50%以上3倍以下的罚款。

（1）扣缴义务人应扣未扣、应收而不收税款的，由税务机关向纳税人追缴税款，对扣缴义务人处应扣未扣、应收未收税款50%以上3倍以下的罚款。

（2）税务代理人违反税收法律、行政法规，造成纳税人未缴或者少缴税款的，除由纳税人缴纳或者补缴应纳税款、滞纳金外，对税务代理人处纳税人未缴或者少缴税款50%以上3倍以下的罚款。

3. 纳税人有下列行为的，税务机关可向纳税人处以少缴税款50%以上5倍以下的罚款。

对纳税人偷税和逃税的，由税务机关追缴其不缴或者少缴的税款、滞纳金，并处不缴或者少缴的税款50%以上5倍以下的罚款；骗税和抗税由税务机关追缴其不缴或者少缴的税款、滞纳金，并处不缴或者少缴的税款1倍以上5倍以下的罚款；构成犯罪的，依法追究刑事责任。

【鑫考点6】纳税担保

纳税担保,是指经税务机关同意或确认,纳税人或其他自然人、法人、经济组织以保证、抵押、质押的方式,为纳税人应当缴纳的税款及滞纳金提供担保的行为。

一、纳税担保

1. 具有纳税担保能力的纳税保证人:
(1) 法人或其他经济组织财务报表资产净值超过需要担保的税额及滞纳金2倍以上;
(2) 自然人、法人或其他经济组织所拥有或者依法可以处分的未设置担保的财产的价值超过需要担保的税额及滞纳金。

2. 不具有纳税担保能力的纳税保证人:
(1) 国家机关、学校、幼儿园、医院等事业单位、社会团体。
(2) 企业法人的职能部门。企业法人的分支机构有法人书面授权的,可以在授权范围内提供纳税担保。
(3) 有偷税、抗税、骗税、逃避追缴欠税行为被税务机关、司法机关追究过法律责任未满2年的。
(4) 因有税收违法行为正在被税务机关立案处理或涉嫌刑事犯罪被司法机关立案侦查的。
(5) 纳税信誉等级被评为C级以下的。
(6) 在主管税务机关所在地的市(地、州)没有住所的自然人或税务登记不在本市(地、州)的企业。
(7) 无民事行为能力或限制民事行为能力的自然人。
(8) 与纳税人存在担保关联关系的。
(9) 有欠税行为的。

3. 纳税担保范围。
纳税人有下列情况之一的,适用纳税担保:
(1) 税务机关有根据认为从事生产、经营的纳税人有逃避纳税义务行为,在规定的纳税期之前经责令其限期缴纳应纳税款,在限期内发现纳税人有明显的转移、隐匿其应纳税的商品、货物以及其他财产或者应纳税收入的迹象,责成纳税人提供纳税担保的。
(2) 欠缴税款、滞纳金的纳税人或者其法定代表人需要出境的。
(3) 纳税人同税务机关在纳税上发生争议而未缴清税款,需要申请行政复议的。
(4) 其他情形。

4. 纳税担保时限。
(1) 纳税担保书须经纳税人、纳税保证人签字盖章并经税务机关签字盖章同意方为有效。纳税担保从税务机关在纳税担保书签字盖章之日起生效。
(2) 保证期间为纳税人应缴纳税款期限届满之日起60日内,即税务机关自纳税人应缴纳税款的期限届满之日起60日内有权要求纳税保证人承担保证责任,缴纳税款、滞纳金。

履行保证责任的期限为15日，即纳税保证人应当自收到税务机关的纳税通知书之日起15日内履行保证责任，缴纳税款及滞纳金。

二、纳税抵押

纳税抵押，是指纳税人或纳税担保人不转移对所列财产的占有，将该财产作为税款及滞纳金的担保。纳税人逾期未缴清税款及滞纳金的，税务机关有权依法处置该财产以抵缴税款及滞纳金。

1. 可以抵押的财产（共5项）：

（1）抵押人所有的房屋和其他地上定着物。

（2）抵押人所有的机器、交通运输工具和其他财产。

（3）抵押人依法有权处分的国有的房屋和其他地上定着物。

（4）抵押人依法有权处分的国有的机器、交通运输工具和其他财产。

（5）经设区的市、自治州以上税务机关确认的其他可以抵押的合法财产。

以依法取得的国有土地上房屋抵押的，该房屋占用范围内的国有土地使用权同时抵押。以乡（镇）、村企业的厂房等建筑物抵押的，其占用范围内的土地使用权同时抵押。

2. 不得抵押的财产（共8项）：

（1）土地所有权。

（2）土地使用权，上述抵押范围规定的除外。

（3）学校、幼儿园、医院等以公益为目的的事业单位、社会团体、民办非企业单位的教育设施、医疗卫生设施和其他社会公益设施；学校、幼儿园、医院等以公益为目的的事业单位、社会团体，可以其教育设施、医疗卫生设施和其他公益设施以外的财产为其应缴纳的税款及滞纳金提供抵押。

（4）所有权、使用权不明或者有争议的财产。

（5）依法被查封、扣押、监管的财产。

（6）依法定程序确认为违法、违章的建筑物。

（7）法律、行政法规规定禁止流通的财产或者不可转让的财产。

（8）经设区的市、自治州以上税务机关确认的其他不予抵押的财产。

三、纳税质押

纳税质押是指经税务机关同意，纳税人或纳税担保人将其动产或权利凭证移交税务机关占有，将该动产或权利凭证作为税款及滞纳金的担保。纳税人逾期未缴清税款及滞纳金的，税务机关有权依法处置该动产或权利凭证以抵缴税款及滞纳金。

纳税质押分为动产质押和权利质押。

【鑫考题1·多选题】具有特殊情形的企业不得作为纳税保证人。下列各项属于该特殊情形的有（　　）。

A. 有欠税行为的

B. 与纳税人存在担保关联关系的

C. 纳税信用等级被评为 C 级以下的

D. 因有税收违法行为正在被税务机关立案处理的

【答案】ABCD

【鑫考题2·多选题】某房地产开发企业被税务机关要求提供纳税担保，该企业拥有的下列资产中，可以用作纳税抵押品的有（ ）。

A. 小轿车 B. 写字楼

C. 库存钢材 D. 土地所有权

【答案】ABC

【解析】不得用作纳税抵押财产的有8项，其中包括土地所有权。

【鑫考题3·单选题】纳税人的下列财产或财产权利，不得作为纳税质押品的是（ ）。

A. 房屋 B. 汽车

C. 活期存款单 D. 定期存款单

【答案】A

【解析】房屋可以作为纳税抵押品；纳税质押包括动产质押（现金以及其他除不动产以外的财产提供的质押）和权利质押（汇票、支票、本票、债券、存款单等权利凭证提供的质押）。

【鑫考点7】纳税信用管理

一、纳税信用管理适用范围

除已办理税务登记，从事生产、经营并适用查账征收的企业纳税人外，纳税信用管理试行办法还适用于以下企业纳税人：

1. 从首次在税务机关办理涉税事宜之日起时间不满一个评价年度的企业（以下简称新设立企业）。评价年度是指公历年度，即1月1日至12月31日。

2. 评价年度内无生产经营业务收入的企业。

3. 适用企业所得税核定征收办法的企业。

二、纳税信用信息采集

纳税信用信息的采集工作由国家税务总局和省税务机关组织实施，按月采集。

三、纳税信用评估

税信用评价采取年度评价指标得分和直接判级方式。

纳税信用级别A、B、M、C、D五级，D级纳税信用为年度评价指标得分不满40分或者直接判级确定的。直接判级包括存在逃避缴纳税款、逃避追缴欠税、骗取出口退税、虚开增值税专用发票等行为，经判决构成涉税犯罪的等。

四、纳税信用评估结果的确定和发布

1. 税务机关每年 4 月确定上一年度纳税信用评价结果，并为纳税人提供自我查询服务。

2. 税务机关对纳税人的纳税信用级别实行动态调整。

五、纳税信用评估结果的应用

1. 纳税信用评价为 A 级的纳税人。

（1）主动向社会公告年度 A 级纳税人名单；

（2）一般纳税人可单次领取 3 个月的增值税发票用量，需要调整增值税发票用量时即时办理；

（3）普通发票按需领用；

（4）连续 3 年被评为 A 级信用级别（简称 3 连 A）的纳税人，可由税务机关提供绿色通道或专门人员帮助办理涉税事项；

（5）税务机关与相关部门实施的联合激励措施，以及结合当地实际情况采取的其他激励措施。

2. 纳税信用评价为 D 级的纳税人。

（1）按规定公开 D 级纳税人及其直接责任人员名单，对直接责任人员注册登记或者负责经营的其他纳税人纳税信用直接判为 D 级；

（2）增值税专用发票领用按辅导期一般纳税人政策办理，普通发票的领用实行交（验）旧供新、严格限量供应；

（3）加强出口退税审核；

（4）加强纳税评估，严格审核其报送的各种资料；

（5）列入重点监控对象，提高监督检查频次，发现税收违法违规行为的，不得适用规定处罚幅度内的最低标准；

（6）将纳税信用评价结果通报相关部门，建议在经营、投融资、取得政府供应土地、进出口、出入境、注册新公司、工程招投标、政府采购、获得荣誉、安全许可、生产许可、从业任职资格、资质审核等方面予以限制或禁止；

（7）D 级评价保留 2 年，第三年纳税信用不得评价为 A 级；

（8）税务机关与相关部门实施的联合惩戒措施，以及结合实际情况依法采取的其他严格管理措施。

六、纳税信用修复（新增）

1. 自 2020 年 1 月 1 日起，纳入纳税信用管理的企业纳税人，符合下列条件之一的，可在规定期限内向主管税务机关申请纳税信用修复。

（1）纳税人发生未按法定期限办理纳税申报、税款缴纳、资料备案等事项且已补办的。

（2）未按税务机关处理结论缴纳或者足额缴纳税款、滞纳金和罚款，未构成犯罪，

纳税信用级别被直接判为 D 级的纳税人，在税务机关处理结论明确的期限期满后 60 日内足额缴纳、补缴的。

（3）纳税人履行相应法律义务并由税务机关依法解除非正常户状态的。

2. 符合前述第 1 条第（1）项所列条件且失信行为已纳入纳税信用评价的，纳税人可在失信行为被税务机关列入失信记录的次年年底前向主管税务机关提出信用修复申请，税务机关按照《纳税信用修复范围及标准》调整该项纳税信用评价指标分值，重新评价纳税人的纳税信用级别；符合前述第 1 条第（1）项所列条件但失信行为尚未纳入纳税信用评价的，纳税人无需提出申请，税务机关调整纳税人该项纳税信用评价指标分值并进行纳税信用评价。

符合前述第 1 条第（2）项、第（3）项所列条件的，纳税人可在纳税信用被直接判为 D 级的次年年底前向主管税务机关提出申请，税务机关根据纳税人失信行为纠正情况调整该项纳税信用评价指标的状态，重新评价纳税人的纳税信用级别，但不得评价为 A 级。

非正常户失信行为纳税信用修复一个纳税年度内只能申请一次。纳税年度自公历 1 月 1 日起至 12 月 31 日止。

纳税信用修复后纳税信用级别不再为 D 级的纳税人，其直接责任人注册登记或者负责经营的其他纳税人之前被关联为 D 级的，可向主管税务机关申请解除纳税信用 D 级关联。

3. 需向主管税务机关提出纳税信用修复申请的纳税人应填报《纳税信用修复申请表》，并对纠正失信行为的真实性作出承诺。

税务机关发现纳税人虚假承诺的，撤销相应的纳税信用修复，并按照《纳税信用评价指标和评价方式（试行）调整表》予以扣分。

4. 主管税务机关自受理纳税信用修复申请之日起 15 个工作日内完成审核，并向纳税人反馈信用修复结果。

5. 纳税信用修复完成后，纳税人按照修复后的纳税信用级别适用相应的税收政策和管理服务措施，之前已适用的税收政策和管理服务措施不作追溯调整。

【鑫考点8】税收违法行为检举管理办法

一、检举事项的接收与受理

1. 举报中心对接收的检举事项，应当及时审查，有下列情形之一的，不予受理：

（1）无法确定被检举对象，或者不能提供税收违法行为线索的；

（2）检举事项已经或者依法应当通过诉讼、仲裁、行政复议以及其他法定途径解决的；

（3）对已经查结的同一检举事项再次检举，没有提供新的有效线索的。

除前款规定外，举报中心自接收检举事项之日起即为受理。

举报中心可以应实名检举人要求，视情况采取口头或者书面方式解释不予受理原因。

2. 检举事项管辖有争议的，由争议各方本着有利于案件查处的原则协商解决；不能协商一致的，报请共同的上一级税务机关协调或者决定。

二、检举事项的处理

1. 检举事项受理后，应当分级分类，按照以下方式处理：

（1）检举内容详细、税收违法行为线索清楚、证明资料充分的，由稽查局立案检查。

（2）检举内容与线索较明确但缺少必要证明资料，有可能存在税收违法行为的，由稽查局调查核实。发现存在税收违法行为的，立案检查；未发现的，作查结处理。

（3）检举对象明确，但其他检举事项不完整或者内容不清、线索不明的，可以暂存待查，待检举人将情况补充完整以后，再进行处理。

（4）已经受理尚未查结的检举事项，再次检举的，可以合并处理。

（5）前述第（3）条规定以外的检举事项，转交有处理权的单位或者部门。

2. 举报中心可以税务机关或者以自己的名义向下级税务机关督办、交办检举事项。

3. 举报中心应当在检举事项受理之日起 15 个工作日内完成分级分类处理，特殊情况除外。查处部门应当在收到举报中心转来的检举材料之日起 3 个月内办理完毕；案情复杂无法在期限内办理完毕的，可以延期。

4. 税务局稽查局对督办案件的处理结果应当认真审查。对于事实不清、处理不当的，应当通知承办机关补充调查或者重新调查，依法处理。

三、检举人的答复和奖励

1. 实名检举人可以要求答复检举事项的处理情况与查处结果。

2. 检举事项经查证属实，为国家挽回或者减少损失的，按照财政部和国家税务总局的有关规定对实名检举人给予相应奖励。

【鑫考点9】税务文书电子送达规定（试行）

1. 电子送达，是指税务机关通过电子税务局等特定系统向纳税人、扣缴义务人（以下简称"受送达人"）送达电子版式税务文书。

2. 经受送达人同意，税务机关可以采用电子送达方式送达税务文书。

电子送达与其他送达方式具有同等法律效力。受送达人可以据此办理涉税事宜，行使权利、履行义务。

第十四章 税务行政法制

考情分析

本章为非重点章,以单项选择题、多项选择题命题,分值1~2分。

知识框架

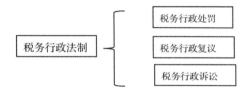

【鑫考点1】税务行政处罚

税务行政处罚是指公民、法人或者其他组织有违反税收征收管理秩序的违法行为,尚未构成犯罪,依法应当承担行政责任的,由税务机关给予行政处罚。

一、税务行政处罚的设定

现行我国税收法制的原则是税权集中、税法统一,税收的立法权主要集中在中央。

1. 全国人民代表大会及其常务委员会可以通过法律的形式设定各种税务行政处罚。
2. 国务院可以通过行政法规的形式设定除限制人身自由以外的税务行政处罚。
3. 国家税务总局可以通过规章的形式设定警告和罚款:

对非经营活动中的违法行为设定罚款不得超过1 000元。对经营活动中的违法行为,有违法所得的,设定罚款不得超过违法所得的3倍,且最高不得超过30 000元;没有违法所得的,设定罚款不得超过10 000元。超过限额的,应当报国务院批准。

二、税务行政处罚的种类

1. 罚款;
2. 没收财物违法所得;
3. 停止出口退税权;
4. 法律、法规和规章规定的其他行政处罚。

三、税务行政处罚的主体

税务行政处罚的实施主体主要是县以上的税务机关。各级税务机关的内设机构、派出机构不具处罚主体资格；税务所可以实施罚款额在 2 000 元以下的税务行政处罚。

四、税务行政处罚的简易程序

适用条件：一是案情简单、事实清楚、违法后果比较轻微且有法定依据应当给予处罚的违法行为；二是给予的处罚较轻，仅适用于对公民处以 50 元以下和对法人或其他组织处以 1 000 元以下罚款的违法案件。

五、税务行政处罚的一般程序

1. 调查与审查。
2. 听证。

听证的范围是对公民作出 2 000 元以上或者对法人或其他组织作出 10 000 元以上罚款的案件。除涉及国家秘密、商业秘密或者个人隐私的不公开听证的以外，对于公开听证的案件，应当先期公告案情和听证的时间、地点并允许公众旁听。

3. 决定。

六、税务行政处罚权力清单

1. 账簿、凭证管理类。

（1）未按规定设置、保管账簿资料，报送财务、会计制度办法核算软件，安装使用税控装置的（包括纳税人未按照规定设置、保管账簿或者保管记账凭证和有关资料的；纳税人未按照规定将财务、会计制度或者财务会计处理办法和会计核算软件报送税务机关备查的；纳税人未按照规定安装、使用税控装置，或者损毁或者擅自改动税控装置的），税务机关责令其限期改正，可以处 2 000 元以下的罚款；情节严重的，处 2 000 元以上 1 万元以下的罚款。

（2）扣缴义务人未按照规定设置、保管代扣代缴、代收代缴税款账簿或者保管代扣代缴、代收代缴税款记账凭证及有关资料的，税务机关责令其限期改正，可以处 2 000 元以下的罚款；情节严重的，处 2 000 元以上 5 000 元以下的罚款。

（3）非法印制、转借、倒卖、变造或者伪造完税凭证的，税务机关责令其改正，处 2 000 元以上 1 万元以下的罚款；情节严重的，处 1 万元以上 5 万元以下的罚款；构成犯罪的，依法追究刑事责任。

2. 纳税申报类。

（1）未按规定期限办理纳税申报和报送纳税资料的（包括纳税人未按照规定的期限办理纳税申报和报送纳税资料的；扣缴义务人未按照规定的期限向税务机关报送代扣代缴、代收代缴税款报告表和有关资料的），税务机关责令其限期改正，可以处 2 000 元以下的罚款；情节严重的，可以处 2 000 元以上 1 万元以下的罚款。

（2）纳税人、扣缴义务人编造虚假计税依据的，税务机关责令其限期改正，并处 5 万元以下的罚款。

3. 税务检查类。

(1) 纳税人、扣缴义务人逃避、拒绝或者以其他方式阻挠税务机关检查（包括提供虚假资料，不如实反映情况，或者拒绝提供有关资料的；拒绝或者阻止税务机关记录、录音、录像、照相和复制与案件有关的情况和资料的；在检查期间，纳税人、扣缴义务人转移、隐匿、销毁有关资料的；有不依法接受税务检查的其他情形），税务机关责令其改正，可以处 1 万元以下的罚款；情节严重的，处 1 万元以上 5 万元以下的罚款。

(2) 纳税人、扣缴义务人的开户银行或者其他金融机构拒绝接受税务机关依法检查纳税人、扣缴义务人存款账户，或者拒绝执行税务机关作出的冻结存款或者扣缴税款的决定，或者在接到税务机关的书面通知后帮助纳税人、扣缴义务人转移存款，造成税款流失的，税务机关处 10 万元以上 50 万元以下的罚款，对直接负责的主管人员和其他直接责任人员处 1 000 元以上 1 万元以下的罚款。

(3) 税务机关到车站、码头、机场、邮政企业及其分支机构检查纳税人有关情况时，有关单位拒绝的，税务机关责令其改正，可以处 1 万元以下的罚款；情节严重的，处 1 万元以上 5 万元以下的罚款。

七、税务行政处罚的执行

税务机关对当事人作出罚款行政处罚决定的，当事人应当在收到行政处罚决定书之日起 15 日内缴纳罚款，到期不缴纳的，税务机关可以对当事人每日按罚款数额的 3% 加处罚款。

八、税务行政处罚裁量权行使规则

1. 法律、法规、规章规定可以给予行政处罚，当事人首次违反且情节轻微，并在税务机关发现前主动改正的或者在税务机关责令限期改正的期限内改正的，不予行政处罚。

2. 税务机关应当责令当事人改正或者限期改正违法行为的，除法律、法规、规章另有规定外，责令限期改正的期限一般不超过 30 日。

3. 对当事人的同一个税收违法行为不得给予两次以上罚款的行政处罚。当事人同一个税收违法行为违反不同行政处罚规定且均应处以罚款的，应当选择适用处罚较重的条款。

【鑫考题 1·单选题】下列关于税务行政处罚的设定中，正确的是（   ）。
A. 国务院可以通过法律的形式设定各种税务行政处罚
B. 国家税务总局可以通过规章的形式设定警告和罚款
C. 地方人大可以通过法律的形式设定各种税务行政处罚
D. 省税务机关可以设定税务行政处罚的规范性文件
【答案】B
【解析】通过法律的形式设定各种税务行政处罚，权力在全国人大及其常委会；选项 D 没有税务行政处罚的设定权。

【鑫考题 2·单选题】下列税务行政处罚情形中，当事人可以在税务机关作出税务行政处罚决定之前要求听证的是（　　）。

A. 某公司被处以5 000元罚款
B. 某中国公民被处以500元罚款
C. 某合伙企业被处以1 500元罚款
D. 某非营利组织被处以15 000元罚款

【答案】D

【解析】税务行政处罚听证的范围是对公民作出2 000元以上，或者对法人或其他组织作出1万元以上罚款的案件。

【鑫考题3·单选题】某国有企业因有违反税收征收管理法的行为，被税务机关处以8 000元的罚款。假定该企业收到税务行政处罚决定书的时间为2016年3月1日，则该企业4月5日缴纳罚款时的总金额为（　　）元。

A. 8 000　　　　B. 9 200　　　　C. 13 040　　　　D. 16 640

【答案】C

【解析】该企业在2016年4月5日缴纳罚款时的总金额＝（16＋5）×8 000×3%＋8 000＝13 040（元）。

【鑫考点2】税务行政复议

税务行政复议是指当事人不服税务机关及其工作人员作出的税务具体行政行为，依法向上一级税务机关（复议机关）提出申请，复议机关经审理对原税务机关具体行政行为依法作出维持、变更、撤销等决定的活动。

一、税务行政复议范围

1. 征税行为，包括确认纳税主体、征税对象、征税范围、减税、免税、退税、抵扣税款、适用税率、计税依据、纳税环节、纳税期限、纳税地点以及税款征收方式等具体行政行为，征收税款、加收滞纳金，扣缴义务人、受税务机关委托的单位和个人作出的代扣代缴、代收代缴、代征行为等。

2. 行政许可、行政审批。

3. 发售、收缴、代开发票。

4. 税收保全措施、强制执行措施。

5. 行政处罚行为：（1）罚款；（2）没收财物和非法所得；（3）停止出口退税权。

6. 不依法履行下列职责的行为：（1）颁发税务登记；（2）开具、出具完税凭证、外出经营活动税收管理证明；（3）行政赔偿；（4）行政奖励；（5）其他不依法履行职责的行为。

7. 资格认定行为。

8. 不依法确认纳税担保行为。

9. 政府信息公开工作中的具体行政行为。

10. 纳税信用等级评定行为。

11. 通知出入境管理机关阻止出境行为。
12. 其他具体行政行为。

二、税务行政复议管辖

1. 对各级税务局的具体行政行为不服的,向其上一级税务局申请行政复议。
2. 对税务所(分局)、各级税务局的稽查局的具体行政行为不服的,向其所属税务局申请行政复议。
3. 对国家税务总局的具体行政行为不服的,向国家税务总局申请行政复议。对行政复议决定不服,申请人可以向人民法院提起行政诉讼,也可以向国务院申请裁决,国务院的裁决为终局裁决。
4. 对两个以上税务机关共同作出的具体行政行为不服的,向共同上一级税务机关申请行政复议;对税务机关与其他行政机关共同作出的具体行政行为不服的,向共同上一级行政机关申请行政复议。
5. 对被撤销的税务机关在撤销以前所作出的具体行政行为不服的,向继续行使其职权的税务机关的上一级税务机关申请行政复议。
6. 对税务机关作出逾期不缴纳罚款加处罚款的决定不服的,向作出行政处罚决定的税务机关申请行政复议。但是对已处罚款和加处罚款都不服的,一并向作出行政处罚决定的税务机关的上一级税务机关申请行政复议。

三、税务行政复议申请人和被申请人

1. 合伙企业申请行政复议的,应当以工商行政管理机关核准登记的企业为申请人,由执行合伙事务的合伙人代表该企业参加行政复议;其他合伙组织申请行政复议的,由合伙人共同申请行政复议。
2. 股份制企业的股东大会、股东代表大会、董事会认为税务具体行政行为侵犯企业合法权益的,可以以企业的名义申请行政复议。
3. 申请人对具体行政行为不服申请行政复议的,作出该具体行政行为的税务机关为被申请人。
4. 申请人对扣缴义务人的扣缴税款行为不服的,主管该扣缴义务人的税务机关为被申请人;对税务机关委托的单位和个人的代征行为不服的,委托税务机关为被申请人。
5. 税务机关与其他组织以共同名义作出具体行政行为的,税务机关为被申请人。
6. 税务机关依照法律、法规和规章规定,经上级税务机关批准作出具体行政行为的,批准机关为被申请人。

四、税务行政复议申请

1. 申请人可以在知道税务机关做出具体行政行为之日起60日内提出行政复议申请。
2. 申请人对"征税行为"的行为不服的,应当先向行政复议机关申请行政复议;对行政复议决定不服的,可以向人民法院提起行政诉讼。
3. 申请人申请行政复议,可以书面申请。

4．税务行政复议的前提。

（1）申请行政复议，申请人必须依照税务机关根据法律、法规确定的税额、期限，先行缴纳或者解缴税款和滞纳金，或者提供相应的担保。

（2）申请人对税务机关作出逾期不缴纳罚款加处罚款的决定不服的，应当先缴纳罚款和加处罚款，再申请行政复议。

五、税务行政复议受理

行政复议期间具体行政行为不停止执行；但是有下列情形之一的，可以停止执行：

1．被申请人认为需要停止执行的。
2．行政复议机关认为需要停止执行的。
3．申请人申请停止执行，行政复议机关认为其要求合理，决定停止执行的。
4．法律规定停止执行的。

六、税务行政复议审查和决定

1．复议机关应当自受理申请之日起60日内作出行政复议决定；情况复杂，不能在规定期限内作出行政复议决定的，经复议机关负责人批准，可以适当延长，但延长期限最多不超过30日。行政复议决定书一经送达，即发生法律效力。

2．税务行政复议中止（暂停）情形：

（1）作为申请人的公民死亡，其近亲属尚未确定是否参加行政复议的；

（2）作为申请人的公民丧失参加行政复议的能力，尚未确定法定代理人是否参加行政复议的；

（3）作为申请人的法人或者其他组织终止，尚未确定权利义务承受人的；

（提示：上述（1）（2）（3）项，满60日行政复议中止的原因未消除的，行政复议终止。）

（4）作为申请人的公民下落不明或者被宣告失踪的；

（5）申请人、被申请人因不可抗力，不能参加行政复议的；

（6）行政复议机关因不可抗力原因暂时不能履行工作职责的；

（7）案件涉及法律适用问题，需要有权机关作出解释或者确认的；

（8）案件审理需要以其他案件的审理结果为依据，而其他案件尚未审结的；

（9）其他情形。

3．税务行政复议终止（结束）情形：

（1）申请人要求撤回行政复议申请，行政复议机构准予撤回的；

（2）作为申请人的公民死亡，没有近亲属，或者其近亲属放弃行政复议权利的；

（3）作为申请人的法人或者其他组织终止，其权利义务的承受人放弃行政复议权利的；

（4）申请人与被申请人依照规定，经行政复议机构准许达成和解的；

（5）行政复议申请受理以后，发现其他行政复议机关已经先于本机关受理，或者人民法院已经受理的。

七、税务行政复议和解与调解

下列行政复议事项，申请人和被申请人在行政复议机关作出行政复议决定以前可以达成和解，行政复议机关也可以调解：

1. 行使自由裁量权作出的具体行政行为，如行政处罚、核定税额、确定应税所得率等。
2. 行政赔偿。
3. 行政奖励。
4. 存在其他合理性问题的具体行政行为。

【鑫考题1·单选题】税务机关做出的下列行政行为，纳税人不服时可以申请行政复议也可以直接向人民法院提起行政诉讼的是（　　）。

A. 罚款　　　　　　　　　　B. 加收滞纳金
C. 确认抵扣税款　　　　　　D. 确认征收范围

【答案】A

【解析】选项A，属于税务行政处罚行为，纳税人对税务机关作出的税务行政处罚行为不服的，可以申请行政复议也可以直接向人民法院提起行政诉讼；选项B、C、D，属于征税行为，纳税人对税务机关作出的征税行为不服的必须先申请行政复议。

【鑫考题2·单选题】纳税人对税务机关作出的下列行政行为不服时，应当先向行政复议机关申请复议后，才可以向人民法院提起行政诉讼的是（　　）。

A. 加收滞纳金　　　　　　　B. 税收保全措施
C. 处以税款50%的罚款　　　 D. 强制执行措施

【答案】A

【解析】选项A，属于税务机关作出的征税行为，申请人对其不服的，行政复议是行政诉讼必经前置程序；选项B、C、D，行政复议不是行政诉讼必经前置程序。

【鑫考题3·多选题】纳税人对税务机关作出下列行政不服的，可申请行政复议，也可以直接向法院提起行政诉讼的有（　　）。（2019年）

A. 收缴发票行为　　　　　　B. 暂停免税办理
C. 没收违法所得　　　　　　D. 阻止出入境行为

【答案】ACD

【解析】申请人对"征税行为"的行为不服的，应当先向行政复议机关申请行政复议；对行政复议决定不服的，可以向人民法院提起行政诉讼。选项B属于征税行为。

【鑫考题4·单选题】下列可以作为税务行政复议申请人的是（　　）。（2019年）

A. 有权申请行政复议的股份制企业，其股东代表大会
B. 有权申请行政复议的公民下落不明的，其近亲属

C. 有权申请行政复议的公民为限制行为能力人，其法定代理人

D. 有权申请行政复议的法人发生终止的，该法人的法定代表人

【答案】C

【解析】有权申请行政复议的公民为无行为能力人或者限制行为能力人，其法定代理人可以代理申请行政复议。

【鑫考题5·单选题】 在税务行政复议期间发生的下列情形中，应当终止行政复议的是（　　）。

A. 作为申请人的公民下落不明的

B. 申请人要求撤回行政复议申请，行政复议机构准予撤回的

C. 案件涉及法律适用问题，需要有权机关作出解释或者确认的

D. 作为申请人的公民死亡，其近亲属尚未确定是否参加行政复议的

【答案】B

【鑫考题6·单选题】 税务行政复议期间发生的下列情形中，应当终止行政复议的是（　　）。

A. 作为申请人的公民死亡且没有近亲属

B. 案件涉及法律适用问题，需要有权机关作出解释

C. 作为申请人的公民下落不明

D. 作为申请人的法人终止且尚未确定权利义务承受人

【答案】A

【鑫考点3】税务行政诉讼

一、税务行政诉讼的概念

税务行政诉讼是指公民、法人和其他组织认为税务机关及其工作人员的具体税务行政行为违法或者不当，侵犯了其合法权益，依法向人民法院提起行政诉讼，由人民法院对具体税务行政行为的合法性和适当性进行审理并作出裁决的司法活动。

税务行政诉讼具有以下特殊性：

1. 被告必须是税务机关，或经法律、法规授权的行使税务行政管理权的组织，而不是其他行政机关或组织。

2. 解决的争议发生在税务行政管理过程中。

3. 因税款征纳问题发生的争议，当事人在向人民法院提起行政诉讼前，必须先经税务行政复议程序，即复议前置。

二、税务行政诉讼的原则

1. 人民法院特定主管原则。

2. 合法性审查原则。

3. 不适用调解原则。

4. 起诉不停止执行原则。

5. 税务机关负举证责任原则。

6. 由税务机关负责赔偿的原则。

三、税务行政诉讼的受案范围

1. 税务机关作出的征税行为——复议前置。

2. 税务机关作出的责令纳税人提交纳税保证金或者纳税担保行为。

3. 税务机关作出的行政处罚行为。

4. 税务机关作出的通知出境管理机关阻止出境行为。

5. 税务机关作出的税收保全措施。

6. 税务机关作出的税收强制执行措施。

7. 认为符合法定条件申请税务机关颁发税务登记证和发售发票，税务机关拒绝颁发、发售或者不予答复的行为。

8. 税务机关的复议行为。

四、税务行政诉讼的起诉和受理

1. 在税务行政诉讼等行政诉讼中，起诉权是单向性的权利，税务机关不享有起诉权，只有应诉权，即税务机关只能作为被告；与民事诉讼不同，作为被告的税务机关不能反诉。

2. 纳税人、扣缴义务人等税务管理相对人在提起税务行政诉讼时，必须符合下列条件：

（1）原告是认为具体税务行为侵犯其合法权益的公民、法人或者其他组织。

（2）有明确的被告。

（3）有具体的诉讼请求和事实、法律根据。

（4）属于法院的受案范围和受诉人民法院管辖。

3. 对税务机关的征税行为提起诉讼，必须先经过复议；对复议决定不服的，可以在接到复议决定书之日起 15 日内向人民法院起诉。

对其他具体行政行为不服的，当事人可以在接到通知或者知道之日起 15 日内直接向人民法院起诉。

4. 对当事人的起诉，人民法院一般从以下几方面进行审查并作出是否受理的决定：一是审查是否属于法定的诉讼受案范围；二是审查是否具备法定的起诉条件；三是审查是否已经受理或者正在受理；四是审查是否有管辖权；五是审查是否符合法定的期限；六是审查是否经过必经复议程序。

【鑫考题1·多选题】下列原则中，属于税务行政诉讼的原则有（　　）。

A. 合法性审查原则　　　　　　B. 不适用调解原则
C. 纳税人负举证责任原则　　　D. 由税务机关负责赔偿原则

【答案】ABD

【解析】税务行政诉讼的原则包括：（1）人民法院特定主管原则；（2）合法性审查原则；（3）不适用调解原则；（4）起诉不停止执行原则；（5）税务机关负举证责任原则；（6）由税务机关负责赔偿原则。

【鑫考题2·多选题】纳税人和其他税务当事人对侵犯合法权益的特定税务行政诉讼受案范围有（　　）。

A. 税务机关通知银行冻结其存款的行为
B. 税务机关逾期未对其复议申请作出答复的行为
C. 税务机关对其所缴的税款没有上交国库的
D. 税务机关制定的规范性文件损害了纳税人合法权益的行为

【答案】AB

【解析】选项C、D不属于税务行政诉讼受案范围。

【鑫考题3·多选题】在税务行政诉讼中，税务机关可享有的权利是（　　）。

A. 应诉权　　　B. 反诉权　　　C. 起诉权　　　D. 撤诉权

【答案】A

【解析】在行政诉讼案件中，税务机关不享有起诉权，只有应诉权，即只能当作被告。本题所考察的知识点是税务行政诉讼的起诉和受理。